学校コーチング入門

米川和雄 著
Yonekawa Kazuo

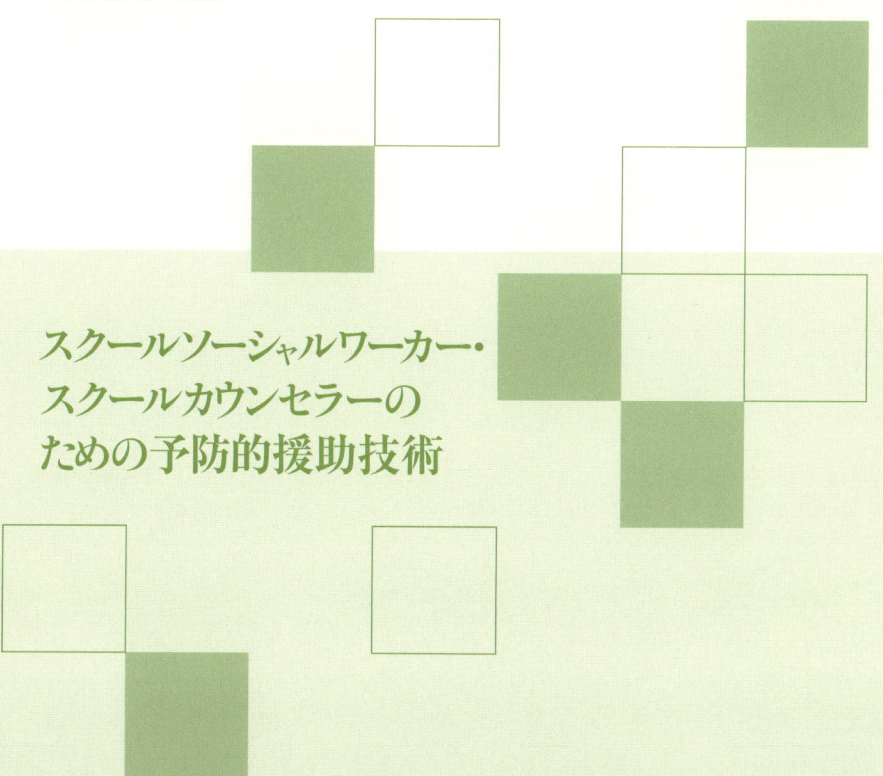

スクールソーシャルワーカー・
スクールカウンセラーの
ための予防的援助技術

ナカニシヤ出版

Adults, be ambitious！
成人よ、大志を抱け！

ようこそ、学校コーチングの世界へ
　本書を手にとっていただき、いまこの文章を読んでいただいていることに、心より感謝いたします。

著者は数少ない「学校の専門家」
　筆者は、日本ではまだまだ数の少ない「スクールソーシャルワーカー」として、従来のコーチング、カウンセリングなどのさまざまな技術を統合させた「学校コーチング」という技術を用いて、学校内の支援を行なっています（東京都内私立学校）。2008年度より、文部科学省の「スクールソーシャルワーカー活用事業」にもとづき、全国141地域でスクールソーシャルワーカーの配置が進められていますが、筆者は、それより3年以上も前から配置されていました。
　筆者が学校に起用された背景としては、従来のような問題対処型・事後処理型の専門職だけでなく、子どもたちの力を活かす専門職、健康増進のための専門職が求められたことがあげられます。

学校コーチングは従来の自己啓発のためのコーチングとは一線を画す
　本書では、子どもたちの力を活かすことに焦点を当てた「学校コーチング」の理論と技術を中心に、紹介しています。これまで、学校に関わるさまざまな臨床心理学的・問題対処的な本が出版されています。またコーチングに関しても、ビジネスから医療まで、じつにさまざまな本が出版されています。
　しかし、本書のように、「子どもたちの力を活かす」ことや学校をテーマに「健康増進」に重きを置いたコーチングの本は、まだあまりありません。さらに、心理学や社会福祉学を基盤に、科学的な視点を尊重しているという点も、従来のコーチングとは異なる点であるといえるでしょう。
　それは単に、自己の、自己による、自己のための生き方を目指す、自己啓発のためのコーチングではないということです。

学校コーチングは学校援助技術である

　本書で、これから紹介していくコーチング技術は、スクールソーシャルワークやスクールカウンセリングのための、ひとつの援助技術になるといえるでしょう。それは、これまでの学校援助技術にはなかった、新しい視点をもたらしてくれるものです。

　学校コーチングは、ソーシャルワークの重要な視点でもあるエンパワーメント理論をベースにしています。わが国において、まだまだスクールソーシャルワーカーの援助技術が確立されていないという現状を考えれば、本書の視点は、その援助技術の確立のための一助ともなることでしょう。それは、前述のように、子どもたちの力を活かすことに重点を置いた技術として、ということです。

　つまり学校コーチングは、問題の予防のための保健的な技術であり、生きる力を促すための開発的な技術であるともいえるのです。

子どもの支援者には父母も含まれる

　また、学校コーチングは、専門職として子どもたちと関わる方々だけではなく、子どもたちの将来を担う教師や父母など、すべての学校関係者の方々にとっても、有意義な示唆を与えてくれる援助技術です。

　本書では、学校コーチングを行なう専門職としての理念やスタンスなどを中心に、紹介していくことになります。とはいえ、一般の父母の皆様にとってもわかりやすいものとなるよう、できるだけ平易な言葉で説明しています。

　また学校コーチングは、子どもたちにかぎらず、広く学校を援助する技術でもありますから、本書では支援対象を、子どもたちを含めて「クライアント」と表現しているところもあります。さらに児童福祉分野の学習を行なう方たちのために、「子ども」を「児童」と表現しているところもあります。

根幹の理念は長所を活かすエンパワーメント

　本書は、まず第1章で、学校コーチングの根幹となるエンパワーメントの考え方について紹介し、エンパワーメントのエッセンスに触れていただきます。

　第2章では、援助を行なうにあたっての、援助職とクライアントとの関係のあり方について、どのような基本的スタンスが必要かを紹介します。

　第3章では、従来のコーチングとはまったく異なった専門的視点である4つのコミュニケーション技術（カウンセリング、ティーチング、アドバイス、コーチ

ング）について、それらの体系と用い方を紹介します。

　第4章では、初心者でもできる学校コーチングのアプローチとその専門的な見方を紹介し、簡易的アプローチのなかにも社会福祉援助技術の基本が導入されていることを理解できるようにしています。

　第5章では、学校コーチングのさまざまなスキルと、コーチングを行なううえでのクライアントのとらえ方を紹介し、クライアントとの関わり方を理解できるようにしています。

　第6章では、学校コーチングにおけるリーダーシップの考え方である知情意について紹介し、クライアントの長所・才能のとらえ方を理解できるようにしています。

　第7章では、子ども（クライアント）の健全な育成に大切な「優しさ」と「厳しさ」を中心に、具体的な関わり方、そして子どもの発達段階についての視点を紹介し、子どもの成長における父母の重要性を理解できるようにしています。

　第8章では、専門的な人材援助に携わる方のために、より詳細なアセスメントの仕方を紹介し、学校コーチングの独自性を活かしたクライアントのとらえ方を理解できるようにしています。

　第9章では、学校コーチングがどのように用いられているのか、実際の学校での事例と、学校以外でのビジネスや医療・福祉領域での応用的な用い方を紹介し、学校コーチングが、さまざまな場に応用できる技術であるということを理解できるようにしています。

　第10章では、エビデンス・ベースド・アプローチを目指す学校コーチングの研究を紹介し、エンパワーメントの自己受容やスキル獲得の効果を理解できるようにしています。

　第11章では、新しい学校専門職としての活用と養成が求められているスクール（学校）ソーシャルワーカーについて、スクールカウンセラーやスクールサイコロジストと比較して紹介しています。

　さらに巻末には、現状の児童の諸問題や、他のコーチングと学校コーチングとの比較表を添付しています。

ちょっとした変化が希望の源

　各章には、それぞれコラムや豆知識など、チェック的なページを用意し、さまざまな視点から、ちょっと自己理解、ちょっと自己発見、ちょっとポジティブ思

考、ちょっと人を好きになる、ちょっと学ぶ……、といったちょっとの成長や前進を実感していただけるように工夫しました。

そのような「ちょっとしたこと」が、いかにいまの子どもたち（クライアント）の理解や支援に大切かを踏まえ、子どもたちに関わる楽しさが少しでも多くなるように配慮しています。

学校以外の環境（ビジネス・医療・福祉）にも適用実績がある

本書は、学校における援助についての理論や技術をまとめたものですが、学校コーチングは、学校という限定された場だけではなく、人と関わる場や人を育てる場であれば、どのような場においても応用することができます。

学校コーチングを、組織や仕事を焦点にして用いることもできることでしょう。それは筆者自身が、学校コーチングの原型となるエンパワーコーチングを、企業、福祉や教育内の現場で実践してきたことにもとづいています。

コラムでは、エンパワーコーチングによる、医療やビジネスでの研修効果を示した箇所もあります。それは、学校コーチングを学んだ子どもたちが学校を卒業して社会に出てからも、それが重要なコミュニケーション技術となることを示しているといえます。

学校コーチングは、それが企業で用いられれば、社員や組織の力を活かす一助になることでしょう。父母の方々にとっては、仕事に活かすことも視野に入れて学校コーチングを学ぶことで、子どもとの関わりとあわせて二重の学びとなることでしょう。

学校コーチングが子どもを伸ばす

もちろん、本書に収録されたのは、まだまだわずかな実践範囲であり、より精査していくことが必要でしょう。しかし、学校コーチングを学ばれた関係者がいかに子どもたちまたは多くの人たちと有意義に関わっているか、果敢に関わっているかをご理解いただきたいと思います。それが子どもたちの力または人の力を活かすひとつの示唆になると考えます。

昨今では、ストレス過多、無気力、自殺、孤独、家庭不和、いじめ、ニートなど、子どもだけでなく大人にも子どもたちと同様の問題が多く取り沙汰されるようになり、大人としての大きな器が求められているように感じます。いまのままでは、大人が「大きな人」ではなく、「小さな人」になってしまうことでしょう。

Adults, be ambitious!

　どうぞ、この本書を手にとってくださったあなたが、子どもたちを大切にするちょっと大きな志をおもちいただき、その温かさや輝きを子どもたちにちょっと与えてくださればと願います。

　平成 21 年 1 月

米川　和雄

目　次

Adults, be ambitious !　成人よ、大志を抱け！　　*i*

第 1 章　エンパワーメント
1. 学校コーチングとは何か　　*1*
2. エンパワーメントとは何か　　*3*
3. 3つの勇気　　*6*
4. 学校コーチング3つの柱　　*11*

第 2 章　共動の約束　─援助関係の構築─
1. 共動の約束　　*21*
2. 成長の循環過程　　*25*
3. ディスエンパワーメント　　*27*
4. すべての力を動員する学校コーチング　　*31*

第 3 章　4つのコミュニケーション
1. 学校コーチングに必要な視点　　*35*
2. 学校援助技術　　*36*
3. 4つのコミュニケーション　　*39*
4. コミュニケーションの使い分け　　*47*

第 4 章　TARGETモデル
1. 統合TARGETモデル　　*61*
2. 専門的な視点　　*66*
3. 組織支援のTARGETモデル　　*66*

第5章　学校コーチングのスキルの実践
1. 学校コーチングのスキル　*75*
2. 学校コーチング3大スキル　*90*
3. クライアントとの関わり方　*91*

第6章　知情意の視点　―情を重んじる―
1. 援助職のレベル　*105*
2. スタイルの視点　*109*
3. 知情意の視点　*113*

第7章　父母のための学校コーチング　―子どもを育てる―
1. 厳しさ・優しさの視点を考慮する　*117*
2. 成長への視点　*124*
3. 基本的な傾聴技術から　*130*
4. 発達段階の視点　*135*
5. 人生パワー曲線　*141*

第8章　実務的なアセスメントとインターベンション
　　　　　―クライアントをとらえる―
1. アセスメントの視点　*149*
2. 生態学的（エコロジカル）視点　*152*
3. インターベンションのためのアセスメント　*156*
4. ファクターのアセスメント　*163*

第9章　学校コーチングの実践事例　―さまざまな領域への応用―
1. エンパワーメント視点　*171*
2. 中学校の事例　*175*
3. 高校の事例　*190*
4. 大学の事例　*194*
5. 学校コーチングにおける縁の下モデル　*201*

第10章　エビデンス・ベースド・アプローチ
　　　　　―科学的根拠を求めたコーチング―
1. エビデンス・ベースド・アプローチ　*207*
2. エンパワーメント・モデル　*208*
3. モデルの検討　*210*
4. 成長を高める要因　*222*

第11章　福祉と心理の専門職スクールソーシャルワーカー
　　　　　―スクールカウンセラーとの比較―
1. 学校専門職の導入　*227*
2. スクールソーシャルワーカーとスクールカウンセラーの背景　*230*
3. 環境のとらえ方　*235*

資料1　児童の現状　*241*
資料2　エンパワーコーチングの特徴　*256*
資料3　学校での学校コーチングの紹介　*258*

引用・参考文献　*261*
おわりに　*267*

第1章
エンパワーメント

1. 学校コーチングとは何か

> **学校コーチング**
>
> 学校コーチングは、エンパワーメントの理念を根幹にし、心理学および社会福祉学を基盤に据えている。

従来のビジネスコーチングでは学校に適さない!?

　学校コーチングとは何かについて、これからお話していきたいと思います。「コーチング」という言葉は、最近さかんに用いられるようになってきました。カウンセリングほどにはまだまだ一般的ではないとはいえ、この言葉を聞いたことがあるという方は、たくさんいらっしゃると思います。コーチングとは、スポーツの世界のコーチが用いる言葉でもあります。ですが、ここでのコーチングは、スポーツ界のコーチのように厳しく選手を鍛えるというようなコーチ像とは異なります。

　コーチングの語源には「大切な人を送り届ける」という意味があります。そのため学校コーチングは、クライアントを目標地点まで送り届けるという意味で、目標達成型の援助技術とされています。

　また、コーチングは大きく2つに分類することができます。1つ目は、仕事の目標達成や部下の育成で用いられるビジネス的なコーチング（ビジネスコーチング）です。2つ目は、精神性を高め、人生を有意義にするスピリチュアル的なコーチング（スピリチュアルコーチング）です。本書では、これらを一般的なコーチングまたは従来のコーチングと呼ぶことにします。

従来のコーチングは、以下のような特徴をもっています。
　①援助職とクライアントとは上下の関係ではなく、おたがいが対等な関係である。
　②クライアントの中にある答えを引き出していく。
　③クライアントには無限の可能性があると考える。

　以上のようなコーチングの特徴は、学校コーチングでもその一部分として含まれています。ですが、本書における学校コーチングの特徴の大部分は、以上のようなものではありません。

学校コーチングではエンパワーメントが目的！
　それでは、その根幹となる特徴とは、どのようなものでしょうか。学校コーチングは、「エンパワーメント」の理念や考えを根幹としており、心理学および社会福祉学を基盤に据えていますので、上にあげた一般的なコーチングの特徴以外の面で、さまざまな側面や幅広さをもっています。もちろん心理学・社会福祉学にかぎらず、他の多くの学問や援助技術などを尊重する姿勢もあります。このように折衷的な点も、従来のコーチングにはない点であるといえます。
　従来のコーチングと学校コーチングとの比較については巻末資料2にまとめていますので、後で確認してみてください。

自分なりの答えをもつ！
　「学校コーチングとは何か」については、本書を読むことを通じて、ぜひ読者のみなさまひとりひとりが、ご自分の答えを見つけていっていただきたいと思います。もちろん、私からもその定義を後述させていただきますが、それ以上にみなさまが、ご自分なりの答えをもつことが大切です。それが自分の答えを大切にするという視点を尊重することにもつながるからです。

本書は学校援助技術の参考書
　本書は、学校や子どもたちに関わる方たちを対象にしていますので、ひとつにはそのような方たちの役に立つように、事例を含めた参考書になるように書かれています。また、学校コーチングの援助職養成も念頭に置いています。そのため、「援助職」と「クライアント」という表現を意図的に用いています。ここで

の「援助職」とは学校コーチングを行なう人たちのことで、子どもたちや学校関係者を支援する専門職（教職員、スクールカウンセラー、スクールソーシャルワーカーなど）のことです。「クライアント」とは、支援を必要としている子どもたちや学校関係者たちのことです。

それでは、本書を通して、みなさまがどれだけ学ぶことができたか、成長することができたかを後で確認することができるように、はじめに以下の自己理解表へ、例を参考にしながら記入していただきたいと思います。ぜひ記入してから次のトピックに移るようにしてください。

自己理解表

確認事項	学校コーチングとはどのようなものと思うか	自分が本書から学びたいこと	自分の大切にしている考えや行動	自分が送る子どもたちへのメッセージ
例	子どもたちのやる気を高める技術、答えを引き出す方法	・コーチング技術 ・学校での活動	子どもに関わるときは一生懸命やらなければならない	自分の姿を見て、真っ直ぐに育ってほしい！パパは頑張る！
あなた				

さあ、記入し終わったら、学校コーチングとはどのようなものか、ぜひ本書を通じて、ご自分なりの答えを見つけていってください。

2. エンパワーメントとは何か

エンパワーメント
「自分らしさを活かして自立して生きる力を育む」

自立
「自分の信頼できる仲間、仲間の信頼できる自分、という関係性のうえで、みずからの力を活かすことができること」

それでは、学校コーチングの根幹となるエンパワーメント（EMPOWERMENT）の考えについて、お話していきましょう。EMPOWERMENTには、その文字からみて、「力を中に」「中から力を」という考えがあることがわかります。

EM（中に）＋POWER（力）

　EMは、ENTERの意味の接頭辞です（Pの前につくときENはEMになります）。またMENTは名詞としてPOWER（動詞）を使うときに付いてきます。ここから、「内なる力を引き出す」または「内に力を注ぎ込む」という意味を読み取ることができるでしょう。内なる力とは、「本来もっている力」または「いまだに出されていない力」のことです。
　もう少しわかりやすくこの力のことをいいかえると、個性や長所のことだといえるでしょう。つまり、個性や長所を引き出す、個性や長所に力を注ぎ込むということです。押したり引いたりという、双方向性があるわけです。
　なお語源的には、EMは"〜の状態にする"という意味をもちます。力のある状態にする、力の出る状態にするというように解釈すると、上記のこととつながってくるでしょう。

力を中に、中から力を

個性や長所を活かす（伸ばす）
　学校コーチングにおけるエンパワーメントの定義は、「自分らしさを活かして自立して生きる力を育む」です。自分らしさとは、その人にしかない個性や長所のことです。ですからエンパワーメントとは、そのような個性や長所を活かすことを尊重するということです。
　さらに自立の定義ですが、一般的に自立というと「経済的に独立している」

「ひとりでできる」というように、個人の能力についてのことと思われる方が多いと思います。しかし、ここでの自立の定義は、そのようなものをはるかに超え、人がより力を活かしあって生きていくことが意識されています。

それは「自分の信頼できる仲間、仲間の信頼できる自分、という関係性のうえで、みずからの力を活かすことができること」です。つまり、相互の信頼関係のうえで、みずからの力を活かすことができる人を、自立している人としているのです。これは、自分が人を活かすだけでなく、自分も人から活かされている状態を基盤にしています。

力関係の中にも入るエンパワーメント

それでは、相互の関係性がつくれていないとだめなのでしょうか。この点については、関係性がつくれていないとだめなのではなく、「関係性をつくろうとしている」、さらに初歩的な段階では「関係性をつくることが大切と理解している」ことが重要であると考えます。

たとえば、子どもどうしのコミュニケーションでは、相手にいろいろと話しかけても返事をしてくれない、相手にしてくれないというような場合、返事をもらえなかった子ども、相手にしてもらえなかった子どもは、大変傷つくことがあります（このようなことは大人社会でも起きています！）。そして、問題の要因にもよりますが、傷ついた子どもは「友だちに相手にされない自分はだめな人間だ」という考えをもつことがあります。

このようなとき、援助職には、傷ついた子どもに、関係性をつくろうと声をかけたことはとてもすばらしいことだと伝えること、返事をしなかった子には、おたがいの関係性を大事にすることが大切だと伝えることが求められるでしょう。エンパワーメントの自立の意味からすれば、それは当然のことです。

おたがいに活かしあう

また、エンパワーメントの考えに反しているような子どもの背景をとらえることも大切です。返事をしない理由が何かあるならば（たとえば体調が悪いなど）、その理由を話すことで自分（返事をしなかった子）のことを相手（声をかけた子）がより理解してくれるということを伝えていきます。つまり、援助職は、子どもたちが双方向のキャッチボール（双方向のコミュニケーション）ができるように、力（POWER）関係の中に（EM）関わっていくのです。

あなたは結婚相手を大切にし、家庭を温かくする力がある
　以上は信頼関係の大切さについてのお話でしたが、子どもたちに関われば関わるほど、両親の不和による子どもへの悪影響を感じることがよくあります。
　そのため、本書を読まれているお父さん、お母さんには、ぜひとも仲むつまじい夫婦関係を維持していただき、毎晩夫婦喧嘩が絶えないような関係、または冷めた関係にならないよう、あわない部分も相互に歩み寄りをしていただきたいと思います（一方だけの我慢ではありません！）。それが無理ならば、信頼できる仲間に仲介に入ってもらったり、専門家に相談したりするのもいいでしょう。夫婦・家庭におけるコミュニケーションのトレーニングは大変増えてきていますので、恥ずかしがらずにコミュニケーションの基本をさまざまな場で、二人して学んでいただきたいと思います。

3. 3つの勇気

学校コーチングの基本
「何よりも自分を信頼すること、大切にすること」

人を温かくする自分を信じて！
　さて、学校コーチングの根幹をなす理念に話を進めていきたいと思います。
　まず最初にみなさまにお伝えしておくべき基本事項は、どのようなことがあってもまずは、「何よりも自分を信頼すること、大切にすること」です。これにかぎります。
　たとえば、本書に書かれていることと考えが違っていてもいいのです。自分に

しか理解できないことを自分だけがもっていてもいいのです。ですので、この先どのようなことが書かれていようが、このことだけは忘れずにいてください。この先みなさまの人生でどのようなことが起ころうが、このことだけは忘れずにいてください。

日々成長していることに気づかないのが自分なのです

ただ、何かに迷ってしまったとき、あるいは、とても自分が成長したと感じたようなときには、できれば再度、本書を読みなおしてみてください。そのときには、以前よりも本書を理解できるかもしれませんし、まったく異なった視点で楽しめるかもしれません。それは「自分らしさを活かして、自立して生きている力」を感じているときといえるでしょう。

なお、ここでいう自分を大切にすることとは、子どものことより自分のことだけを心配せよ、というような一方的な意味ではありません。子どものことを愛している自分を大切にせよ、という双方向の、さらに深い部分に根ざした意味なのです。

ぜひ、このような双方を大切にする自己の愛を大切にしてほしいのです。学校コーチングの考えは、援助職にとっても子どもたちにとっても用いることができる愛情を育む考えだからこそ、こうしたことがいえるのです。

3つの勇気を活かす！

次に、「何よりも自分を信頼すること、大切にすること」から派生する、3つの勇気についてお話ししていきます。「勇気」といっても、その意味は、さまざまにあると思いますが、学校コーチングでは、勇気を、①行動する勇気、②失敗する勇気、③あきらめる勇気の3つに分けて考えます。

①行動する勇気

人は、つい自分自身の殻の中で過ごし、行動することから遠ざかっていることがよくあります。行動するとどのような制裁が自分に待っているかを、無意識のうちに感じているのかもしれません。しかし、子どもたちに関わる場合には、援助職が自分の領域に閉じこもり、自分の領域以外は自分の範囲ではないと断るようなことは、お勧めできません。ときには自分の専門領域でなくとも、関連の度合いによって、関わるべき状況に立たされることがあるからです。

ここで、自分の専門領域でないとは、どのようなことをいうのでしょうか？

〈ビジネスコーチングと学校コーチングでは前提が違う！〉
　ビジネスコーチングでは、ビジネス的に目標設定をする上司と部下のやりとりが中心で、部下も成人であり、発達もふつうに遂げているというように、仕事以外の問題がないような状況を想定しています。
　しかし学校では、子どもたちはまだまだ発達途上にあり、精神的・身体的・行動的にさまざまな課題を抱えつつ歩んでいます。そのような課題をもっているがゆえに、多くの問題が起こります。そのため学校においては、さまざまな子どもの課題（問題）について、見過ごすわけにはいかないことが多く起こるのです。

〈自分のできることは何かを知る必要がある！〉
　このことから援助職は、さまざまな問題に関わる必要があります。そのために「行動する勇気」が、あらゆる場面で求められるのです。行動する勇気をいつでも発動できるように「行動できるスタンス」や条件を整えておくことが必要です。なお、ここでいっているのは、できないことでも必ずやらなければならないということではありません。自分にできないということがわかったなら、それができるようになることや、専門家と連携をとるスタンスをもつということなのです。

②**失敗する勇気**
　現在、多くの子ども、若者たちが怖がっていることのひとつに、「失敗」があげられます。失敗が怖くて行動できないというものです。とくに人間関係の失敗は、大変心にストレスを溜めるものです。しかし、どのようなことであれ、援助職は失敗することに対して、否定的ではなく肯定的なスタンスであることが大切です。自他ともに失敗したことをほめられるくらいの温かさが必要だということです。失敗を怖がる援助職に、失敗を怖がる子どもたちを援助することができるのかと考えてみるのも、視点を変えるためのひとつの方法でしょう。

〈失敗は予定のうち、悔やむ前に学ぶ！〉
　援助職は、先に述べたようにさまざまな場面で行動しなくてはならないのですから、失敗することなど予定に入っていると思ったほうがいいでしょう。もちろん、なんでもかんでも失敗してもいいというような責任放棄をすることではありません。逆にいえば、失敗して「くよくよする時間」があるのなら、どうすればよかったか、そこから何を学んだかを責任をもってとらえられるように「学習の時間」をもてということです。行動するスタンスをもてばもつほど、最初は失敗することが多くなります。しかし逆にいえば、失敗しなければわからないことも

第1章　エンパワーメント

悔やむ前に学ぶ

多いのです。

　失敗したことに責任をもつということは、失敗したことから学ぶということであり、ただ悲嘆的になることではありません。私は、援助職であるならば、子どもたちの将来を輝かせるために「勇気を出して失敗をしてほしい」と思います。それが自他の新しい領域を切り拓くことにもなるのです。

③あきらめる勇気

　専門的な援助をしている人ほど、問題や課題に対してどうあるべきかに執着し、自分自身の動きを鈍くしてしまっていることがよくあります。躊躇ばかりしてしまうのです。

　学校における例としては、「教師には、カウンセリングマインド（受容的心がまえなど）が絶対に不可欠！」というような主張がそうです。こうなると、人の話を聞いてくれない生徒たち、授業を妨害する生徒たちを受け持った先生は、子

【コーチング豆知識(1)】

　現代の子どもたちは、ストレスに耐える力が少ないということから、私は、失敗などのストレスを楽しむことを推奨し、ストレスを成長の糧ととらえて進む「ドラゴンボール方式」を生徒に伝えています。これは、鳥山明の作であるマンガ「ドラゴンボール」の主役である孫悟空が、自分より強いもの（ここではストレスのこと）に出くわすと"わくわく"し楽しみ、それを乗り越え、どんどん成長していく姿からヒントを得て、命名しました。このようにみずからストレスに向かっていき、成長することこそが、問題解決能力を育むことにもなり、生きる力にとっても重要な姿勢と考えられます。さらに、自分ひとりでは対処の難しい場合は、周囲の人からちょっとずつ「おらに元気をわけてくれ」と助けてもらうことも勧めています。相互に活かしあうエンパワーメントの考えがここにもあります。

どもたちとどうしたら仲良くなれるかを考え、子どもたちを理解できない自分はカウンセリングマインドがなく悪い存在であると考えて、躍起になって受容の訓練を始めます。そしてカウンセラー以上に受容を極めようとするのです。

しかし、一向に子どもたちは先生を理解せず、相手にせず、授業さえ成り立たない。子どもたちの親からも非難される。こうなると先生は、まだ受容が足りない！　まだ理解が足りない！　と嘆き、さらに自分を責めながら果てしない崇高なカウンセリングマインドを追い求め続けるのです。最終的には倒れてしまうということにもなるでしょう。

〈何が必要かを知らずに流行（一過性の気分）に頼らない！〉

このようなケースは、みなさまのまわりでも少し姿を変えて目にすることがあるのではないでしょうか。こうしたことは、カウンセリングの勉強をされている方たちにも多いのではないでしょうか。

〈ここで重要なのは、あきらめる勇気です！〉

「カウンセリングマインドは、ひとつのマインドであって、唯一のマインドではない」くらいの受けとめ方が必要です。受容の前に「授業中は話さず、しっかり先生の話を聞け！　話のある子は後でじっくり話を聞くぞ！」というくらいの姿勢が必要です。先に述べた先生の場合には、カウンセリングマインドをもたなくてはならないという幻想を捨てること、カウンセリングマインドなんてできないとあきらめることが、ここでいうあきらめる勇気なのです。

〈他人だけでなく自分も傷つけない援助者になること！〉

もう少しわかりやすくいえば、何かしらの思い込み、一方的な自己主張、相手を傷つける言動、自分を痛めつける言動をあきらめることです。援助職としてどうあるべきか、教師としてどうあるべきか、親としてどうあるべきかを１つに限定して、それだけを追わないということです。もちろん、カウンセリングマインドで成功したならそれでいいのです。この例では受容的心がまえができていない先生がだめなのではなく、それ以外の心がまえがわからなかった先生がだめなのです。

〈受容とは、良いことも悪いことも受けとめること〉

自分と他人を傷つけないことが重要なのです。自分と他人を傷つけるようなことは、それがどんなに崇高な気持ちからのことであっても、あきらめたほうがいいのです。あまり知られていませんが、「できないことはできない」と、はっきりとあるがままに受け容れることが受容なのですから。受容とは何かを学ぶ方法

は、1つではないのです。

　自分のできないことがわかれば、それができる人に協力を求めることもまた受容であり、これはエンパワーメントの自立の考えにも当てはまります。カウンセリングマインドが苦手だからやらなくていいという意味ではなく、それだけではないということ、カウンセリングマインドを身に付けるのが下手なら、それ以外の大切なものを身に付ければいいという考えです。

〈あきらめたときに真実の道が示される！〉

　これは、子どもに個性があるということをしっかりととらえることと同じです。援助職が、みずからの個性や長所をとらえずして、子どものそれらをとらえることはできません。そうでなければ、子どもが何か1つのことができないとき、それに執着させて、ほかのことをおろそかにさせてしまうこともあるでしょう。

　それがだめなら、それ以外の方法も考えていくということは、援助職にとって重要な対応です。あきらめたときにほんとうの道が見えてくるということもよくあるものです。ちなみにエンパワーメント理論では、受容は重要な変数です。

3つの勇気

①行動する勇気　　②失敗する勇気　　③あきらめる勇気

---

4. 学校コーチング3つの柱

3つの柱

①子どもには、大切にする価値観や存在する意義を活かす力がある。
You have the Value and the Raison-détre to succeed over the mountains.
②子どもには、これからの人生を最善にする力がある。
You have the power to get the best life from now on.

> ③子どもには、相互に感謝を育む生き方を実現する力がある。
> You have the Love to cultivate gratitude based on positive growth of each other.

　学校コーチングでは、子どもとの関わりにおいて、3つの柱からなる理念を尊重しています。
　それは、「子どもには、大切にする価値観や存在する意義を活かす力がある」「子どもには、これからの人生を最善にする力がある」「子どもには、相互に感謝を育む生き方を実現する力がある」というものです。
　学校コーチングは、狭義では子どもに対してですが、広義では学校関係者すべてに適用されるものです。つまり、学校の先生にも、これを読まれているみなさまにも、この3つの柱が当てはまるというのが、学校コーチングのスタンスなのです。
　しかし、この3つの柱が理念だからといって、常日頃からこの考えを人に話したり押し付けたりするというわけではありません。自分の活動のスタンスとして、胸のうちに秘めておくといったほうがいいでしょう。

① 「子どもは、大切にする価値観や存在する意義を活かす力がある」
　子どもにだって、大人と同じく、自分の考えていること、思っていること、感じていることがあります。それをどんどん活かそうとしているのです。そのような価値観や存在意義は、主張、行動、個性、長所として現われてきます。ここでいう価値観とは、その子の大切にしていること、考えていること、感じていること、思っていることです。存在意義は、自分が存在する意味のことです。

自分で長所を活かし、伸ばした！　という肯定感を育てる
　援助職は、子どもたちの大切にする考えや行動、そして個性や長所を活かすこと、伸ばすことを大いに奨励し、協力していきます。このとき、協力といっても、子どもたちが自分たちの力を活かしていけるように見守るだけの場合もあれば、健康を害することが予測されるときには先に予防していくというように、事前的な行動をとるという場合もあり、ケースによってさまざまなかたちをとります。

とかく子どもの言動には、まだまだ発達的にも未熟な分、過ちや失敗が目立ちます。そこで大人は過ちを指摘し、しつけを厳しくし、社会性を身に付けさせる、ということになりがちです。それにあう子どもはいいのですが、子どもが何に興味をもち、何に重きを置き、何に進んでいきたいのかを察して大人が動いてあげるほうが、よっぽど子どもたちの社会性は身に付くことでしょう。とくに、子どもが「自分で進んだ！」という思いをもてるようにしてあげることが大切です。そのような縁の下の力持ちの器量を、大人がいかにもつかが大切なのです。

「察することは難しい！」という話をよく聞くことがあります。察することが上手な方は、日頃から子どもとのコミュニケーションがとれている場合がほとんどです。つまり、大切なのは、コミュニケーションなのです。

感情的なだけの怒りは大人の未熟さです！

もちろん間違った言動に対しては、しっかりしつけることはいうまでもありません。ですが、このときのしつけも、感情的に怒りをぶつけるというような態度ではなく、意図的に感情を示すというような大人らしい態度が必要です。感情的になると、子どもが「どうして？」と質問してきたときに、必要な答えを伝えることができないことが多いからです。このような言動をとりがちな方は、自分自身の生育暦などについて、しっかりと見直すことが求められます。「自分の親のようについ厳しくしすぎてしまう！」と感じている方ほど、もう一度子どものしつけの前に自分を見つめ直すことをお勧めします。自分の言動を眺めるように思い起こしてみましょう。

「言語に近い言語」も用いる

さて、コミュニケーションには、言葉だけではなく態度や目で示す非言語的なコミュニケーションも入ります。さらに「言語に近い言語」のコミュニケーション（準言語といわれることがあります）もあります。もしあなたがお母さんであれば、子どもの小さいときの言葉にならない声（喃語といいます）である「あうー」や「あっあー」などの呼びかけに対し、「お腹すいたのね」「パパ帰りが遅いね」と話かけていたことを憶えていらっしゃるのではないかと思います。

ここでの「あうー」などが、「言語に近い言語」のコミュニケーションです。日々の言語的コミュニケーションと非言語的コミュニケーションなどによって子どもの個性や長所を知ること、そしてそれを活かすにはどうすればいいかをとら

えていくことが大切です。日々の関わりがあるからこそ、援助職以上に子どもの長所を知っていらっしゃるご両親や先生方からの情報提供が、援助職にとっての重要な支援材料となるのです。長所なんてあるのかしら？　という父母や先生方の意見を聞くことがありますが、長所のない子なんていません。それだけは覚えておいていただきたいと思います。

答えがないことが答えであることも認めてあげる
　また、一般的なコーチングでは、「答えは相手の中にある」として、答えを引き出すことを重視しています。しかし、子どもの場合には、ほんとうに答えのないときもあるものです。選択できないときもあるものです。そのため、援助職には、質問ばかりの攻めの姿勢にならないような態度が求められるのです。答えを出すまでしつこく質問されるよりは、答えを示されて甘えさせてもらうほうがよっぽどいいときがいっぱいあるのです。
　もちろん答えを出すことが必要な場であれば、それを重視するのはいうまでもありません。つまり、子どもが自己を活かす力を発揮するために、いま何が必要かを考えて行動していくことが求められるのです。さらにいえば、子どもがさまざまな困難の山を越えていけるように、どのように関わっていくかを理解することが、援助職にとって重要な使命といえるでしょう。
　「わからない」ときは「わからない」ことが答えなのです。ちゃんと考えて！といってもわからないものなのです。

② 「子どもは、これからの人生を最善にする力がある」
　子どもたちは、私たち大人の将来を担ってくれる存在であるといっても過言ではないでしょう。つまり、子どもたちの人生が最善でないということは、彼らに支えられる私たち大人の人生も最善でない、ということになってしまいます。

無限に可能性があるのか、無限に可能なのかは180度異なる！
　従来のコーチングでは、人は間違いがない完璧な存在である、人は無限の可能性をもつというように、大きな完全性を示すことがよくあります。これらは、定義によってもさまざまであり、一概に1つの意味しかないとはいえませんが、学校コーチングでは、間違いは間違いと認めようということ、完璧でなくてもいいということ、無限の可能性の根拠をすべての人には示せないということ（「無限

に可能性がある」のと「無限に可能である」のとでは異なること）から、従来のコーチングの考えとは異なる視点をもっています。

最善であったことに変わりはない！
　この異なる視点では、子どもの考えや行動について、それが「最善である」ととらえます。これは、子どもは自分にとって、もっともよい方向性を求めているという考えにもとづいています。そこで、「最善」の意味についてお話ししていきましょう。
　よく過去の失敗について「最悪である」と考えることがあるでしょう。しかし学校コーチングでは、それは「最善である」と判断します。もともとその失敗は、失敗をしようとして行動したのか、それともそれがベストと思って行動したのかということを確認すれば、後者になることは当然でしょう。つまり自分にとってのベストを尽くしていたのですから、それが最善でないわけがないのです。
　ただ、間違えてはいけないのが、たとえば中学生で喫煙して警察に捕まったというようなときに、それは「間違いか」「間違いではないか」との問いには、「法的に間違いであった」と判断します。しかし、それが最善でないとはいえないでしょう。やや観点を変えれば、「警察に謝る母親の姿を見て親の愛情を感じた」「二度と悪いことはしたくないと思った」など、そのような失敗から学ぶことは多いのです。そのためにどのような失敗であろうと、それが最善であることに変わりはありません。
　「何度叱っても同じ過ちをする子」の場合も、もちろん最善です。同じ過ちを繰り返すということは、過ちを繰り返さざるをえない状態に陥っていると考えら

【コーチング豆知識(2)】
　コーチングが、子どもの教育に大変効果があるということは、落ちこぼれ高校生が東大を目指すというマンガ『ドラゴン桜』でも紹介されています。『ドラゴン桜』の面白い点は、コーチングをよしとする一方で、無限の可能性を尊重する一般的なコーチング理論と逆のことを述べている点です。「大人は、未知の無限の可能性なんて、なんの根拠もない無責任な妄想を植えつけてんだ。そんなものに踊らされて、個性を活かして人と違う人生送れると思ったら大間違いだ」（三田紀房『ドラゴン桜　第1巻』講談社、2003年より）と、先生が子どもに伝えています。これは、学校コーチングの道徳的な考えと同じところがあります。コーチングには、いろいろありますが、しっかりと地に足の着いた専門家観が必要だということです。もちろんここでは大学に入学するかどうかについての議論をしたいのではありません。

れます。だから、その状態では最善な行動といえるのです。また「自分で失敗すると知っていても何度もやってしまう子」の場合も最善です。最初から失敗するとわかっていてもそうせざるをえなかったということは、やることが最善の選択であったととらえられるからです。もちろん、より最善な方法を伝えたり、一緒に考えたりすることが求められるでしょう。

過去も未来も最善にしよう！
　別の見方をすれば、何度も失敗する子には、何度も挑戦・失敗するだけの強い意志があるのではないでしょうか。他の方法を知りたいという無意識的な気持ちを、失敗によってまわりに伝えているのかもしれません。このようなことから、「子どもは、これからの人生を最善にする力がある」ということには、これからという未来だけでなく、過去においても最善であったという意味が含まれています。

　いまの子どもたちが、これからの自分を主体的に生きるために協力するのが、援助職の役目です。そして、そのように主体的に歩んでいく力があることを子どもたちに伝えていくこともまた、援助職の大切な役目なのです。そのために「子どもは、これからの人生を最善にする力がある」という考えを援助職がもつことは、大変意義のあることといえるでしょう。

　もし援助職自身が過去の間違いに立ち止まっているのなら、それが自分の最善であったことを認めてあげましょう。自分を大切にできない援助職に、子どもを大切にすることはできません。

③「子どもは、相互に感謝を育む生き方を実現する力がある」
　子どもにとって、日々感謝するようなできごとがあれば、それほどありがたいことはないでしょう。しかし、感謝できるできごととは、どのように形づくられるのでしょうか。子どもはまだまだ発達途上ですので、悪いこと、良いことを繰り返しながら、そこから学んでいきます。失敗、成功を繰り返しながら、そこから学んでいくのです。

罪悪感と後悔が人を成長させる！
　ここで大切なのは、悪いことをしたときの罪悪感です。失敗したときの後悔です。このようなことを体感・体験するからこそ、より一層、良いことをしたと

き、成功したときの喜びは大きくなります。そして、そのことへの感謝も生まれてくるのです。とくに、その良いこと、その成功に多くの人の力が加わっていたとしたらどうでしょうか。より一層、人への感謝が芽生えることでしょう。そして感謝を育む生き方を望むようになるのです。

感謝を育むために感謝を生む！

しかし、感謝を育むこと以上に感謝を生むことが、まずは大切です。子どもの感謝を生む心を育てる側である私たち大人の対応が、大変重要なのです。感謝とは何か、それを伝えることができるのは、まず両親であり、教師であり、まわりの大人です。その子どもが生まれたこと、その子どもが存在すること、その子どもが健康であること、さまざまなことに感謝することができます。

ですので、大人にとっては、ほんとうにささいなことであっても、ぜひ子どもに感謝をどんどん伝え、感謝されることとはどのようなことなのかを子どもに理解してもらうことが必要です。それがやがては仲間への感謝につながり、最愛のパートナーへの感謝につながり、多くの感謝を育んでいくことにつながるのです。もちろん親や教師にも溢れんばかりの感謝が返ってくることでしょう。感謝だらけの毎日は、ほんとうに笑顔だらけの毎日をつくることになるのではないでしょうか。

学校コーチングのスキルに「称賛」というスキルがありますが、このスキルがあることの背景には、自分に感謝する、人に感謝するという力を育てることがあげられます。このようなことが、相互に感謝を育む生き方を実現する力へとつながっていくのです。

3つの柱は、あなたの支えにもなる！

さて、お気づきになった読者の方もいらっしゃると思いますが、3つの柱の理念の英文では、主語が"You"（あなた）となっています。前述したように、この3つの柱は、子どものためだけにあるものではありません。読者のみなさまご自身も用いることができる柱なのです。

そして援助職にとっては、その活動のなかで、その背中を支えてくれる柱、背中を押してくれる柱となるものなのです。もちろん、これまでに築いた信念や価値観があるのなら、それを変えていただく必要はありません。3つの柱の中で気に入ったものがあれば、それを1つ選ぶだけでもいいのです。

最終的には、みなさまが自分自身のより大切にできる3つの柱を築いていただくことが、学校コーチングにおいて望まれていることなのです。なお、それが「良い柱」であるという基準は、その柱をもつことで、心身を乱しすぎることがなく、誰に対しても用いることができるような普遍性がある場合が多いようです。

3つの柱

①誰しも、大切にする価値観や存在する意義を活かす力がある。
②誰しも、これからの人生を最善にする力がある。
③誰しも、相互に感謝を育む生き方を実現する力がある。

≪エンパワーメントの起源≫

　アメリカにおいて、人種差別に対する公民権運動、女性の権利のための解放運動などが実を結ぶ一方で、それらに関わる多くの人たちは、まだまだ力を剥奪されており、いかに彼ら彼女らの力（権利）を取り戻すかという考えが注目されるようになりました。

　このような背景のもとで、1976年、B.ソロモンによってはじめて活字になって提出された言葉がエンパワーメントです。ソロモンは、エンパワーメントの援助関係で求められるものとして、自分自身の問題を主体的に解決するのは自分であるということを、クライアントが受けとめることを第1に掲げています。そして、パワーの欠如を減らすことにより、生活する力や権利を得ることを示唆しています。

　このようなことから、エンパワーメントは、一般的に権限委譲という意味で使われるようになったと考えられます。しかしソロモンは、相互作用がパワーを生み出すことができるという考えを示しており、エンパワーメントが権限委譲以上の力を生み出すことを示唆していたと思われます。その後、エンパワーメントの定義について、さまざまな考察が加えられていきました。

　グティエレース、パーソンズとコックスの3人は、1998年に、エンパワーメントは問題解決状況に対して、個人的、対人関係的、政治的側面に関わる諸要因の連続体を中心に展開するとし、それについての包括的な分析とアプローチを行なうものであるとしました。さらに介入の次元として、①関係の構築、②教育、③システムのアセスメント、④ソーシャルアクションなどをあげました。このほか、エンパワーメントの効果として、自己効力感、自己受容、新しいスキルの実践、問題解決、政治的活動

などをあげています。

　またJ. リーは、1994年に、エンパワーメントのアプローチとして生態学的な視点があることを指摘しています。これは個人の視点および社会的な視点もまた、たがいに関連しているという見方です。生態学的視点は、ソーシャルワーク（社会福祉援助技術のこと）のなかでも、とくに学校ソーシャルワークの領域においてよく当てはまるということが、C. B. ジャーメインによって1982年に指摘されています。

　ジャーメインによれば、エコロジカル（生態学的）ソーシャルワークは、個人と環境の交互作用に焦点を置くアプローチであるとされています。たとえば、いじめの対処は、個人に対してのみ援助を行なえばいいというわけではなく、いじめを生んだ環境に対しても援助をしていく必要があるという考えです。つまり、個人と環境の双方に注目しているわけです。

　狭間香代子は『社会福祉の援助観』（筒井書房、2001年）の中で、エンパワーメントについてのさまざまな先行研究に共通する項目として「すべての人びとが潜在能力を有するという見方、またそれに対する信頼感」をあげています。そして潜在能力を「ストレングス」（一般的には強みや長所のこと）とし、それは「意味を生成する力」であるとしています。

　本書におけるエンパワーメントの定義や学校コーチングの3つの柱などには、以上のようなエンパワーメントについてのさまざまな考え方から、多くのエッセンスが取り入れられています。

　また、わが国を含め、国際的なソーシャルワーカー団体の倫理規定において、「社会の変革を進め、人間関係における問題解決を図り、人々のエンパワーメントと解放を促していく」（国際ソーシャルワーカー連盟による2000年の「ソーシャルワークの定義」）と謳われるほど、エンパワーメントは人の援助において重要なことがらであるといえるでしょう。

　私自身は、さまざまなエンパワーメントについての考え方から、その定義を「能力的・心理学的な向上により行動を生起させ、それに環境との相互作用がともなうようなプロセスである」としています。そして、そのプロセスのベースには協同的なリレーションシップや肯定的な信念があり、能力的・心理学的な要因として、自己理解や自己受容が考えられるとしています。さらにストレングス（強み、長所や個性などの肯定的な資源）の理解とその活用が含まれます。このようなことから導かれたのが「自分らしさ（ストレングス）を活かして自立（相互作用による能力的・心理学的な向上）して生きる」という本書の定義です。

第2章
共動の約束
―援助関係の構築―

1. 共動の約束

共動の約束
①リレーションシップ：信頼関係
②チャレンジマインド：勇気
③プラクティカル・モラリティ：実践道徳

　学校コーチングにおけるクライアントとの援助関係には、援助職とクライアントが相互に約束をすることが求められます。それは、①リレーションシップ、②チャレンジマインド、③プラクティカル・モラリティです。これらは、援助職とクライアントが共にクライアントの目標達成に向けて力を合わせるための約束です。

援助職も動く共動！
　この約束を共動の約束といいます。「共動」は、共に動くという意味の造語です。これは、学校コーチングでは、クライアントだけがクライアントの目的のために動くのではなく、援助職も共に動くことを示しています。
　たとえば、クライアントの心の洞窟の中を、クライアントと援助職が2人で進んでいる状態を想像してみてください。援助職が懐中電灯を持ち、クライアントに「右の穴と左の穴どちらに進みますか？」と聞いているような状態です。援助職は、クライアントと共に歩むのです。

洞窟の中を2人で進む

　また、クライアントとの面接時以外でも、クライアントの目的達成のための情報があれば、それを収集し、次回の面接のときにその情報をお伝えするというようなことも共動です。つまり、クライアントの目的達成のために必要であれば、クライアントと会っていないときでも援助職は動くということです。

燃え尽きない援助を行なう！
　ただし、これは、クライアントのために過剰に動かなくてはならないということではありません。たまたま、別件で関わった事柄が、クライアントにも有用であるというような場合でもいいのです。ふと気づいたときにメモをとるというようなことでもいいのです。人材支援をする専門職にとって、もっとも大切なのはその心身の健康ですから、燃え尽きてしまうことのないように過度な関わりはしないことが前提です。
　以下に共動の3つの約束を示します。

①リレーションシップ：信頼関係
　リレーションシップは、相互の関係性のことで、とくに信頼関係のことです。初回面接であっても、今後、共に歩む関係を尊重し、おたがいに信頼しあう気持ちを大切にしようという関係づくりが大切です。もちろん、最初は表面的な関係性になるかもしれません。しかし、援助職とクライアントが、クライアントの目標達成のためのチームであるという考え方は、クライアントにとって援助職への信頼を促進させることになるでしょう。

〈失敗こそが最高の学び！〉
　また、さまざまな行動のなかで、クライアントは自分の失敗に対して援助職が

自分を否定するのではないかと思うときがあります。しかし、失敗こそが最高の学びであるというスタンスを保ち、信頼関係が崩れるようなことが援助職から持ち込まれることはないことを知ること、体験することによって、ほんとうの信頼関係の構築がなされていくことでしょう。

　信頼関係は、学校コーチングを行なっていくための基盤であり、継続されるべき重要なパートナーシップです。

②チャレンジマインド：勇気
　クライアントが自分の目標に臨むということは、大変な勇気を必要とすることです。これまでの自分の枠を超えるためには、それだけの有言実行の精神が求められるからです。目標は達成したいけど、自分が何かをするのは嫌だということでは、いつになっても現状を改善させることはできません。初回面接のときにチャレンジマインドの約束をしてもらうことによって、クライアントが自分の人生に責任をもつという意識を促すことができるでしょう。チャレンジマインドは、クライアントが自分の目標を達成させようとする決意ともいえます。つまり、行動を生起させるような思考です。信頼関係があることによって、さらに多くのチャレンジが生まれていくことでしょう。

〈援助職の生き方が問われる!?〉
　一方、共動の約束ゆえに、チャレンジマインドは援助職にも求められます。援助職が、クライアントの目標達成のためにチャレンジ精神をもつということです。また援助職が、言行一致した人生を歩んでいるかという点もまた、問われることになるでしょう。

〈スモールステップを大切に！〉
　チャレンジマインドは、過大なもの、過度なものではなく、最初はわずかなチャレンジへの意識でかまいません。初回から、夢は誰にでも実現できる！　と飛ばしすぎると、いざ現実を見てそのギャップに落胆し、継続して行動することができなくなってしまうことがあります。クライアントの能力や行動力に応じて少しずつチャレンジしていくことで、小さな成功を積み重ね、大きな成功へと進むことができるのです。スモールステップを重要視しましょう。

　また逆に、小さな失敗を積み重ねることで、大きな失敗に対しての免疫を付けることも重要視しています。そのため、クライアントが失敗するとわかっていても、援助職は行動することを勧めてもいいのです。「失敗は成功のもと」といわ

れるように、失敗から学ぶことは最高の学びであると考えられるからです。
　現在の子どもたちは失敗に対しての耐性が低く、ちょっとしたことで不登校になったり、衝動的な行為を起こすことがあります。そのようなことからも、スモールステップが大切といえます。もちろん現代では大人にも、こうしたことは必要でしょう。

> **【コーチング豆知識(3)】**
>
> 　チャレンジできない！　どうしたらいいか考えられない！　そんな声を聞くことがよくあります。そのようなときほどスモールステップです。ただし、子どもの場合は、さまざまな面から問題をとらえることが大切です。行動できない、考えることができない、というようなとき、自分に自信がない場合はスモールステップからでもいいのですが、うつ病の症状から、それらができないという場合もあります。そのような場合は、①自分を否定したり責めたりすることが過度にないか、②夜眠れない（3時〜5時まで起きている）、朝早く起きる（3時〜5時に起きてしまう）という睡眠障害がないか、③朝（とくに月曜日）は体がだるく動きたくないが、夕方頃には元気になるなど、気分や体調の日内変動があるか、を確認してみましょう。このような兆候がある場合は、うつ病の症状から行動や思考が固まってしまうことがありますので、専門家に相談するようにしましょう。もちろん、このような症状を示す背景には、学校面、家庭面、発達面でのトラブルが考えられますので、その点のアセスメントも必要です。

③プラクティカル・モラリティ：実践道徳

　チャレンジマインドによって、行動を生起したときの結果が成功である場合には、大変肯定的な作用が起き、クライアントはさらに行動を促進させていきます。しかし失敗したときには、逆に行動を停滞させることもあります。失敗したときであっても、そこから学ぶことが重要であることを示すような環境づくりが、とても大切です。失敗をネガティブに受けとめるだけで終わらないような環境は、クライアントの言動を肯定的に受けとめていく、モラルのある環境といえます。

〈道徳のある思想を大切に〉

　そのような環境づくりのために、第1章で紹介した「3つの柱」のような思想を援助職がもつことをお勧めします。そのような思想をもつことで、援助職の精神的な安定をより維持することができるからです。
　そして、その思想を現実のものとするために実践することが大切です。実践することで、その思想の是非が問われるというだけではなく、それがよりよい思想

へと改善されていく一歩となるからです。もちろんクライアントに「3つの柱」を用いること、伝えることもお勧めします。

〈生きる力・考える力を育む環境の構築〉

　その場、その人に適した価値観、環境を大切にすること、それを活かすことを、プラクティカル・モラリティ（P-モラリティ）といいます。P-モラリティは、「3つの柱」にもとづく援助職の思想をクライアントに伝え、実践として示す一方で、クライアントが大切にする考えを実践として示してもらうことにより、より考えを育むような環境を構築していくことを求める約束でもあります。そのような双方向の環境が、クライアントの目標達成のためのさまざまな行動を促進させることでしょう。

　そして、さまざまな行動を通して、クライアントはいくつかの考え（思想）に気づくことがあります。たとえば、「意味のない失敗よりは、意味のある失敗が重要」という考えであれば、失敗をしたときにその意味や意義を考えることにつながるでしょう。そこから、失敗の意味を考えることを大切に行動していくという生き方が生まれてくることでしょう。さらにこのような状態から進むことで、「意味のない失敗によって意味のある失敗を大切に感じることができたのだから、意味のない失敗の体験もまた大切だ」という考えに変わっていくかもしれません。

　考えや思想が改善されればされるほど、人を活かす道徳的な考え（思想）に変わっていくことがよくあります。P-モラリティでは、このような点を重要視し、クライアントが自己の考えにもとづいて行動していくことを目指しているのです。それは言行一致（有言実行）を促す約束といえるでしょう。

2. 成長の循環過程

　共動の約束は、それ自体にプロセスがあります。まず、援助職とクライアントとのリレーションシップができることによって、クライアントは肯定的な思考をもつことができます。

　たとえば、これまでに人間関係に失敗してきた人であれば、少しでも信頼できる存在に出会うことで、これまでと異なって、人間関係に対して肯定的な感情が生まれてくることがあります。そのような肯定的な感情が、「ほんの少し行動してみようかな」という小さなチャレンジマインド（勇気）をもつことにつながります。その勇気が行動を生起させ、P-モラリティにより、成功・失敗の双方か

ラーニング

リレーションシップ
意識が変わる

P-モラリティ
得るものが大きく変わる

Relation's Growth

ポジティブ

アクション

チャレンジマインド
受信と発信が変わる

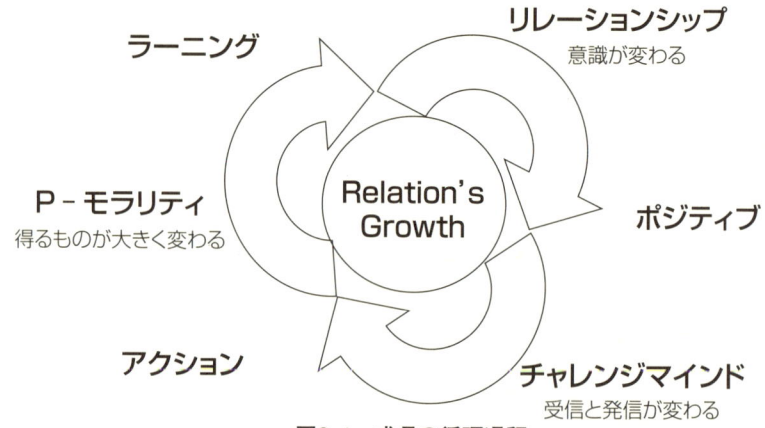

図2-1　成長の循環過程

らの学びを深めていくのです。
　このようなことから、学びを与えてくれた援助職との関係に信頼を深め、さらなるリレーションシップの促進へとつなげていくというプロセスを図にしたのが、成長の循環過程の図です。これに時間軸を加えると、螺旋状に関係性を成長させていく図（図2-1）になります。学校コーチングにおいて、信頼のあるリレーションシップは、クライアントの成長や向上の要でもあります。

P-モラリティ

チャレンジマインド

リレーションシップ

螺旋状に成長

クライアントが自立することを目的に

　このような関係性の成長を、クライアントが自分の周囲に構築していくことも、学校コーチングの最終的な目的のひとつです。そのため援助職は、クライアントの自立を求めて関わっていくことを目的とするエンパワーメントの理念に則ることになるのです。自立の意味は、「自分の信頼できる仲間、仲間の信頼できる自分、という関係性のうえで、みずからの力を活かすことができる」ということでしたね。

3. ディスエンパワーメント

> **DISEMPOWERMENT**
>
> Hesitation：迷い
> Anger：怒り
> Sadness (Sorrow & Shame)：悲しみ（後悔・恥）
> Loneliness：寂しさ
> Envy：妬み
> Terror (Threat & fear)：恐れ
> Anxiety：不安

　肯定的なパワーを用いるためには、何が否定的なパワーかを知る必要があります。人の力を活かすエンパワーメントに対して、人の力を抑制するパワーであるディスエンパワーメントがあります。

　ディスエンパワーメントを用いている人は、みずから迷いの中に埋もれてしまうことがあります。このような場合、本来の歩む道と異なり、外れた道に進んでしまうことになります。

　この外れた道のイメージは、周囲を白い霧が包んでいるような状態の中を歩んでいるように、どこに進んだらいいのか、自分がどこにいるのかもわからないよ

白い霧の中を歩く

うな状態です。このような状態になれば、誰しも道を外れてしまうことは当たり前です。自分でも行きたくない方向へ進んでしまう迷いを、みずから生んでしまうといえるでしょう。このような迷いの源は、外れた状態が過度になればなるほど迷いを大きくしていきます。

外れた道・外れた人を生み出すディスエンパワーメント

このとき、ハズレタ（HASLETA）の頭文字をとって、迷いを生み出す源を以下のように示しています。Hesitation：迷い、Anger：怒り、Sadness (Sorrow & Shame)：悲しみ（後悔・恥）、Loneliness：寂しさ、Envy：妬み、Terror (Threat & fear)：恐れ、Anxiety：不安。

そして、エンパワーメントが双方向性をなすのと同じく、ディスエンパワーメントもまた双方向性をなし、さらにディスエンパワーメントの迷いの渦へと人を巻き込んでいくのです。

たとえば、怒りが不安を生み、不安が孤独を生むというように、外れた状態を促進したり、不安と孤独が相互作用をもたらし、それぞれを増大させていったりするのです。どちらにしろ、人を迷わせる方向へと引き込んでいくのです。

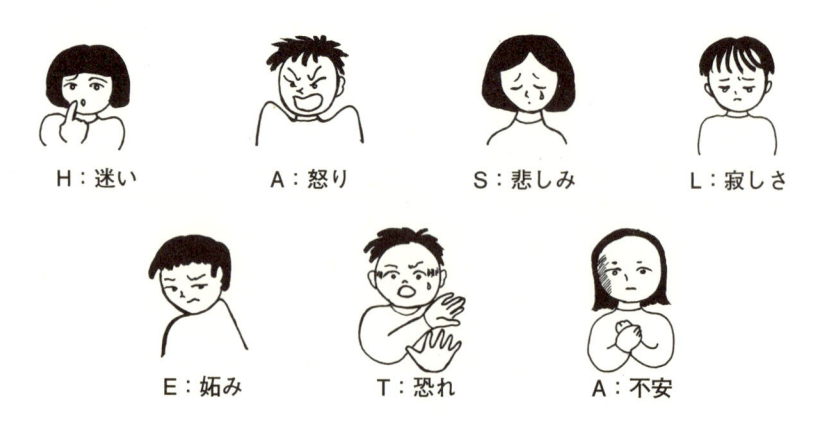

H：迷い　　A：怒り　　S：悲しみ　　L：寂しさ

E：妬み　　T：恐れ　　A：不安

ディスエンパワーメントも成長する

このようなことから、ディスエンパワーメントにおいても成長の循環過程があります。

図2-2のように、ディスエンパワーメントの状態として、最初の関係性がつくられなかったり、悪い関係性から出発するような場合、否定的（ネガティブ）な

第2章　共動の約束

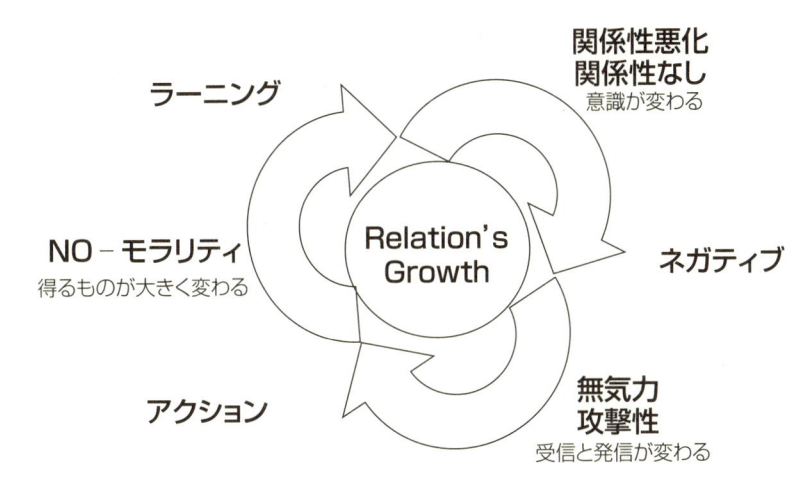

```
                    関係性悪化
      ラーニング     関係性なし
                    意識が変わる

                Relation's
  NO‒モラリティ    Growth        ネガティブ
  得るものが大きく変わる

                    無気力
      アクション    攻撃性
                    受信と発信が変わる
```

図2-2　悪化の循環過程

思考が出てきます。そして、否定的であればあるほど、無気力的な思考、また周囲のネガティブな要素から自分を守るための攻撃的な思考をつくりだします。このようなことから、無気力も攻撃性も、ネガティブから逃避するため（自分を守るため）の思考と考えられます。

そのような思考が行動（アクション）を生起するならば、子どもの場合には、不登校などの非社会的行動、非行などの反社会的行動に進行すると考えられます。そのような状態になれば、本人のモラルは低下していくことでしょう。本人の環境や周囲の人の環境のモラルも、低下していくことでしょう。そして、そのようなモラルのない状態が続けば、モラルのないことの強さに順応していくことでしょう。この順応には、否定的（非社会的行動）な順応と攻撃的（反社会的行動）な順応があります。

学習性の無力感と否定的な有力感

どちらの順応にしろ、何らかの影響を周囲に与えている、何らかの気持ちを周囲に伝えているととらえるなら、そのような状態から抜け出したいと思う強さをもっていると仮定できるでしょう。しかし、そのような状態を変化させることができないと考えることで、「自分にはよい状態を生み出すことができない」という、ネガティブを基盤とした「学習性の無力感」を味わうことになります。他人だけでなく自分をも否定していくことは、ディスエンパワーメントならではの力

といえるでしょう。

　反社会的行動は、周囲へのネガティブな影響を、暴力や破壊によって目に見えるかたちで与えることができますので、無力感を有力感として変化させる簡単な方法です。その影響によって無力感を打ち消しているととらえられます。しかし、それはエンパワーメントの有力感ではないため、「否定的な有力感」を抱くことになるでしょう。つまり、自分はだめな存在であると強く認めるようになるのです。

否定的な人間関係を育むディスエンパワーメント

　以上のように、エンパワーメントが肯定的な関係性を深めていくのに対し、ディスエンパワーメントは否定的な関係性を深めていきます。人と人との関係性がいかに大切かを、成長の循環過程と悪化の循環過程によって知ることができるでしょう。

　援助職は、このようなディスエンパワーメントな状態を、クライアントが認識できるように図式化するなどして、いかにそれが自己のあり方を抑制し、逃避し、悪化させているかを、クライアントと共に確認していくことで、自己につい

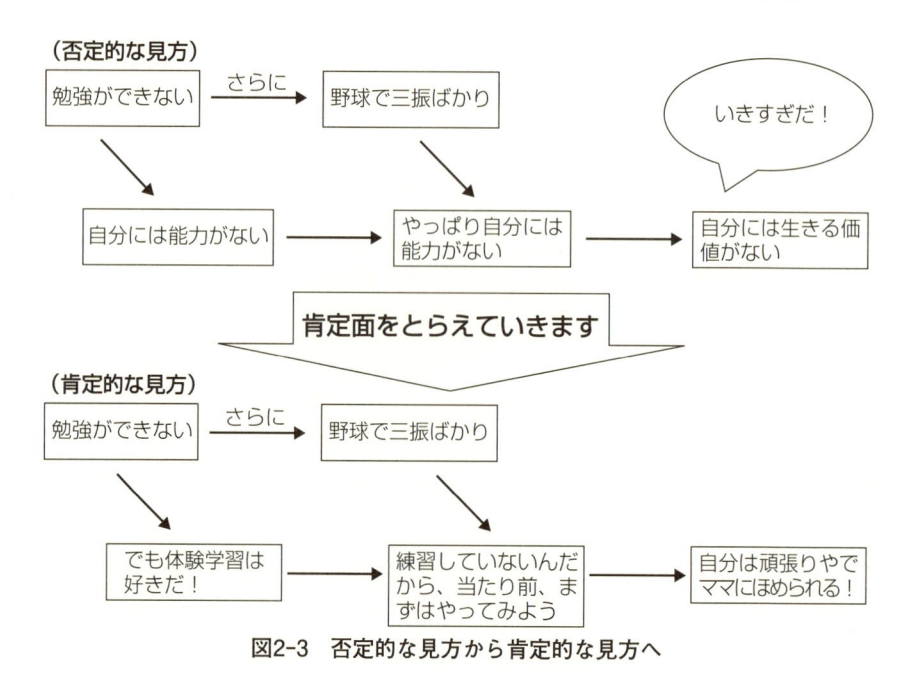

（否定的な見方）

勉強ができない → さらに → 野球で三振ばかり　　いきすぎだ！

↓　　　　　　　　　　↓

自分には能力がない → やっぱり自分には能力がない → 自分には生きる価値がない

肯定面をとらえていきます

（肯定的な見方）

勉強ができない → さらに → 野球で三振ばかり

↓　　　　　　　　　　↓

でも体験学習は好きだ！ → 練習していないんだから、当たり前、まずはやってみよう → 自分は頑張りやでママにほめられる！

図2-3　否定的な見方から肯定的な見方へ

ての理解を促進していきます。

　図2-3は、クライアントの思考の順番を書いたものですが、「自分には能力がない」というネガティブな信念を過度にもちすぎるのは早すぎるということを伝えるため、客観的な事実より肯定的な見方を伝えていきます。

4. すべての力を動員する学校コーチング

　ディスエンパワーメントの状態は、外れた状態が過度になったときに生まれます。このようなディスエンパワーメントの状態は、あまりよいとはいえませんが、外れた状態がまったく望ましくないとはいえない場合もあります。つまり、過度な外れた状態でなければ、その力（ディスエンパワーメント）をエンパワーメントとして用いることができるのです。適度な怒り、悲しみ、寂しさ、妬み、恐れ、不安というものが大変重要な力となるのです。

悲しみが人を成長させる

　たとえば、悲しみを知らなければ、何が楽しいのかを知ることができません。悲しみの経験は、よき人格をつくることにもつながります。小さな不安を一歩ずつ超えていくことで、大きな不安にも対処できる耐性が養われるのです。また妬みがあるからこそ、自分の目標を設定し、それに向かって進む力になることもあります。外れた状態が、人の力を成長させるエンパワーメントを生むこともあるのです。

　エンパワーメントの考え方そのものが、クライアントに必要なことがあればすべてを動員して援助するという考えをもっています。この考えは、エンパワーメントの考え方の重要な特徴であるといえます。そのため援助職は、クライアントの成長のために、意図的にディスエンパワーメントのアプローチを行なうこともあるのです。

いま、大変であること、それは幸せとは何かを学ぶということ

　たとえば、勉強が嫌いな子どもに勉強をさせるというのは、本人にとっては大変ディスエンパワーメントなことです。しかし、将来のことを考えれば、放課後に勉強をしてもらうことも重要な将来へのエンパワーメントになります。子どもたちは主観的な考えで自分たちの方向性や思考を決めることがよくあります。と

きに、その自己中心的な言動に援助者が大変ストレスをもつこともあります。しかし、毎回彼らの望むことばかりを尊重することは、最終的にはディスエンパワーメントな状態を生むことがあるのです。

レディネスを待つか、育てるか！
　平成16年度の学校基本調査において、35人に1人が不登校であると報告されました。不登校でのディスエンパワーメントの例として、たとえば、中学1年で不登校が始まり、その後なんとか学校の保健室へ登校できるようになったものの、本人が希望するまで教室への登校を待とうとした結果、卒業するまで保健室登校だったというような例があります。そのために、社会性が身に付いていない、学力がないということにつながり、本人は社会へ出ることに恐怖を覚えてしまうということも、よくあることです。本人の活動のレディネス（準備態勢）が整うのを待つか、それとも活動ができるようにレディネスを整えていくか、どちらがいいかに完全な答えはありません。しかし、待つだけではなく行動していくことで、現状の問題を変化させる機会が出てくるということが考えられます。もちろん、関わりの失敗から、より悪化してしまうことにつながる場合もあるかもしれません。子どもたちの将来にとって、大人の未来にとって、何がエンパワーメントなのかを検討していくことが、重要な課題といえるでしょう。
　ただし、何の考えもなしに単に待つというのは、あまり学校コーチングではお勧めしません。クライアントは待つことを望んでいるのか、援助職は何を待つのか、待つ理由は何か、待つことでクライアントおよび援助職は何が得られるのか、これらの点をとらえることなしに、クライアントを尊重して待とうというのは、援助職としては怠慢といわれるかもしれません。学校コーチングでは、待つことも技術に入っていますが、待つ理由をしっかりとらえることが必要です。

環境に肯定的な変化を生む
　学校コーチングにおける実際の不登校支援事例も、少しずつ成果を示しつつあります。以下に不登校に対するひとつの方向性を紹介いたします。
■**不登校からの脱却**
　本人だけでなくクラスの友だち、その担任や父母との連携により、教室登校への取り組みを基本として、関わっていきます。
■**行事のときの不登校**

きまって運動会のときに不登校になる生徒の場合、体力的なトレーニングで体力向上による登校支援を行ないます。

■いじめによる不登校

中学生の初期におけるいじめ防止の団結。いじめが人権問題に値することを子どもたちに伝えていきます。

■父母の仲の悪さによる不登校

家庭環境・親子関係の調整、父母との面談、児童の気持ちの代弁を行ないます。母親が精神的・身体的に不安定な場合、母親を心配し、帰りたいときにすぐに帰れるような状態をつくるために、生徒が保健室登校をしているのかもしれません。このような場合は、社会的資源（精神保健センターなど）との連携により家族支援を行ない、児童の安定を目指します。

以上より、不登校の場合にはさまざまな要因が考えられるため、本人の気持ちを尊重するというような、あるひとつの対応の仕方だけでは、子どもたちの思いをほんとうの意味で受けとめることにはならないことがわかるでしょう。

≪２つの悩み≫

悩みについて、学校コーチングでは、便宜的に大きく２つに分けています。それは行動の悩みと心の悩みです。

行動の悩みとは「……したいけどできない」というフレーズのように、何かの目標をもって進むことに関連し、そのための行動ができない、という悩みです。友だち関係をよくできない悩み、ほしいものが買えない悩み、好きな人にどう告白するかの悩み、テストの点をどう上げるかの悩みなどです。つまり、理由がある悩みです。不安や頭痛を起こすこともあります。未来のことや希望からくる悩みや苦しみのため「WANT（……したい）」というニュアンスが含まれていることがあります。よく用いられるコミュニケーション技術は、コーチング、ティーチング、アドバイスです。

心の悩みとは「なんとなく不安」というフレーズのように、何かの理由がない、なぜかわからないけど怖くてしょうがない、不安でしょうがないという悩みです。また、理由はあっても変えることのできない悩みや苦しみも含まれます。自分はもうだめだというあきらめの悩み、自分が何をすべきかわからない悩み、自分は何のためにいるのかわからない悩み、好きな人に振られた心の痛み、過去の苦い経験の悩みなどです。過去のことが、あきらめから来る悩みや苦しみで「MUST（……しなければならない）」というニュアンスが含まれていることがあります。よく用いられるコミュニケーション技術は、カウンセリング、ティーチング、アドバイスです。

学校コーチングは、行動の悩みを中心に支援していきます。どのような行動や学習

をとっていくかということが中心です。心の悩みの場合は、精神的な症状からくる悩みもありますので、スクールソーシャルワーカー、スクールカウンセラーたちと連携していきます。ただし、心の悩みであっても、行動の悩みのように具体的な行動や学習につなげていけるものも、たくさんあります。その場合は、その理由を明確にしてから行動の悩みとして扱っていきます。

"具体的な行動や学習につなげていく"ことが重要な視点です。

行動の悩み	心の悩み
どうやったら、この課題を達成できるのだろうか？	わからないけど、学校が怖くてしょうがないの
未来のことや希望からくる悩みや苦しみ	過去のことや、あきらめからくる悩みや苦しみ
〈よく使われるコミュニケーション〉コーチング・ティーチング・アドバイス	〈よく使われるコミュニケーション〉カウンセリング・ティーチング・アドバイス

第3章
4つのコミュニケーション技術

1. 学校コーチングに必要な視点

> **学校援助職に必要な事項**
> - 専門性（知識・経験）
> - リーダーシップ（精神性・意志決定・倫理観・共動力）

　学校援助技術として学校コーチングで求められるものは、専門性とリーダーシップです。
　専門性とは、①学校援助技術の知識・経験、②学校における学校環境・学校状況・学校の立場などの理解、③心理学・社会福祉学など関連領域の知識、などのことです。これらは、知識や経験的な部分をつかさどります。
　リーダーシップとは、正しい倫理観をもった肯定的な精神性を背景に、①自己の長所を理解する力、他者の長所を理解する力、②それらの長所を活かす共動的な関係性のマネジメント力、多くの人との共動的な関係性のマネジメント力、③肯定的問題対処能力、などのことです。これらは、意志（意思）や感情的な部分をつかさどります。
　この章では、専門性を養うために、学校援助技術の概要を確認し、そのなかでも個別援助技術の理解に焦点を当てていきます。なお、学校環境・学校状況・学校の立場などの、子どもたちのまわりで起こっている諸問題については、巻末資料1として掲載しましたので、参考にしてください。

2. 学校援助技術

　学校コーチングにおける学校援助技術には、個別援助技術、集団援助技術、連携援助技術（組織援助技術・地域援助技術）、間接援助技術があります。これらは、学校コーチングで求められる専門性の部分にあたります。
　それぞれの援助技術の概要は、表3-1のとおりです。

学校コーチングは集団も支援する技術
　一般的なコーチングは、個別援助技術における対面の個別面接を主とした技術ですが、学校コーチングには、個別的な援助だけではなく、集団や連携を視野に入れた社会福祉学的な視点があります。とくに子どもの健全育成において、家族

表3-1　学校援助技術の概要

学校援助技術	
個別援助技術	1対1の個別的な援助を中心とした技術で、援助対象者はクライアントとその周囲の家族、教師なども入ります。なお、カウンセリングやコンサルテーションのような個別的な援助についても、本書では、すべて個別援助技術としています。基本的なものとして、カウンセリング、ティーチング、アドバイス、コーチングがあります。 ＊コンサルテーションとは、援助職が教師にアドバイスなどを行なうように、立場の異なる専門家が支援を行なうもの。
集団援助技術	集団に対する援助を中心とした技術で、対象としては、クライアントとクライアントのまわりの人たち（例：悩みをもつ子とその友だち）などの集団。クラスの子たち、家族成員や教師集団なども入ります。たとえば、クラス集団を1つのクライアントと見立てて援助計画を立てていきます。
連携援助技術	さまざまな機関との連携によってクライアントを支援していくためのネットワークをつくる技術、そのネットワークを機能させるための技術です。地域との連携や地域への援助を視野に入れると地域援助技術になります。クライアントの支援網をつくるだけではなく、学校で突発的な危機が起きたときにさまざまな人たち（校長・父母・地域機関など）と連携をとり、学校を援助することも含まれます（組織への援助は組織援助技術ともいいます）。
間接援助技術	直接クライアントに関わるのではなく、間接的に支援する以下のような技術があります。 ①学校運営のよりよいあり方を推進する会議への参加（例：安全衛生委員会）などの学校福祉運営管理。 ②統計調査を用いた子どもたち（学校）の状況を客観的にとらえる学校福祉調査法。

＊学校内から学校外の連携を含めた社会的な支援にシフトすると、よりスクールソーシャルワークの視点に移行していきます。

との連携は重要な点です。

　個人を対象とした心理測定や集団を対象にした学校生活調査などの間接援助技術も、専門家として求められる技術です。これらは、学校やクラスの状態をとらえてから関わっていくという、より客観的な援助方法といえます。根拠のある支援（エビデンス・ベースド・アプローチといいます。詳しくは、本書第10章を参照してください）が求められている現在においては、必須のことであるといえるでしょう。

ネットワークがクライアントを支える
　連携援助といういい方からもわかるように、学校コーチングでは、さまざまな専門家が関わることによる多角的な視点での援助を大切にしています。さまざまな視点から、よりよい支援がクライアントに行なわれることで、クライアントの自己実現に貢献できることでしょう。
　さて、このような「連携の重要性」という視点は、すでにさまざまな本でとりあげられています。しかし、実際には連携のあり方を間違えると、さまざまな支援がクライアントにとって逆効果となることをおさえている本は少ないように感じます。単にサポートする人が増えれば、それだけでクライアントによい効果を与えるというわけではありません。また、他の専門家のネガティブな状態や思考に対処していくという労力が、援助職に求められることもあります。
　学校コーチングでは、連携援助技術を大変重要視しています。そのため、この点についてのあり方を以下に確認していきましょう。

客観的な根拠のない主観的な専門家にはなるな
　連携で一番重要なのは、その専門家が主観的な考えだけで方向性を決めていないかどうかを見極めることです。つまり、アセスメントがしっかりなされているかということが、大変重要になってくるのです。そのため援助職は、「自分の経験では大丈夫」というような意見は極力出さないように気をつける必要があります。このようなときは、「……のような症状や状態を示しているため、大丈夫と思われる」というように根拠を示すことが大切です。「根拠のない自分の経験則」だけでは、根拠を示す場合以上に間違っている場合が多いと考えていいでしょう。根拠を示せない場合には、まずは医学的な見地でしっかりと確認していくことが必要です。

とかく中途半端に勉強している人ほど、またはプライドの高い専門家ほど、診断当てごっこや持論大会を行ない、根拠のない意見や考えによって、クライアントの重要な時間を無駄に過ごさせてしまう場合があります。専門家のための根拠のない持論ではなく、クライアントのための根拠をもった考えや対応が大切なのです。もちろん根拠といっても、仮説的な点が多いということはあるでしょう（仮説とは、なぜいまの状態が起きているかという原因と結果を仮にとらえていくことです）。

仮説とその検証が重要な視点

　仮説の場合は、仮説検証の見極めをしていくというプランニング（計画や方向性）を設ける必要があります。そのため、自分たちが立てた仮説が正しいかどうかを見極めることまで考えているかどうかが、とても重要です。「私は経験豊富で、これまでたくさんの子どもに関わってきました。だから大丈夫と思いますので様子をみてみましょう」という意見から、様子の見方（誰が、どのように見定めていくか）を定めずに、ことが起きるのを待つ、というような状態だけはつくらないようにしましょう。

　学校コーチングでは、連携において根拠のあるアプローチ（エビデンス・ベースド・アプローチ）を重視すること、仮説検証のための方法を確認することが求められます。そして、クライアントの状態に関する意見を他の専門家から引き出し、援助方法をチームとして確立させていくことが求められます。ただし、経験則の専門家に対しても謙虚に連携をとっていくことが必要です。

【コーチング豆知識(4)】

　仮説検証においては、心理学における3項随伴の考えを用いるときがあります。これは、刺激⇒反応⇒反応結果という流れを示しています。たとえば、勉強好きな友だちができる⇒勉強を好きになる⇒勉強する時間が増える、というような流れです。これをもうひとつの側面からとらえると、勉強をする⇒ほめられる⇒勉強時間が増える、ということになります。勉強時間を増やさせたり、勉強を好きにさせたりするために、後者のような「ほめる」ということを意図的に行なっていくことを「オペラント条件付け」といいます。現状のクライアントの考えや行動がどうしてそうなるのかを、仮説的にとらえ、検証していくのが、仮説検証のひとつの方法とされています。

3. 4つのコミュニケーション

> **個別援助技術**
>
> 個別援助技術には、①カウンセリング、②ティーチング、③アドバイス、④コーチングの4つのコミュニケーション技術が統合されている。

　基本的にコーチングは、目標を設定し、そのために行動していく、目標達成型の個別援助技術です。しかし、学校コーチングは、従来のコーチングとは異なり、目標達成場面以外のさまざまな場面に応用させていける個別援助技術として、コーチング以外のコミュニケーションの要素も含んでいます。

　学校コーチングの個別援助技術は、4つのコミュニケーションから成り立っています。それは、①カウンセリング、②ティーチング、③アドバイス、④コーチング、です。これら4つのコミュニケーションを統合させたのが、学校コーチング（またはエンパワーメントのコーチング）なのです。

　以下に、これらのコミュニケーション技術の概要を述べておきましょう。

①カウンセリング（カウンセラーの基本技術）

　カウンセリングは、「受容」や「共感」をメインテーマにしたコミュニケーションです。問題に対するクライアントの感情や気持ちを受けとめることで、クライアントのあるがままの姿や状態を認め、心の成長を促す技術です。

　このようなコミュニケーションは共感的なコミュニケーションを生み、クライアントは、より会話をはずませることができます。共感とは、相互に気持ちを理解し感じることです。つまり共感的なコミュニケーションとは、気持ちを理解していることを感じさせる相互のコミュニケーションと定義できます。

　援助職が、クライアントの話を理解していることを言葉や態度で示すことで、クライアントは自分の話を確認し、自己の感情や気持ちを理解していくことができます。このように自己を理解し受容することへつなげていくことが大切です。

　もちろん、カウンセリングといってもさまざまな理論や技術がありますが、こ

こでは、以上のようなテーマと特徴をもつ受容的なコミュニケーション技術のことをいいます。

CO：援助職（ここでは養護の先生）

```
＜例＞　小5年　女子　飼育係
（非受容的）
児童　「ウサギさんがケガをして、とてもかわいそう……どうしよう、どうしよう、大丈夫かな……」
CO　　「大丈夫よ、先生が診てあげるから」
児童　「……震えているょぅ、大丈夫かな、かわいそう……（涙）」
CO　　「大丈夫、休み時間が終わるから早く教室に戻りましょう」
児童　「でもー、一緒にいたいー」（涙・涙・涙！）
CO　　（手を取って連れて行く）


（受容的）
児童　「ウサギさんがケガをして、とてもかわいそう……どうしよう、どうしよう、大丈夫かな……」
CO　　「うん（うなづく）ウサギさんがケガをしてとても気になっているのね、ウサギさんかわいそうねぇ」（オウム返しで、児童の言葉を繰り返す）
児童　「震えているょぅ、大丈夫かな、かわいそう……（涙）」
CO　　「ほんとう、震えてるわね。元気が出るように授業が始まるまで一緒に見守ってあげましょう、ウサギさんが大好きなあなたがいればきっとウサギさんも心強いよ」
児童　（うなずく）（養護の先生も一緒にいてくれて心強い）
```

うなずきとオウム返しで話を促すカウンセリング

　上の事例では、基本的な受容の技術として、オウム返しを行なっています。非受容的なコミュニケーションと受容的なコミュニケーションとの違いを感じられるのではないでしょうか。クライアントの言葉をそのまま返すことで、聞いてくれている、自分はいまこのような感情をもっている、とクライアントが感じることができるのです。

②ティーチング（先生の基本技術）

「基本」や「教育」をメインテーマにしたコミュニケーションです。クライアントの生活、学習や人間関係などの課題達成のために、教科書や常識に沿った基本的な知識を伝えていく、クライアントの成長を整えるための技術です。このようなコミュニケーションは、教育的なコミュニケーションを生み、クライアントは、学習や活動のレディネスを高めることができます。

レディネスとは、応用的な学習や活動へ進む準備状態のことです。つまり、教育的なコミュニケーションとは、クライアントの学習的、活動的な状態を整えるコミュニケーションのことをいうのです。このとき、基本的な状態が整うことで、クライアントの学習範囲や活動範囲を、クライアントみずからが広げていけるようにつなげていくことが大切です。

CO：援助職（ここでは体育の先生）

＜例＞　中1年　男子　体育の時間

（役に立たないティーチング）

生徒　「先生、跳び箱がどうしても飛べない！（悔）」

CO　「まったく中学生になってこんなことができないでどうする！　気合を入れろよ」

生徒　「すみません（やる気下がる）」

CO　「小学生レベルに下げていいから、ちょっとずつやってみろ、基本的な運動能力が足りないんだよ」

生徒　「はい……でも、もういいです。運動苦手なので……（もう学校行きたくない！）」

（ティーチング）

生徒　「先生、跳び箱がどうしても飛べない！（悔）」

CO　「飛ぶ前に勢いをつけるのを怖がっているところが、飛べないことにつながっているんだよ」（何が原因でできないか伝える）
　　「腰を持っていてあげるから飛ぶ感覚をつかんでみよう」（基本的な運動感覚のティーチングをし、何をすれば

生徒	「なるほど、なんとなくわかってきた（笑）！　でもまだ怖い！」
CO	「ちょっとずつでいいんだよ、ほらできてきたじゃないか、やるじゃないか！」
	（その子を基準にし、少しでもできたら、その頑張りを称賛していく）
生徒	「もう一度支えてもらっていいですか？」
CO	「もちろんだ、よしいいかあ？」

現状の問題と方向性を伝えるティーチング

　ティーチングは基本的な能力を整えるコミュニケーションです。そのため、クライアントが、その基本を整えるために何を知る必要があるのか、何をすればいいのか、何が原因なのかを伝えていきます。単にクライアントのできない点や弱みを知らせるだけでは、自己満足なティーチングであるといえるでしょう。

③アドバイス（アドバイザーの基本技術）

　「応用」や「方向付け」をメインテーマにしたコミュニケーションです。クライアントの生活、学習や人間関係における問題解決のために、援助職の経験や考え方に沿った応用的な知識を伝えていき、クライアントの成長を促す技術です。これは、向上を求めたコミュニケーションであり、クライアントは思考や活動の質を高めることができます。

　思考や活動の質の高まりには、パラダイムの転換がともなうような、効率的・経済的・柔軟な考え方や行動の教授が必要です。パラダイムの転換とは、従来の基本的な考えや行動の転換を意味します。つまり、向上を求めたコミュニケーションとは、クライアントの思考や活動の質を、より効率的、経済的、柔軟にしていくコミュニケーションです。

　このとき、1つの考え方や行動の仕方に固執するのではなく、さまざまな考え方や行動の仕方を知ること、することで、クライアントの思考範囲や活動範囲を、クライアントみずからが創造できるように、楽しく広げていくことが大切です。

CO：援助職（ここでは進路指導の先生〔キャリアカウンセラー〕）

＜例＞高3年　男子　進路指導の時間
（役に立たないアドバイス）

生徒　「先日、いろんな会社が掲載されてる就職ブックを見ていたんですが、やはり就職よりは、資格を取るために進学も考えようと思うんですが、どんな学校に行ったらいいのか悩んでいるんです……福祉の仕事はどうかとも考えているんですが……（悩）」

CO　「資格は重要だよ、私も国家資格をもっているけどね。それ以外の資格は私の経験からはあまり認められないね。君も、ちゃんとした資格を取るほうがいいよ。それで何を取りたいの？」

生徒　「福祉関係なんかいいかと思っていますが……」

CO　「おい、ニュースを見てないのか？　福祉関係は厳しいし、悪い事業所が多そうじゃないか。しっかりと考えたほうがいい！　まだ簡単にしか考えていないんだろ（いい道を歩んでくれよ！）」

生徒　「まあ、そうですね……ちょっといいかと思ったくらいなんで、あまりよくないですかね（引）」

CO　「資格を取るといっても、福祉のほうでもいろいろあるよ。私も実習でいったことあるけど大変そうだったよ。大丈夫？」

生徒　「もうちょっと自分で考えてみます（もうひとりで考えよう）」

（アドバイス）

生徒　「先日、いろんな会社が掲載されてる就職ブックを見ていたんですが、やはり就職よりは、資格を取るために進学も考えようと思うんですが、どんな学校に行ったらいいのか、悩んでいるんです……福祉の仕事はどうかとも考えているんですが……（悩）」

CO　「資格を取るといっても、福祉のほうでもいろいろあるよ。高齢者を支える介護福祉士は、5年間働けばケアマネジャーという資格を受験することもできるからいいかもしれないよ。いくつか学校に見学に行って、いろんな人から話を聞いて、何が自分にあっているか考えてみたらどうかな」（専門的なアドバイス）

生徒　「そういう資格があるんですか……自分にあうかわからないので、行ってみて考えます！（行く気満々）」

いかに経験してきたかが試されるアドバイス

　アドバイスは、援助職がいかにさまざまな情報をとらえているか、これまで経験してきたかが問われる重要なコミュニケーションです。援助職の質を見極めることができるといわれるほど、援助職の実力が試される技術です。単に持論を伝えているだけなのか、それとも相手に沿った思考や行動を促す内容を伝えているのかで天地の開きがあります。

④コーチング（コーチの基本技術）

　「考え・方向性の明確化」、「創造」や「モチベーション」をメインテーマにしたコミュニケーションです。クライアントの思考、感情を明確にすることで、クライアントに沿った目標を設定し、その目標達成のために長所、希望を活かしていく技術です。このようなコミュニケーションは、創造的なコミュニケーションを生み、クライアントはモチベーションを高めることができます。ここでのモチベーションとは、行動を生起させ、目標に向かわせる自発的な力のことです。

　このとき、クライアントに自身の希望をしっかりと確認させることで、自分がどうありたいか、どうあるべきかを理解させることが大切です。

CO：援助職（ここではキャリアカウンセラー）

＜例＞大学3年　女子　学生相談室にて
（役に立たないコーチング）

学生　「なんだかこの頃、自分が将来何をしていきたいのか、大学生活もこんなのでいいのかと悩みが出てきたのですが……」

CO　「目標をもつことは、自分の夢を実現させることとして重要ですよ。どんな夢をもっていますか？」（夢の明確化の質問）

学生　「ええっ夢ですか？　目標もちょっとわかっていないので……目標をもたないとだめですかね？」

CO　「活き活きと生きないでどうするの？　目標はどんな目標をもちたいですか？」

学生　「そんなこと言われても目標自体が見つからなくて（気持ち下がる！）」

CO　「それじゃあ大学生活での目標は何かありますか？」（目標の明確化の質問）

学生　「目標のない自分がとても嫌になってしまいます（気持ち下がる!!）」

CO　「ほんとうに自分がしたいことをしてないんじゃないの？」

学生　「はい、じつは自分は理系の大学に行きたいと思っていたのですが、受験で落ちて

第3章 4つのコミュニケーション技術

しまって……」
CO 「そうしたら自分のほんとうの目標を目指してみてはどうですか？」（目標の設定）
学生 「でも……いまさらもう一度受験は……（困）」
CO 「自分のほんとうにしたいことをしている姿を想像してみてください。いまとは違う自分がいると思いますよ」
学生 「そうですね。やはり自分がほんとうにしたい勉強をしたいです。もう一度受験してみます」
CO 「それじゃあ、いつ大学をやめて、その勉強に専念しますか？」
学生 「今週中に考えて決めます。来週報告に来ます。ありがとうございました」（次週には連絡なし）

（コーチング）
学生 「なんだかこの頃、自分が将来何をしていきたいのか、大学生活もこんなのでいいのかと悩みが出てきたのですが……」
CO 「今後のこと、大学生活のことで悩んでいるんだね、もともと大学生活はどのように過ごしたいと思っていたの？」（悩みの明確化の質問）
学生 「仲のいい友だちと楽しく過ごそうと思っていたんだけど、友だちができなくって、アルバイトしながら大学に来ているのは私だけで、なかなかみんなと遊ぶ時間が取れなくて……授業もひとりで受けることがあるし……」
CO 「そう、それはちょっとさびしいね。でも、アルバイトやっているなんて社会経験をしているのは素晴らしいと思うよ。どんなアルバイトしているの？」
学生 「アパレル関係のアルバイトなんです。洋服が好きで、新しいものを見ていると楽しくて（ニヤッ）」
CO 「えっそうなんだ、好きな仕事をしているんだね、それと今後の何をしていきたいかということと、関係が出てきそうかな？」（創造の質問）
学生 「そう言われてみれば、自分が洋服を好きだからというのはあったけど、その仕事にそのまま就くのもたしかにひとつですね。もともと理系の大学に行きたかったんですが、それも洋服のデザインをするデザイン系の

	学科を望んでいました（明確！）」
CO	「自分が好きなことを仕事にすれば仕事も楽しいよね。将来については少し見えたね。またほんとうにその仕事が自分にあうか、今後考えていこう」
学生	「はい、ありがとうございます（嬉）」
CO	「それから友だちとのことだけど、大学の友だちと遊ぶ時間をとるためにどうしたらいいと思う？」（目標の設定）
学生	「そうですね、ちょっと難しいかもしれないけど、みんながよく遊ぶ金曜の夜は、アルバイトの休みを月に2回はもらえるように頼むことですかね」
CO	「そう、もし休みがもらえれば、遊べるんだね。それと、もし月1回でも、まったく遊べないよりいいかな？」
学生	「そうですね。最低でも1回はもらいたいですね。授業があると嘘言ってみようかな」
CO	「よし、じゃあ来週もう一度お話しよう。そのときまでに休みがとれるか確認してくれるかな。そしてそのことを教えてくれる？ 嘘つくのはよくないから、私は聞いていないことにするよ（笑）」（モチベーションを少し上げるために次につながる行動へ（目標設定））
学生	「はい、わかりました（笑）。ありがとうございました」

目標がなくても十分にクライアントは素晴らしい！

　前者の役に立たないコーチングと後者のコーチングの話の内容や流れが、まったく異なっていることがわかったでしょうか。とくに前者は、すぐに明確化をしすぎて、目標をもっていないとだめであるというような一方的なニュアンスが多く含まれています。いまは、目標をもてなくて悩む学生がたくさんいる時代です。目標をもつことだけが素晴らしいことではなく、目標を探すことも素晴らしいことなのだと、援助職が柔軟にとらえる必要があります。

一過性のモチベーションに左右されないコーチングを

　また前者は、すぐにクライアントの話からその思いを決め付け、行動に結んでいます。その早さから、クライアントはその場だけの一過性のモチベーションに後押しされ方向性を決定するのですが、最終的には決められずに次週来談しないということになります。後者では、それがほんとうに自分にあうかどうかを考え、クライアントの思いをじっくりと確かめる場を設けていこうという姿勢がうかがえます。

慎重かつ大胆なコーチングを

　事例では、慎重かつ大胆にアルバイトを休む（ズル休み？）こともクライアントに決めさせて、次週に確認する流れをもちました。コーチングでは、慎重かつ大胆、大胆かつ慎重であることが必要です。どちらか一方だけでは単調なコミュニケーションになってしまい、コーチングの質のいい能動さを活かせないといえるでしょう。

　コーチングにおいては、「どう考えるか」「どう感じるか」「どう思うか」を基本とした、開かれた質問が中心です。このような質問からクライアントの考えや気持ちを理解し、整理していくのです。開かれた質問とは「はい」や「いいえ」で終わるような返事を出させない、話を続けてもらえるような質問です。

⑤ 4つのコミュニケーション表

　これら各種の特徴は表3-2のとおりです。

表3-2　4つのコミュニケーション

	カウンセリング		ティーチング
テーマ	「受容」「共感」「問題対応」	テーマ	「基本」「教育」「課題達成」
特徴	感情や気持ちを受けとめ、あるがままを認める技術	特徴	教本（教科書・マニュアル・規則）などによる基本を教え、クライアントの成長を整える技術
	アドバイス		コーチング
テーマ	「応用」「方向付け」「問題解決」	テーマ	「創造」「明確化」「目標達成」「モチベーション」
特徴	援助職の知識や経験を活かした考え方や行動の仕方を教授し、クライアントの成長を促す技術	特徴	クライアントの思考を明確にし、クライアントの長所・能力・希望を活かす技術

4. コミュニケーションの使い分け

(1) コミュニケーションの分布表記入

　4つのコミュニケーションを統合的に用いることが最終的な段階ですが、統合するといっても、援助職が援助する人の状態によって、これら4つのコミュニケーションの比重は異なるといっていいでしょう。もちろん最終的には、無意識

のうちに、その場その場での継続的・柔軟的な変化に対応しながらコミュニケーションをとっていくことになります。それではその判断に迷ったときにはどうすればいいのでしょうか。

　そこで、アセスメントのひとつの指標となるのが、コミュニケーションの使い分けを示した分布表です。ここではまず、その分布の理解を深めるために、以下の質問を確認していきましょう。

想像してください……
(1) あなたが、いつもコミュニケーションをとっている2人の人を思い浮かべてみましょう（2人浮かばなければ1人でも構いません）。できれば仕事に関連している方が理想です。
その人の名前を「　　」に書いてください。

　　　　　　　　A「　　さん」・B「　　さん」

(2) いま思い浮かべた2人のほかに、あなたがいつもコミュニケーションをとりにくいと思っている1人の人を思い浮かべてみましょう（とりにくい人がいなければ、自分の考え方と異なる人を1人思い浮かべてみましょう）。その人の名前を「　　」に書いてください。

　　　　　　　　　C「　　さん」

(3) その人たちは、それぞれある課題を与えられたときに、課題解決に向けて、以下の3つの選択肢のどれにふさわしい考え方を示すでしょうか？　ふさわしいところに○を記入してください。

A「　さん」	B「　さん」	C「　さん」	考える力
			さまざまな幅の広い考え方、さまざまな側面からの考え方ができる（熟練の考えができる）
			ひとりで考えることができる（考えられる）
			誰かの手助けがなければ考えることができない（考えられない）

(4) その人たちは、それぞれ課題を与えられたときに、課題解決に向けて、以下

第3章　4つのコミュニケーション技術

の3つの選択肢のどれにふさわしい行動をとるでしょうか？　ふさわしいところに○を記入してください。

A 「　　さん」	B 「　　さん」	C 「　　さん」	行動する力
			豊富な行動経験により、さまざまに行動できる （熟練の行動）
			ひとりで行動することができる （行動できる）
			誰かの手助けがなければ行動することができない（行動できない）

(5)　あなたが想像した人たちについて、下の例にならって、「コミュニケーションの分布表1」に名前を書き込んでみましょう。横軸が「考え」、縦軸が「行動」で、2つの軸が重なるところに名前をお書きください。例ではAさん、Bさんをあげます。

例1)　Aさんは、自分で考えられるが、ひとりで行動はできない（マス内ちょっと下側）

例2)　Bさんは、とてもいろいろと考えられるし、進んでいろいろな行動もしている（マス内上側）

コミュニケーションの分布表1（例）

熟練の行動			Bさん いろいろ考えられる いろいろな行動ができる
行動できる			
行動できない		考えられる 行動できない Aさん	
行動する力　　考える力	考えられない	考えられる	熟練の考え

49

コミュニケーションの分布表1

	考えられない	考えられる	熟練の考え
熟練の行動			
行動できる			
行動できない			

行動する力 / 考える力

(6)「コミュニケーションの分布表1」から、いま記入した部分の縦3マス、横3マスの表を取り出したのが、次の「コミュニケーションの分布表2」です。「コミュニケーションの分布表2」の同じ場所にも、名前を記入してみましょう。まったく同じ位置に記載してください。

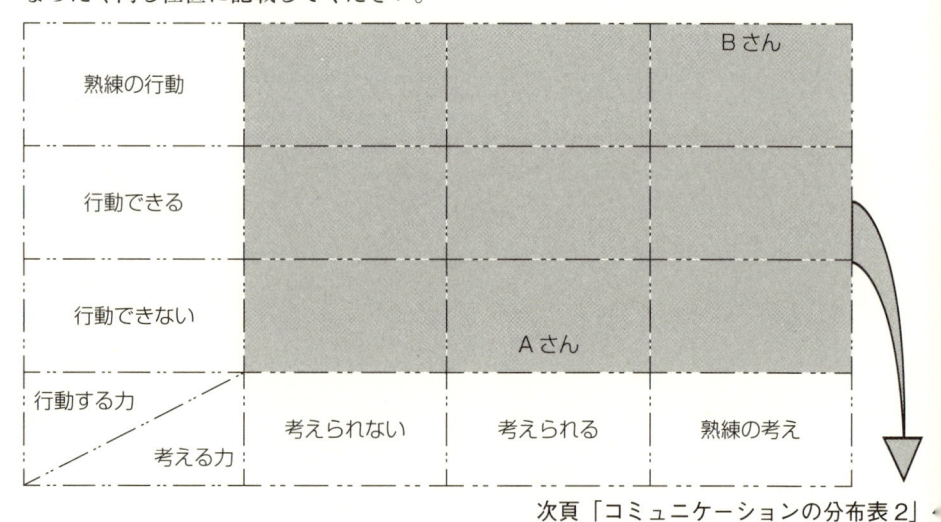

	考えられない	考えられる	熟練の考え
熟練の行動			Bさん
行動できる			
行動できない		Aさん	

行動する力 / 考える力

次頁「コミュニケーションの分布表2」

コミュニケーションの分布表2（例）

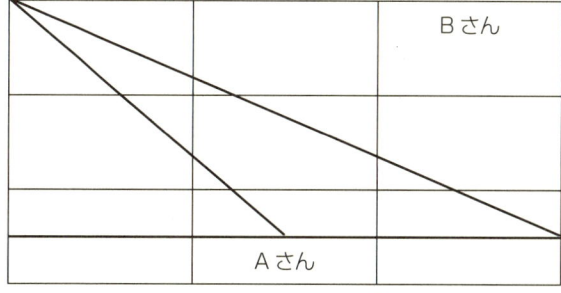

　　　　　　　　　　Bさん

　　　Aさん

コミュニケーションの分布表2

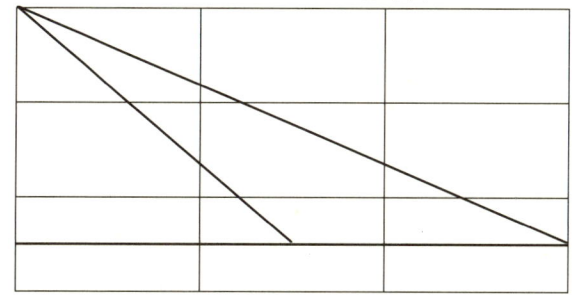

(2) コミュニケーション技術の使い分け

　できましたでしょうか。じつは、コミュニケーションの分布表のどこに名前を記載したかで、4つのコミュニケーションのどれを主として用いるかが決定します。それが、次の「コミュニケーションの分布表3-1」です。「コミュニケーションの分布表3」が示している各分布上のどこに名前が記載してあるかを確認し、分布表3-2から、その人にもっともふさわしいコミュニケーションを確かめてみましょう。

コミュニケーションの分布表3-1

　　　　　　　　　　　　コーチング
　ティーチング　アドバイス
　　　　　　カウンセリング

51

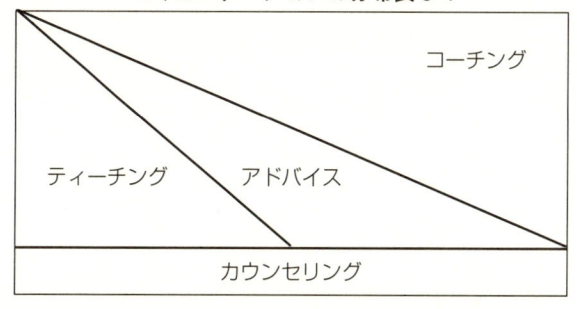

例でいえば、Aさんは、「コミュニケーションの分布表3」でも、記載位置は下側（横軸中央・縦軸下）ですので、Aさんにはカウンセリングが必要なようです。Bさんは右上ですからコーチングのようです。以下の「コミュニケーションの分布表3-2」は、「コミュニケーションの分布表3-1」にマス目を入れた表です。あなたが記載した人に必要なコミュニケーションはどのようなコミュニケーションだったでしょうか。

コミュニケーションの分布表 3-2

		コーチング
ティーチング	アドバイス	
	カウンセリング	

(3) コミュニケーション技術の用い方

さてそれでは、さらにそれぞれに割り当てられたマス目のコミュニケーションをどのように用いていくかについて、お話ししていきましょう。

それぞれのマス目に番号を振ったのが「コミュニケーションの分布表3-3」です。

コミュニケーションの分布表 3-3

③	⑥	⑨
②	⑤	⑧
①	④	⑦

第3章　4つのコミュニケーション技術

コミュニケーションの分布表2（例）

			Bさん	
		Aさん		

（1）まず、それぞれの名前を記載したところのコミュニケーションが何かを見ます。

「コミュニケーション分布表2（例）」のAさんは、「コミュニケーションの分布表3-3」を見れば④のマス目です。「コミュニケーションの分布表3-2」を見れば、④のマス目の下の部分はカウンセリング、左上はティーチング、右上はアドバイスとなっています。そこで、まずは下の部分に当たるカウンセリングを行なうことになります。

（2）マス目に入るコミュニケーションを順に用いていきます。

Aさんのような④のマス目の場合、まずカウンセリングを行ない、感情を受容していきます。次に必要な知識をティーチングしていきます。それでも効果のない場合、または変化のある場合はアドバイスをしていく、という左下から右上への流れです。

CO：数学の先生

例）中2　男子　「考えることはふつうにできるが、行動がともなわない」（マス目④）
●数学の時間不満そうな顔をしている、何かいいたいことがあるよう。そこで……
☆④のマス目には、カウンセリング、ティーチング、アドバイスがあることを思い出し、少しずつ必要なコミュニケーションを行なっていく。

　　　カウンセリング　⇒　ティーチング　⇒　アドバイス

CO　「どうしたの？　何かあった」（状態を受容しながら確認）
生徒　「数学の内容がちょっと……（首をかしげる）」
CO　「いろいろ考えているのかな？　どのへんが"ちょっと"あれなのかな？」（受容

	しながらも、何が必要かを確認)
生徒	「この点がちょっと……」
CO	「ここは、いま話したこの方程式を使えばいいんだよ、ほらね」(基本を確認)
生徒	「それはそうなんだけど、以前教えてもらった方程式も使えないかと思ったんだけど」
CO	「ええーすごいねぇ、応用して用いているんだぁ(称賛)、今日は、この前と違う方程式を用いて解くことがメインなんだけど、その点がわかっていて、さらに以前の方程式を用いようとしているのねぇ」(基本を知っていることを確認) 「そういうときは、こんな使い方すると解けるよ、でもマイナスのときにはちょっと以前の方程式は使えないかな、考え方が少し違うからね、でもよく思い出したねー、先生嬉しいなあ」(アドバイス)

　以上のように、それぞれのコミュニケーションを行なっていきます。
　この事例では、受容的なカウンセリング、基本を伝える(確認する)ティーチング、効率・効果的な方向性を示すアドバイスを用いていますが、カウンセリングだけ、あるいはティーチングまでで終了することももちろんあります。クライアントに適したコミュニケーションを定めていけばいいのです。

子どもは言葉より表情・態度で理解
　また、このカウンセリングは、クライアントが感情を示す、その表情や態度を見て、先生がそれを受けとめるというものでした。小学生や中学生には、気持ちを言葉で表現することが苦手な子がいます。そのようなときには、表情や態度からその感情を理解していくことが大切です。

　このほか、③のマス目の場合は、ティーチング⇒アドバイス⇒コーチングの順で、⑦のマス目の場合は、カウンセリング⇒ティーチング⇒コーチングの順でコミュニケーションをとっていきます。
　このように、どのようなコミュニケーションがクライアントに適しているかを確認していく作業が重要なのです。

(4) 流動的なアセスメントによる対応

> **オンゴーイング・アセスメント**
>
> 面接の最中を通して、クライアントがどの状態かをとらえ、それにあわせて4つのコミュニケーション技術を用いていく。

　前述の分布表のように分類すると、クライアントが長期に1つのマス目にいるように考えがちですが、アドバイスをした瞬間（たとえば⑤のマス目の場合）、クライアントは、自分の新しい考えを創造し、より自己の答えを用いようとすることもあります。このようなときは、すでにその時点で、みずからの考えを中心とした行動が主となっていますので、コーチングを行なうことになります。つまり、すでに⑤のマス目内での移動が起きているのです。

　さらに、この時点でマス目が⑤から⑥または⑧に動いている場合もあります。より高い考えか（⑥のマス目）、より高い行動か（⑧のマス目）によって移るマス目が異なります。

現状にあったコミュニケーションをとらえる

　以上のようにクライアントの状態は、その場その場で、話の流れの中でも流動的に動いています。そのため、その時点の状態にあわせてコミュニケーションをとっていくことが、援助職には求められます。これが、学校コーチングが4つのコミュニケーションを統合するひとつの意味でもあります。実際には、質問や確認をしながら、クライアントの状態をとらえていくことになります。このような、その場その場をとらえていくアセスメントを、オンゴーイングのアセスメントともいいます。

　オンゴーイングのアセスメントにおいては、すべてのコミュニケーションに合致させるという考えではなく、それが合致しているかどうか確認しながら進む、合致していないことをとらえたら変えてみる、という試みを行なうことと考えればいいでしょう。コミュニケーションが合致していなければだめ、というものではないのです。

質問によって状態をとらえる

　クライアントの状態をとらえるためには、「質問をすること」と「確認をすること」が大変重要になってきます。このときよく使われる質問・確認を、以下に示します。実務では、これらを柔軟に使ってください。

■**クライアントの状態をとらえる質問・確認**■
(1) 自分に適したものとは何か。
(2) 何ができて、何ができないのか。
(3) 何をしたくて、何をしたくないのか。
(4) 考える力を高めたほうがいいのか、行動する力を高めたほうがいいのか。
(5) 何を知っていて何を知らないのか、何を行動できて何を行動できないのか。

---

(5) コミュニケーションの進む方向

　コミュニケーションの分布表では、最終的にクライアントに、より熟練した行動、熟練した考えに至ってもらうというねらいがあります。マス目の中のコミュニケーション技術を駆使して、最終的には右上の部分であるゴールを目指していきます（「コミュニケーションの分布表4」を参照）。そのため、マス目に書かれているコミュニケーション技術の扱う順番も、左下から右上と斜め上のほうに進んでいくことになります。

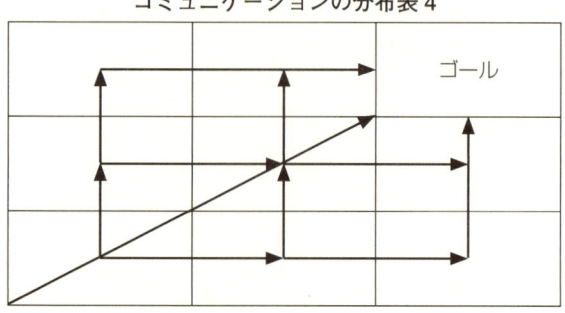

コミュニケーションの分布表4

分布による目標

「コミュニケーションの分布表4」の矢印のように、最終的には、熟練した考え、幅広い行動ができるようになること（ゴール）を目指すわけですが、それぞれのマス目には、それぞれの目標があります。

その目標の書かれたものが「コミュニケーションの分布表5」です。わかりやすいように番号付けもしていますので、以下、番号でマス目を確認していきましょう。

「コミュニケーションの分布表3-2」のコミュニケーション技術と見比べながらお話ししていきます。

コミュニケーションの分布表5

③考える 自信と応用	⑥ 幅広い思考	⑨ さらなる展望
②考える 自信と意欲	⑤ 熟練への成長	⑧行動する 豊富な経験
① 適正理解と基本	④行動する 自信と意欲	⑦行動する 自信と応用

このような目標を知ることで、何を目指してコミュニケーションをとるかが理解でき、コミュニケーションの意義が深まることでしょう。

「適正理解と基本」（①）

たとえば、①のマス目は「適正理解と基本」のマス目です。これはカウンセリングによる理解とティーチングによる教育が必要なクライアントのマス目です。

クライアントがどのような適性をもっているのか、どのような考えをもってい

コミュニケーションの分布表3-2

るのか、どのような行動力をもっているのかを理解する重要なところといえます。適正を理解するためにカウンセリングを用いていきます。そして、教育すべき必要な点をとらえて、ティーチングしていきます。

「考える力を養う」（②③）

②の「考える自信と意欲」と③の「考える自信と応用」のマス目は、どちらも考える力を養うことが必要なクライアントのマス目です。

②の「考える自信と意欲」のマス目は、ふつうに行動ができるのだから、クライアントが自分の考えで行動していけるように、考える自信と考える意欲をもたせることを目標としています。

③の「考える自信と応用」のマス目では、幅広い行動ができるのだから、クライアントが自分の考えで行動していけるように、考える自信と幅広い行動から示される応用的な考えを理解することを目標としています。もちろん、応用的な考えといっても、まずは考える意欲をもってもらうことが必要な場合もあります。

これらの方向を番号で表わすと、②⇒⑤、③⇒⑥と移動することを目指します。もちろん、行動力を身に付けることだけが目標となれば、②⇒③を目指します。

「行動する力を養う」（④⑦）

④の「行動する自信と意欲」と⑦の「行動する自信と応用」は、どちらも行動する力を養うことが必要なクライアントのマス目です。

④の「行動する自信と意欲」のマス目は、ふつうに考えられるのだから、クライアントが自分の考えを行動に移していけるように、行動する自信と行動する意欲をもたせることを目標としています。

⑦の「行動する自信と応用」のマス目では、幅広い考えができるのだから、クライアントが自分の考えを行動に移していけるように、行動する自信と幅広い考えから示される応用的な行動を理解することを目標としています。もちろん、応用的な行動をもつといっても、まずは行動する意欲をもってもらうことが必要な場合もあります。

これらの方向を番号で表わすと、④⇒⑤、⑦⇒⑧と移動することを目指します。もちろん、考える力を身に付けることだけが目標となれば、④⇒⑦を目指します。

さらなる展望を目指す（⑤⑥⑧⑨）

⑤の「熟練への成長」のマス目は、自分で考え、自分で行動できるクライアン

トのマス目です。行動する力を付けるという目標をもたせる場合は、⑥の「幅広い思考」を目指し、考える力を付ける目標をもたせる場合は、⑧の「行動する豊富な経験」を目指します。たとえば、⑥のマス目を目指すなら、「どう行動するか」を考え、⑧のマス目を目指すなら、「どう考えていくか」を考えていきます。

　そして、⑥の「幅広い思考」と⑧の「行動する豊富な経験」は、⑨の「さらなる展望」のマス目を、「幅広い思考」と「行動する豊富な経験」を身に付けながら目指します。⑨のマス目まで来たら、その分布表の課題以外の課題に焦点をずらしていくことを考えてみるのもひとつです。たとえば、数学で示された分布表で⑨のマス目にきたら、体育の課題（①のマス目になる）にすることなどで、さまざまな自己の課題を高めていく楽しみが生まれることでしょう。

(6) カウンセリングの見立て

　コミュニケーションの分布表で下層部に位置する、カウンセリングが必要なクライアントにおいて、3～6ヵ月以上のあいだ、変わらずに停滞しているような場合、より専門的な支援が必要なクライアントであることがあります。そのようなときは専門家への依頼を検討してみましょう。

　下層部（カウンセリング領域）の長期停滞の場合は、スクールソーシャルワーカーによる社会的援助網の構築の検討が必要かもしれません。さらにカウンセリング領域の中でも下位の状態は、精神・心理の専門家による精神的な支援の検討が必要かもしれません。いずれにしろ、あなたがそれらの専門家でない場合は、リファー（他専門家への依頼）していくことを早めに考えていきましょう。そのためにも、アセスメントが必要なのです。

≪特別支援教育対象児童への支援≫

　発達障害者支援法が平成17年4月より施行され、発達障害支援センターなど、発達障害児者の自立や社会参加を目指した地域支援が始まりました。さらに学校教育法施行規則の一部改正（平成18年3月）により、小学校と中学校において、発達障害児への指導・支援が求められることになりました。そして特別支援教育の制度が平成19年4月より施行され、特別支援学校（これまでの養護学校）が必要に応じて、近隣の幼稚園や学校に対して、教育上特別な支援を必要とする幼児、児童や生徒に援助を行なうことになりました。このように発達障害児への支援が整備されてきています。

　発達障害とは、広汎性発達障害（自閉症・アスペルガー症候群など）、学習障害、

ADHD（注意欠陥多動性障害）などをいいます。広汎性発達障害は、①人との関係をとる社会性の乏しさ、②コミュニケーションにおける受信・処理・発信の困難さ、③特定のモノへのこだわり、などを特徴とする障害です。アスペルガー症候群は、知的な遅れや言葉の遅れをともなわない自閉症で、とくに言葉の理解ができているかどうかにかかわらずスムーズな言葉づかいが特徴です（知的な遅れがなく、言語的な障害がある場合、高機能自閉症といいます）。学習障害（LD）は、読み・書き・計算、推論など、特定の能力において、困難さを示す障害です。ADHDは、①なくしものが多かったり、忘れ物をしてしまうような注意欠陥、②じっとしていられない、ささいなことでも怒り出すような多動・衝動的な特徴をもつ障害です。これらの発達障害においては、以上のほか、運動の不器用さや感覚の過敏性などをもつ場合（おもに広汎性発達障害）や重複する場合があります。

　学校コーチングでは、発達障害をもつ児童への支援は、教師・生徒・父母たちと連携をとりながら（連携援助技術）行なっていきます。次章で紹介するTARGETモデルは、発達障害児だけではなく、その両親にも用いることで、より児童の環境や目標を理解できるようになります。個別的な支援計画にも用いることができるでしょう。知的な遅れのある児童の場合ほど、その周囲に対して用いていくことになります。

　またTARGETモデルのE（EMPOWERMENT）には、称賛がその基本的スキルとしてあげられますが、発達障害児によっては、いきなりの称賛に戸惑ってしまうこともあります。そのために、称賛を行なうときに、①嘘ではないこと、②根拠があること、③過度でないこと、が求められています。発達障害児への支援については、治療的な介入ではなく、友だちや先生との関係性づくり、学習の工夫などの援助を中心に行なっていきます。とくに前者が中心になることでしょう。

　なお、発達的な障害をもつ児童であっても、障害をもたない児童と同様に目標をもち、一歩ずつ歩んでいくことになります。ですから、目標達成型の学校コーチングでも貢献できる点が多いことでしょう。学校コーチングは、健常者を対象とした目標達成型の技術ですが、目標をもつすべての人々に対してさまざまに応用することができます。もちろん、それぞれの障害の特性を理解することが専門性として求められることは、いうまでもありません。

第4章
TARGET モデル

1. 統合 TARGET モデル

> **TARGET モデル**
>
> T（THEME）：テーマを明確に
> A（ATMOSPHERE）：状況・環境を知る
> R（REALIZATION）：上記からの気づき
> G（GOAL）：以上を踏まえて目標設定
> E（EMPOWERMENT）：エンパワーメント（称賛・アドバイス）
> T（TRY）：挑戦・行動・提案する

　前章で紹介したコミュニケーションの分布表を頭に浮かべながら（ルービックキューブを頭に浮かべる感じです）、可能なかぎり、分布表を用いてクライアントに沿ったコミュニケーションをとっていきます。しかし、それではなかなか初級の方には難しい！　というのが本音のところでしょう。
　そこで、そのようなアセスメントを行なわなくても、自動的に4つのコミュニケーションをとることのできる統合モデルを紹介いたします。それが TARGET モデルと呼ばれる構造化されたコミュニケーションモデルです。TARGET は、それぞれの重要な項目の頭文字をとったものです。

初心者もすぐにプロの技術を活かせる構造的な統合モデル

　T は、THEME（テーマ）のことで、まずクライアントがどのような主訴（目

的、希望、思い）をもって話に来ているのかを確認します。

　Aは、ATMOSPHERE（環境）のことで、クライアントがそのテーマをなぜもったかを理解するために、クライアントをとりまく環境・状況・立場を確認します。

　Rは、REALIZATION（気づき）のことで、クライアントがみずからの環境・状況・立場をとらえることで何に気づいたのか、または援助職に話している最中に新しい気づきがあったかを確認します。どのような考え・感じ・思いをもったかを確認していくことでもあります。

　Gは、GOAL（目標）のことで、これまでの話から、どのような目標をもって今後進むべきかを確認します。

　Eは、EMPOWERMENT（称賛・承認・アドバイス）のことで、クライアントの目標や考えに対して称賛を行ない、より行動に進みやすくなるようにしていきます。目標をクライアント自身が考えられない場合、クライアントにあった目標をアドバイスすることなども含まれます。よりクライアントの気持ちが上がるためのさまざまな活動を行なうのがEです。このようなEが、学校コーチングの特徴ともいえます。

　Tは、TRY（挑戦・行動・提案）のことで、目標達成のために具体的な行動を決めていきます。このとき、たとえば精神的にうつ傾向で疲労のあるクライアントの場合、しっかり休むというような「行動を起こさないという行動」（休息行動）も挑戦としてとらえていきます。つまり、クライアントにあったトライをするということです。また、クライアントの挑戦や行動のために少し背中を押すような提案をすることも、子どもたちのように考える力を付けていくクライアントには、必要なときがあります。無理のない挑戦や少し手助けすればできる行動への提案が、重要なキーです。スモールステップから始めていきましょう。

事例におけるTARGETの使用

　TARGETモデルは、子どもたちだけでなく、先生や生徒の父母に対しても用いることができます。学校コーチングの対象は、子どもだけではありません。以下には先生や父母の事例をあげます。

CO：学校援助職

＜例＞中学教員（男性39歳）「進まない授業について」
CO　「今日のお話のテーマはなんですか？」（T：テーマ確認）

第4章　TARGETモデル

教員　「授業がどうにもざわついてしまって進まないので、授業のあり方について話したいのですが……」
CO　「授業のあり方についてですね。ざわつくということですが、どのような環境か聞かせていただいてもよろしいですか」（A：環境確認）
教員　「はい、子どもたちは、もう中学生なのにまだ授業を受ける態度ができていないんです」
CO　「毎回の授業でも、どのような先生でも同じですか？」（A：他の状況の確認）
教員　「はい、ほとんどの場合同様です」
CO　「ほとんどというと、そうではなく、ふつうに授業をしている先生もいらっしゃるのですか？」
教員　「ええ、まあ、理科とか実験をするような授業は態度もいいんですが、古典のようなちょっと人気のない授業だとまったくだめなんです」
CO　「実験があると、なぜ子どもたちは授業態度がいいのですか？」
教員　「やはり、いろいろな活動や発見がともなうからだと思うのですが……」
CO　「いろいろな活動や発見がともなうと子どもたちは授業態度がいいんですね」
教員　「古典にも何か、活動や発見が必要なのかなあ……」
CO　「はい、可能なら考えてもいいかもしれませんね。それと、学習環境はいかがでしょうか？」（A：環境確認）
教員　「そういえば、理科の実験の場合、校舎が違いますから静かな環境で学習ができますね。それに引きかえ古典はいつもの教室ですから、まわりの声も聞こえてきます。とくに隣のクラスからは英語のスピーキングの練習が聞こえてきますね。まあでも他の授業だって、そういうことはあるしなあ」
CO　「あまり古典に集中できる環境ではないのですね」（A：環境確認）
教員　「そうですね……どこかにいい場所あるかな……」
CO　「なにか気づかれることがありましたか？」（R：気づきの確認）
教員　「そうですねぇ。ちょっと話がそれてしまうかもしれませんが、暗記だけではなく、もう少しカードなどを使ったゲーム感覚で身に付けられる学習法を考えたらどうかと思いました。また古典に関係する土地や建物の写真を使うなどもどうかと。そのようなことから、たまには学習環境を変えてみることも考えられそうです」
CO　「なるほど、いろいろと工夫できそうな点があるのですね。それでは、いまのことを踏まえて、どのような目標をもって授業をするといいのでしょうか？」（G：目

63

	標設定）
教員	「そうですね。さまざまに工夫を凝らした授業を検討するということですかね」
CO	「やはり、さまざまな角度から教育に携わっておられるだけあり、すぐに工夫の目標が出るのはさすがですね。きっと子どもたちも理科より楽しむと思いますよ（笑）」（E：称賛）
教員	「またまた、言いすぎですよ（笑）」
CO	「はい、言いすぎました（笑）。でも、そこを言いすぎにならないように、いつ頃から工夫のある授業ができるか、決めていきましょう。準備にはどのくらいかかりそうですか？」（T：行動確認）
教員	「そうですね。カードなんかは2週間程度あればできますよ。ちょうど、来週は祝日で授業も1回休みなので、2週間後には、準備は確実に終わっていると思います」
CO	「そうですか、それでは2週間後に実施するということでよろしいでしょうか？」（T：挑戦確認）
教員	「はい、わかりました、忙しくなりそうです」
CO	「授業の結果をみて、ほかに工夫できるところがあるかをまた2週間後に振り返りを行なってみましょう」（T：提案）
教員	「はい、お願いします」

CO：スクールカウンセラー

＜例＞母親（中学1年のA君）「特別な支援が必要な子に対するいじめについて」

CO	「お忙しいところ、学校まで起こしいただきまして、ありがとうございます。A君について何かありましたか？」（T：テーマ確認）
母親	「はい、この頃、Aがまわりから嫌なことを言われると言って、朝学校に行くことを嫌がっていまして、どうしたらいいものかと」
CO	「学校に行くことを嫌がっているんですね。嫌なことを言うまわりというとクラスのことでしょうか？ もう少しそのことについてお聞きしていいですか？」（A：環境確認）
母親	「はい、本人は、最初は自分のことをかまってくれる仲良しができたと言っていたのですが、この頃は少しストレスになっているようで、どのようなことを言われているのかと聞くと、勉強ができないのはあの子（お前）だけだと集団でバカにされると言うのです。腹が立って叩いたら、皆に叩かれたと」
CO	「そのことについて何か、感じていることやお考えがありますか？」（R：感じ・考

え確認）

母親　「あの子、もともと暗記するような勉強は苦手だったものですから、勉強の仕方を先生のほうに工夫していただけないかと……。でも30人以上の子どもたちがいるのに1人だけそのような希望は難しいでしょうかね。いらいらするとじっと机にも座っていられないと、先日も担任の先生に言われましたし……」

CO　「いえ、それぞれの子どもにあった教育の仕方を考えるのは、ある意味クラス全体の学習理解の向上につながることもありますから、先生への相談を一緒にしてみましょう」

母親　「ありがとうございます」

CO　「そういう意味では、いまの目標はA君のよりよい勉強理解でしょうか？」（G：目標設定）

母親　「はい、そうですね。少しでも勉強ができるようになってほしいですし、それで少しはいじめもなくなれば……、先生もお忙しくて大変でしょうし……」

CO　「勉強に関係なく、いじめはなくす必要がありますから、そのことも一緒に先生に相談してみましょう」（G：目標設定）

母親　「ありがとうございます。ただ、本人は誰に言われているかは話さないので・・・」

CO　「そうですか、でも、誰がやったか以上に、クラス環境をA君に対して嫌な発言をすることのないような環境にしていく必要があります。ですから、私たちのほうでも、よりよい学習環境を築くということを目標に検討していくことが必要です。情報提供ありがとうございました」

母親　「いえ、あの子にとって少しでもよくなれば、嬉しいのですが。この頃は、父母からの先生の批判が多いですが、うちの子は難しい子ですから、先生が対応できなくても仕方ないかと……」

CO　「そのように先生に対して、学校に対して、ほんとうに温かいお気持ちをおもちいただき感謝いたします。そのようなお考えの保護者の方がいらっしゃることが私たちの励みにもなります。どうぞ、今後ともお力添えよろしくお願いいたします。子どもを育てるには、ご家族の協力が必要です」（E:称賛）

母親　「いえいえ、こちらこそよろしくお願いいたします。感謝されるなんてとんでもないです」

CO　「今日は、このあと、お時間ありますか？　少しお待ちいただくかもしれませんが、先生をお呼びしてきますが」（T：提案＆行動）

母親　「はい、かまいません。よろしくお願いいたします」

```
 T   A   R   G   E   T
┌─────────────────────────────────────────────────────┐
│ テーマ確認 》環境・現状理解》気づき確認》目標設定》エンパワーメント》行動決定 │
│              EMPOWERMENT                            │
└─────────────────────────────────────────────────────┘
```

　以上の事例は、大人を対象としています。TARGETモデルは、ビジネスコーチングでも用いることができますので、さまざまな対象とその仕事に応用することができます。

　また、TARGETのRは気づきを聴くところですが、対象が幼い児童の場合、「何に気づいた？」と言っても言葉にして示せない場合があります。そのため、「どんなふうに感じたか？」「どんな音のようだったか？」というように、感じたこと、思ったことなど、対象者の年齢（発達）にあった質問や確認の仕方が必要となります。もちろん言葉にならない言葉（ノンバーバル）を態度や表情からとらえることも大切な点です。

2. 専門的な視点

　TARGETモデルは、前章で紹介した4つのコミュニケーションを効率的に統合させたモデルです。このような技術の背景には、社会福祉援助技術の視点があります。

　より専門的にとらえた場合、TARGETモデルには、以下の流れがあります。それは、①アセスメント、②プランニング（計画）、③アクション（行動）、④モニタリング（再アセスメント・再プランニング）、⑤エバリュエーション（評価）という流れです。

　人材支援を行なう方々には、このような見方があるということも理解していただきたいと思います（表4-1参照）。

3. 組織支援のTARGETモデル

　前述の専門的な視点を用いれば、TARGETモデルを学校組織支援に適用することができます。

　学校組織支援には、生徒集団の支援だけでなく、教職員の支援、学校のあり方

そのものの支援など、さまざまな集団や組織が対象となります。教職員のメンタルヘルスや学校の質的調査など（たとえば満足度調査）、学校組織の支援の幅はさまざまです。

とくに学校コーチングの場合は、生徒集団に対して、その考える力、生きる力という開発的側面を高めるために、TARGETモデルを実施していきます。さらに、精神保健福祉士の資格など他の援助領域に関わる能力がある場合には、教職員のメンタルヘルス支援など、さまざまな領域にまたがった援助をTARGETモデルを用いて行なうことができます。

表4-1　TARGETの専門的視点

アセスメント （T・A・R）	クライアントの状態をとらえていくもので、プランニングを立てる前に行なう査定（評価）です。Tのテーマ確認で、クライアントが何を主訴としているかを理解します。次にAの環境・状況・立場の確認を行ない、プランニングのための情報を得ます。どのようなコミュニケーションを用いるか、コミュニケーションの分布を使用することもひとつのアセスメントになります（場合によりプランニングにも関連）。またクライアントが、どのようなことを知っているのかの確認も重要なアセスメントになりますので、Rの気づき（考え・感じ・思い）の確認も含みます。ほかに、どのような社会資源をもっているかなど、さまざまにクライアントの情報を得るのがアセスメントです。
プランニング （G・E・T）	クライアントに沿った支援計画を立てることです。Gの目標設定が支援計画の主たる目標になります。具体的な行動・学習内容はTの挑戦・行動にあたります。そのため、プランニング内容としてTが含まれます。またEにおけるアドバイスや情報提供（「クライアントが考えていることは学校から見ても重要な活動となる」という称賛は、ぜひそれを実施してほしいという援助職の思い（アドバイス）を含んでおり、クライアントの自発的な同意がある場合、支援計画に入れられます）が、支援計画に反映される場合もあります。ある意味、Eは援助職側のアクション（インターベンションといわれるときもあります）にもなり、クライアントが、よりよいプランニングをするため、またはよりよい行動へ結ぶようにするための技術といえます。 ＜個別援助におけるアクション・プランニングの基本的な事項＞ アクションのためのプランニングは、以下の事項をそれぞれ基本としています。 1) 実際に行動（挑戦）できること（敷居が高すぎず少し上程度（少しストレスがかかる程度）：スモールステップ） 2) 一番やりやすい行動（挑戦） 3) 継続できること（1週間後に面接ならば、1週間継続できるような行動） 4) クライアントの行動がとりやすいように、共動の関わりとして、援助職がクライアントの周囲の環境にはたらきかけることも検討

アクション （T）	クライアントがみずから挑戦・行動（TRY）することです。そのための提案も含まれます。いかに実際の行動に結び付けるか、いかにプランニングがクライアントに沿っているかという点がキーポイントです。
モニタリング	次回の面接時に、クライアントの行動結果や学習結果からクライアントができたこととできなかったことを確認し、よりクライアントの能力にあった計画を一緒に考えていきます。クライアントの行動が計画どおりにいかなかったのであれば、アセスメントおよびプランニングを改善することが必要です。その場合、アセスメントまたはプランニングから再度行なっていきます。また援助職のとったアクションや共動的な活動がクライアントに沿っていたかを評価します。そのため、「前回の行動の結果、いかがでしたか？」と毎回のセッションで確認していくことが大切です。以上のように、アクションの結果について評価や再検討（TARGETも使える）を行なっていくのがモニタリングともいえます。
エバリュエーション	支援終了後、クライアントの関わり全体を通した援助職自身の評価を行なうことです。支援のあり方、計画性、時間的な側面など、今後の援助活動に貢献できるような評価を行なっていきます。援助職の関わり方の評価についてTARGETを行なっていくのがエバリュエーションともいえます。

* TARGETモデルはスーパービジョンにも用いることができます。援助職に対してスーパーバイザー（援助職の指導者）がTARGETモデルを用いる方法です。

生徒集団支援の事例

　生徒の集団組織を例にあげます。まず集団に対するアセスメント（TAR）、そしてその集団のデータを用いたプランニング（GET）、そのプラン（計画）をもとに行動内容を決め、次いでアクション（T）となります。さらに、その行動の修正（モニタリング・再アセスメント）と評価という順になります。

　組織支援のTARGETモデルにおいては、その中心は、援助職側の視点となります。つまり、クライアントとなる生徒集団の状態を客観的に把握するために、テーマ、状況・環境理解、気づき、目標設定、行動などのほとんどが、援助職側の見方となります。もちろん、生徒（集団）の視点を確認するうえで考察していくことも含まれます。

　たとえば、以下のようなことです。

　　　　　　　　　　＜アセスメント＞
T）生徒の学校生活状態を把握する
　　⇒援助職の側のテーマ（学校側のテーマでもある）
A）調査票により状況・環境を把握する
　　⇒学校生活における生徒のソーシャルスキルやソーシャルサポートの調査を実施

＊ソーシャルスキルとは人間関係を円滑にするスキル、ソーシャルサポートはクライアントの周囲の理解・協力者のことです。

R) 調査票をもとに、生徒にとって求められていることがらなどの仮説を導く（生徒集団の調査より、何をすべきかの気づきを得る）
⇒調査票より、ソーシャルスキルを高める場を生徒が求めていること、より多くのサポートを求めていることを仮定したりする。これを仮説としてプランニングへ。

<プランニング>

G) 仮説より、どのような関わりが必要なのか目標を設定する
⇒ソーシャルスキルのトレーニングを行なう場をもつ、それによりサポートが多くなることを目標にする。このとき、教職員にも計画に加わっていただく。5W1H（Why：なぜ、When：いつ（どの程度の期間で）、Where：どこで、Who：だれが、Whom：だれに、Howどのように）で実施可能な状態を見極め、決めていく。

E) 生徒または教職員に参加する意義を唱え、やる気になっていただく。
⇒生徒のソーシャルスキルが高まれば、より肯定的な関係性ができ、相互の信頼関係の形成を高め、クラスのあり方も変わる可能性があることを伝える。また教職員には、トレーニング時に必要な協力を求める。校長先生や教頭先生にはかならず了解を得る。PTA内で実施する場合は、会長などに許可を得ておく。

<アクション>

T) 計画の実施
⇒実際に生徒に目標を伝え、実施していく。希望者のみに実施する場合は、募集要項（チラシ）の配布など、参加者への呼びかけを行なう。生徒の協力の同意を得る。

<モニタリング>

計画の実施中に、計画が計画どおりに行なわれているかどうかを確認する。もし修正が必要な箇所があれば、修正していく。通常、オンゴーイングのアセスメントによるオンゴーイングの修正となります。

> ＊オンゴーイングとは継続中のことで、オンゴーイング・アセスメントは、状況・環境を継続的に把握し、修正していくことです。

> <エバリュエーション>
> 　計画が終了した後に、計画そのものの効果検討のために評価をします。調査票などのアンケートによる評価や、教職員や援助職らの反省会がこれにあたります。会では、次回の計画や実施における意見を出させ、次につながる糧となるような評価を促します。もちろん次につながるためには、批判的な点ばかりを見つめるのではなく、肯定的な称賛も忘れずに行なうことが重要です。

　以上のように、通常のTARGETモデルのほとんどが、重要な部分を占めています。より専門的にクライアントや組織集団へ関わるためには、モニタリングやエバリュエーションの視点が必要になってきます。

評価のためにTARGETを用いる
　2度目以降の面接で前回のTRY（アクション）についてTARGETを用いる場合はモニタリング、最終の面接でTARGETを用いる場合はエバリュエーションとなります。モニタリングでのテーマ（T）は、「1度目のTARGETで示されたTRY（アクション）の評価」ということになります。
　集団や組織に対する上記のような関わりには、連携援助技術、間接援助技術が含まれており、アクションで集団に関われば集団援助技術になります。このようにさまざまな援助技術はおたがいに関連しあっているといえます。

TARGET モデル

T (THEME)：テーマを明確に
A (ATMOSPHERE)：状況・環境を知る
R (REALIZATION)：上記からの気づき
G (GOAL)：以上を踏まえて目標設定
E (EMPOWERMENT)：エンパワーメント（称賛・アドバイス）
T (TRY)：挑戦・行動・提案する

以上はアセスメント（T・A・R）・プランニング（G・E）・アクション（T）・モニタリング（2回目のTARGET）・エバリュエーション（最終のTARGET）という見方でとらえることができる。

≪さまざまな統合モデル≫

　心理学をベースにした心理療法（カウンセリング）は、100年以上の歴史をもち、さまざまな理論や技術を備えています。心理学におけるとくに大きな領域として、行動主義、精神分析、実存主義という3つの領域があります。行動主義は、学習や行動に重きを置いた心理療法です。精神分析は、目に見えない無意識や潜在意識を扱う心理療法です。性格分析を行なう交流分析も、精神分析の流れであるとされています。実存主義は、「いまここで存在すること」「自分とは何か」に価値や焦点を置く心理療法です。日本で普及しているロジャーズの来談者中心療法もここに属するとされています。詳細は割愛しますが、それぞれの領域にも多くの技術や理論があります。

　このようななか、それぞれの心理療法を段階的に扱ったり、統合させたりするモデルが登場しています。それらのうち、代表となる3つを紹介しましょう。

1）マイクロカウンセリング

　マイクロカウンセリングは、A. E. アイビィが開発したもので、来談者中心的な支持的・受容的な関わりから、行動療法的な指示的・能動的技法までを段階的にまとめ、最終的には技法を統合しながら自己のスタイルを固めていくカウンセリングです。

　5段階の構造面接（福原真知子監修『マイクロカウンセリング技法—事例場面から学ぶ—』風間書房、2007年）は、①ラポール（信頼関係などの関わり行動）、②問題の定義化（情報収集）、③目標の設定、④選択肢を探求し不一致と対決（具体的な方

法の探求と決定、およびクライアントみずからが解決策を見いだすための援助)、⑤日常生活への般化(行動段階)と、学校コーチングと非常に類似した流れをもっています。これについては、マイクロカウンセリングが、エンパワーメントやストレングスモデルに適合しているという指摘(同上書)からも、理解することができるでしょう。

2) 多理論統合モデル(トランスセオレティカルモデル)

多理論統合モデルは、J. M. プロチャスカたちが開発したもので、生活習慣改善などの行動変容のために、その人の状態(ステージ)にあわせて、代表的な心理療法のテクニックを用いていくモデルです。

ステージとは、たとえば6ヵ月以内に禁煙する意志があるかどうか(前熟考期・熟考期)、30日以内に禁煙する意志があるかどうか(熟考期・準備期)、禁煙をはじめて6ヵ月経っているかどうか(実行期・維持期)によって、情報提供内容や関わり方が変わるというものです。これらのステージを抜け、逆戻りをしにくい状態が完了期です。

私自身は、ソーシャルスキルの不足により自己の力を活かせていない子どもたちに対して、「周囲とのよいコミュニケーションをとる」ことを目的にした多理論統合モデルを検討しています。たとえば、対象はステージによって以下のように分類されます。

前熟考期:コミュニケーションが必要と思わない、コミュニケーションをとろうと思わない。

熟考期:コミュニケーションを必要と思うが、コミュニケーションをとれていない。

準備期:コミュニケーションが必要と思う、これからコミュニケーションをとろうと思っている。

実行期:コミュニケーションが必要と思う、コミュニケーションをとっている。

維持期:コミュニケーションが必要と思う、コミュニケーションをとって半年以上になる。

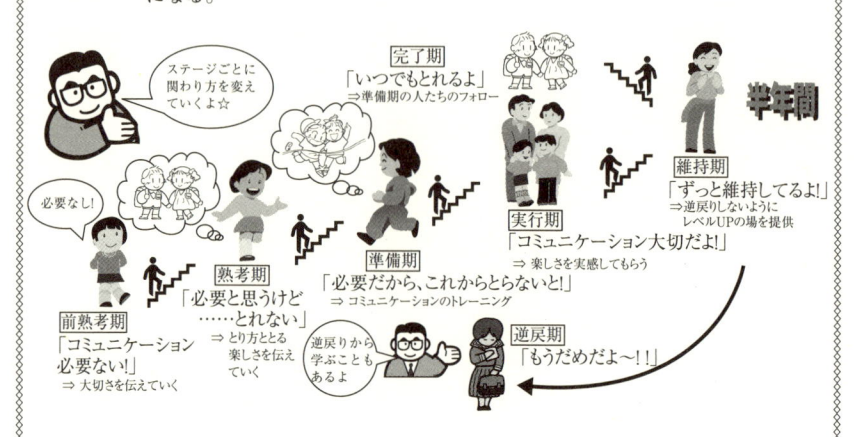

3）システマテック・トリートメント・セレクションモデル（STS）

システマテック・トリートメント・セレクションモデル（STS）は、L. E. ビュートラーが、2000以上の根拠を示した研究論文と、彼の25年以上にわたるクライアントを中心とした心理研究により導かれた心理療法の、18の原則を示したエビデンス・ベースド・モデルの治療方法です。なお、エビデンス・ベースドとは、科学的な根拠があるという意味です。

原則は、大きく基本的な原則（例：治療改善は、社会的支援がプラスにはたらき、機能の欠如がマイナスにはたらく）、臨床的な原則（例：危機的行為は、診断や過去の行為から危険な要因を用心深くアセスメントすることで、少なくすることができる）、幸福感を最大限に導く原則（例：セラピーの過程において、クライアントによる抵抗を引き出さない場合、治療効果が最大になる）からなります。

このように、STSの原則には、治療効果（Efficacy）やセラピストとクライエントの人間関係を高める要素が含まれています。またクライアントのもつ性格要因と適合する心理療法の介入法が、Potential of Human's Well-being（可能となる人間のウェルビーイング——いわゆる安全、健康、幸福感、福利など）を増やすという原理も含んでいます。

＜実践方法＞

たとえば他者の批判ばかりするクライアントを外向型、自分を責めてばかりいるクライアントを内向型とした場合、外向型の人には、スキルを教えたり兆候を緩めたりする介入が、内向型の人には洞察や人間関係を用いた介入が治療効果を高めるとされています。また、クライアントのセラピストに対する抵抗力のレベルにあわせて、抵抗力が高い場合には非指示的に、低い場合には指示的にセラピストが対応すれば、治療効果が高まるとされています。さらに、主観的なストレスが高いときには支援的な介入を、低いときには感情の興起を促す対応をし、主観的なストレスのレベルを真ん中にすれば、治療効果が高まるとされています。なお、抵抗はセラピストや介入に対する抵抗、主観的ストレスは特定の状態におけるストレス（たとえば、苦手な上司と話をするときの主観的ストレスは、気のおける同僚と話をするとき以上に高いというような、特定の状態のストレス）です（情報提供 Satoko Kimpara：Pacific Graduate School of Psychology）。

STSの素晴らしさは、エビデンスを基盤にしながらも、援助職がいかにクリエイティブに活動していくかが求められるという点にあると思われます。STSが日本においても適用できるかどうかは検討していく必要がありますが、日本における心理療法は、援助職や組織団体の主観や好みに左右されている場合もままあり、ひとつの根拠（エビデンス）を定めた本モデルの重要性は高いと思われます。

素人と玄人の違いを生み出す

以上が、さまざまな心理療法を統合させたモデルですが、統合モデルでさえも、ひとつひとつの支援方法の学習や実務能力としての統合に至るまでには、時間と労力が要求されます。このようなことから、よりわかりやすく、誰にでもすぐに扱える学校コーチングのTARGETモデルは、即実践性のあるモデルと考えられます。

ただし、その有効的な活用においては、統合モデルと同様にさまざまな心理療法を

学習することが、TARGET モデル実践の質をより高めるということはいうまでもありません。従来のビジネスコーチングやスピリチュアルコーチングの背景には、心理学がほとんど含まれていませんが、学校コーチングの場合は、臨床的な援助も応用的に含まれるため、心理療法の基本をおさえることが必要不可欠です。そう考えると、安易に実践できるモデルは少ないといえるでしょう。

　それが、素人（客観性がなく、主観的な技術）と玄人（客観性があり、そこに主観的芸術性を活かしていく専門的な技術）の違いにもなります。そのためにも、エビデンス・ベースド・アプローチ（根拠のある関わり）の継続した学習および構築をしていくことが大切です。

エンパワーメントに適したコミュニティ心理学
　このほか、個人、学校、組織、コミュニティの各システムの相互作用過程（生態学的視点）に介入し、それを変革することを目指す、コミュニティ心理学というものがあります。これは、個人の社会的能力を強化することを目標とする点で、エンパワーメントの概念と一致した要素をもっています。このことから、エンパワーメントが、コミュニティ心理学のなかで普及したと指摘する考えもあります（井上孝代・榊原佐和子「臨床心理学における『エンパワーメント』の概念とマクロ・カウンセリングでの位置づけ」『明治学院大学心理学紀要』15、2005 年、pp. 35-48）。

第5章
学校コーチングのスキルの実践

1. 学校コーチングのスキル

> **無限のアプローチ**
>
> クライアントのためにさまざまなスキルを駆使することが、無限のアプローチを創造する。無限のアプローチには、無限の学びが必要である。

　学校コーチングでは、TARGETモデルを用いることによって、ほとんどの目標達成のための援助を簡単に実施することができます。しかし、そのさいにも当然、クライアントの状況や環境、考え、思いをより理解するために、さまざまなスキルを駆使していく必要があります。

　ただし、さまざまなスキルがあるからといって、それをすべて用いなければならない！　というわけではありません。そして、たしかにスキルとその用途はいろいろありますが、それらの根幹的な中身は、すべて「質問」によって構成されているのです。

　たとえば、「メイキングTOP」というスキルを例に考えてみましょう。メイキングTOPは、場面構成とされ、面接の初期に面接の時間、値段、回数や部屋の温度など、さまざまな点に配慮することをいいます。しかしこの場合も、「面接の時間は45分ですがよろしいですか？」「部屋の温度はちょうどいいですか？」というように、そのほとんどが質問で構成されているといっても過言ではありません。「イスはこのグリーンのイスでいいですよね」というような一見質問形式

でなさそうなものにも、「これで構いませんか？」という質問の意図が込められているといっていいでしょう。

傾聴は質問に始まり、質問に終わる

このように、どのようなスキルであろうと、要はクライアントに配慮し質問していくことなのだと考えれば、難しさはより小さくなるでしょう。このようなことから「傾聴は質問に始まり、質問に終わる」と考えられます。ちなみに終了時にも、「実際にAさんと1週間以内にお話ししていただけますか？」「では次回に続きをお話ししていただけますか？」というように、質問（約束や確認であっても質問的）で終わることがほとんどです。

以下では、さまざまなスキルを確認し、質問の幅の広さを理解していきましょう。スキルは、通常かならず必要になる基本のスキル、応用的に扱う応用のスキルの2つに分けられています。またスキルに関連して、援助職に必要な態度についても触れていきます。

基本のスキル
・メイキングTOP：場面構成

時、物事、場所など、環境・状況に応じてあらゆる方向で対応することです。とくに初回面接や面接の導入部で配慮として用いるスキルを総称していいます。たとえば、話し手の話の内容によって場所を選んだり、姿勢や目線など目に見え

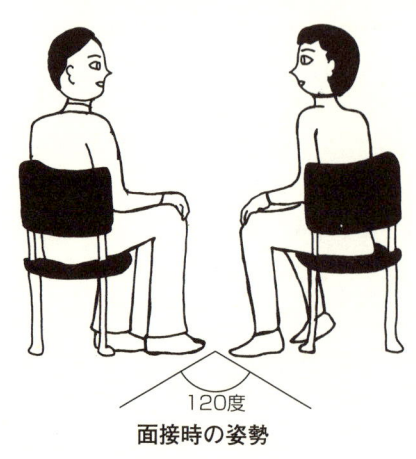

120度
面接時の姿勢

> イスを八の字に。クライアントが一番話しやすい座り方を聞いて設定していきます。

る部分で対応したりすること、はじめに守秘義務などのきまりを伝えることなどが、これに含まれます。一般に援助職は、前傾姿勢で、ハの字（クライアントの120度くらいの斜め隣）に座って傾聴するとよいといわれています。TOPとは、Time、Occasion、Place のことです。

さらに、ツールやアセスメントを用いた初回の会話づくりや話題の設定なども、場面構成に含まれます。クライアントの話のテーマを決定することも、毎回のセッション（面接）はじめの大切な構成です。

＜例＞（すべて CO）
「座る場所は、どちらがいいですか？ 向きは、ハの字でこんな感じでもいいですか？」（面接姿勢の確認）
「料金と時間は、このような感じですがいいですか？」（初回システムの確認）
「今日は、最初に前回のお話の続きを確認してから進みたいのですがいいですか？」（面接構成の確認）

・うなずき

うなずきは、「ふんふんふん」と言いながら首を縦に振ったり、「うーんんん」と考え込みながらゆっくり顔を振ったりする基本的な傾聴のスキルです。うなずきだけでも話を促進することができます。

下手なアドバイスは、クライアントにとって逆効果であり、下手なアドバイスをするくらいなら黙ってうなずいているほうがいいというようなときがよくあります。とくに人の話を聞かずに自分の話ばかりするような方にとっては重要なスキルです。うなずきは、クライアントを受容する基本的なスキルだといえます。

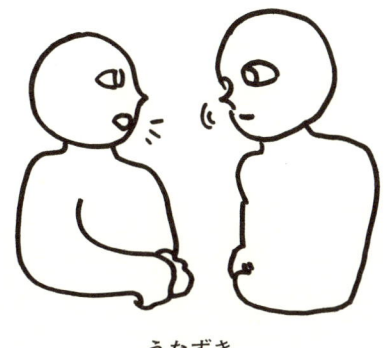

うなずき

CL：クライアント、CO：援助職

＜例＞
CL 「そのとき先日のことを思い出したんです」
CO 「ふんふんふん（小さめの音で早めに）、それでそのときどうされたのですか？」

CL	「あのときの嫌な気分を思い出して、がっくりきてしまいました」
CO	「うんー（ため息的に）、それでどうされました？」
CL	「いつもだったらそれで終わるんですが、ここで話したことを思い出したら、そこから動く必要があると思い、すぐに行動に移しました」
CO	「うんー！　うんうん（感嘆し、同意する）」

・オープンクエスチョン：開かれた質問

　話し手の答えがYesかNoで終わらない質問のことです。「どう考えますか？」「どう感じますか？」「どう思いますか？」に5W1H（いつ、どこで、だれが、なぜ、何を、どのように）を用います。さらに6Sを加えれば（5W1H6S；Sは感覚＝センスのS）、「どう見えました？（視覚）」「味わい深いですか？（味覚的）」「何か臭うんですね（嗅覚的）」「内臓がしまる感じでした？（触覚・内臓感覚）」「どんなふうに聞こえました？（聴覚）」「気配を感じました？（霊的感覚）」となります。

　単純な質問ではなく、クライエントにとって効果的な質問（力を出させる質問）となるように、パワフルクエスチョン、ビジュアルクエスチョン（頭に想像させる質問）、ボディークエスチョン（ノンバーバルクエスチョン：たとえば身体的表現による意思疎通のやりとり）などを織り交ぜて行ないます。

　先述したように、「傾聴とは質問に始まり質問に終わる」というほど、質問はコーチングの根幹となる技術です。

＜例＞（すべてCO）

「その場では、どんな感じなのでしょうか？」

「どのように見えますか？」

「自分自身が間違いでないとしたら、ほんとうにやりたいことは何ですか？」（パワフルクエスチョン）

「自分が失敗したときと成功したときをイメージしてもらえますか？」（ビジュアルクエスチョン）

「指でクライアントを指し示した（あなたの）後で、頭に指を指し（頭で）、ガッツポーズ（考えてみよう）という合図（自分で考えてみようという意味）」（ボディークエスチョン）

もちろんクローズドクエスチョン（閉ざされた質問：Yes か No のように簡単に終わる質問。「あなた何歳ですか？」「50 歳です」）も大切なスキルですが、クライアントとの初期の関係性づくりには、オープンクエスチョンのほうが話をいろいろ聞くことができて有効です。信頼関係ができるとクローズドクエスチョンでも、クライアントのほうから、いろいろ話をしてくれることが多くなります。

・コンファーメイション：確認
　話の方向や内容が、その時点で正しいかどうかを確認するスキルです。たとえば、長い話を要約して確認することで、援助職がクライアントを理解できるだけでなく、クライアントは自分の話を聞いてくれていると感じることができます（要約のスキル）。
　確認には、以下の2つの確認があります。

　　①能動的に援助職側の意図を伝えていく確認。場合により教育的になる。
　　②受動的にクライアントの感じ、思い、考えを受けとめていく確認。

これらのうち、基本的には後者のほうを用います。
　このほか、後者の確認に関連して、感情の明確化（クライアントが話していない気持ちを明らかにする）を試みるような内省面の確認（受容）があります。

<例>（すべて CO）
「会社の話でよろしいでしょうか？」（内容の確認）
「もしかしたら……とお考えなんですね」（考えの確認）
「今日は、人間関係の話から、自分自身の振り返りの話まででいいですか？」（方向性の確認）
「今後のキャリアを考えるという方向で話を聞いていっていいですか？」（方向性の確認）
「そのとき、じつはとても嬉しかったんじゃないですか？」（感情の明確化）
「私としては、いまの学校を辞めてほしくないのですが、それでもやめますか？」（能動的に援助職の意図を伝えて確認）

・アプローバル：称賛
　話し手の勇気、心、行動などを心から認め、話し手の和（輪）を願う諸活動の

ことです。これには、言葉で言うだけでなく、握手をしたり、抱きしめたりして共に喜ぶといったことも含まれます。励ましや称賛など肯定的な言動を伝えることは、表面的な信頼関係から内面的なおたがいの信頼関係へとつなげていくために重要なスキルです。

とくに称賛をするときに忘れてはならない3原則があります。①嘘でない、②根拠がある、③過度ではない、の3つです。

基本的に賞品のような物を渡すほめではなく言動でのほめですので、「賞賛」ではなく「称賛」という言葉を用いています。

またよく似た言葉に「承認」がありますが、「承認」には援助職側の評価の結果、認めていくという意味があります。学校コーチングでは、クライアントを絶対的にとらえた視点で認めていくという援助職側の評価がない点(援助職の規範で良い悪いとするのではなく、クライアントの変化があれば肯定的にとらえていく)、または少なくした点を大切にしていますので、「承認」よりは「称賛」を用いています。従来のコーチングでは「承認」や「賞賛」が一般的です。

<例>（すべてCO）

× 「昨日の演説は、ほんとうによかった、参加者全員が号泣だったよ」（嘘の称賛）

○ 「昨日の演説は、ほんとうによかった、何人もの人がうなずいていたよ」（嘘でない称賛）

× 「昨日の演説は、ほんとうによかった、学校がよくなると思うよ」（根拠のない称賛）

○ 「昨日の演説は、ほんとうによかった、学校をよくしたいと10名ほどの人から連絡があったよ。学校をよくしたいと思うのは君だけじゃないね」（根拠のある称賛）

× 「昨日の演説は、ほんとうによかった、世界の流れが変わっていたよ」（過度の称賛）

○ 「昨日の演説は、ほんとうによかった、学校の雰囲気が少し変わるかもしれないね」（過度でない称賛）

応用のスキル

・ビジュアルクエスチョン：イメージをつくる質問

クライアントに形あるものを想像させる質問のことです。たとえば、実際に行動できる勇気がまだまだない場合、まずはイメージの中で行動体験をしてもらうことで、行動への準備を整えていくことができます。

<例>（すべてCO）
「それでは、本音を相手に伝えたときのことをイメージしてみましょう」
「もし、実際の行動が難しいのであれば、イメージの中だけで行動してみましょう」

　また話し手の大事なゴールをイメージさせることで、擬似的に達成感を味わい、より能動的になることもあります。

<例>（すべてCO）
「その目標を達成させたときの自分をイメージしてみてください」
「もし夢が実現したら、次に何をしていると思いますか？」

　実際に目の前にいない人を想像してもらい、あたかも存在しているかのように話をしていただくこともあります。このとき、目の前に想像する人物は、文句の言えない、でも言いたい教師だったり、親だったり、過去の自分だったりします。
　本音と向きあうことで、行動へのコミットメントにつなげていくのです。

目標を達成した自分を想像する

<例>（すべてCO）
「お父さんがそのように発言したときに、どのような行動が必要だったのでしょうか？」
「そのとき、先生に言ったほうがよかったこととは何でしょうか？」
「あのときの自分にいま言ってあげられることとは何でしょうか？」

・コミットメント：決意
　クライアントの行動や心の決意を約束することです。基本では、クライアントのモチベーションに即した約束（クライアントが好む約束）ですが、応用では話し手の"心"や"行動"の力（内なる力）を引き出す約束となります。たとえば、ゴールのセッティングに向かって行動する約束があげられます。

<例>（すべてCO）
「無理なく1週間実施できそうですか？」（基本的なコミットメント）

「みずから目標を決めることから、あなたの決意を大変感じました。いつから実行できますか?」(具体的なコミットメント)
「本当にあなたのしたいことはそれでいいですか?」(応用的なコミットメント)
「行動を決意できるだけ自分を信頼していますか?」(応用的なコミットメント)

・リクエスト:提案(プロポーザル)

　相手の学習や行動を促すために、相手に必要な要求をすることです。さまざまな提案を通して最適な促進要因を探すことも、このスキルに含まれます。提案の仕方によっては、アドバイスやコミットメントととらえることもできるでしょう。
　良い提案とは、①より具体的、②数値化できる(日時や作業量の設定)、③わずかなチャレンジがあり、しかも実施可能、④クライアントの目標に則している、⑤実施するための困難性をとらえている、という点がおさえられたものです。これらがおさえられているほど、クライアントは行動しやすくなります。

<例>(すべてCO)
①より具体的
「来週までに考えを教えてもらえますか?」
「仕事中の休憩時間のときにしましょう」
②数値化できる(日時や作業量の設定)
「レポート10枚でなく、まずは3枚を提出することを目標にしたらいかがでしょうか?」
「何時間であれば集中することができますか、その時間だけに絞りましょう」
③わずかなチャレンジがあり、しかも実施可能
「実行にあたって、どの日程が適切か検討していただけますか?」
「10点満点中、実現できる自信は何点ですか? そこから1点上げるにはどうしたらいいですか?」
「現状で70%しかできないとしたら、その70%を100%として実行してみたらいかがでしょうか?」
④クライアントの目標に則している
「わずかな行動で"目標である仕事の効率化"をどうしたら促進することができそうですか?」
「より"目標にあった行動"を考えた場合、変更する点はありますか?」

⑤実施するための困難性をとらえている
　「この件は、部下の意見を聞いてから実施したらどうでしょうか？」
　「実行にあたって、何か必要なもの、考えておくべきことはありますか」
　「困難を感じる点はどこかありますか？」

継続セッションでは、前回までの振り返りを行なう

　なお、継続的なセッションにおいては、そのつど、セッションの初回に前回のセッションで提案された行動が、どのような結果に結び付いたかを確認する必要があります。そのことで、行動によって何を学んだか、何に気づいたか、何が必要だったかをおたがいに知ることができ、援助職は次回からのリクエストに活かすことができます。

　もちろんリクエストされたことができればそれに越したことはありませんが、まったくできなかったという場合もあることでしょう。そのような場合も感情的に叱るのではなく、何が必要だったのかを知ることが大切です。どこまでできたか、どこまで考えたかのプロセスを振り返ることも大切です。このようなことを通じて、次につながるための資料を得ることが、リクエストの隠された重要な視点でもあるのです。

リクエストは行動と学習を促す

　そう考えると、リクエストは、行動と学習を促すホームワーク（宿題）であるといえます。クライアントのできること、ほんの少しチャレンジをすればできることを、共動で決定していきます。リクエストは、かならずしも必要とはいえませんが、無理のない範囲、またはちょっとした無理の範囲で毎回行なうほうが、クライアントの行動と学習を促進する点で有効です。結果として、クライアントの成長を促進することができるでしょう。

・フォーカルポイント：焦点づけ

　クライアントの話したいことやクライアントに必要な話に焦点をあわせるスキルです。クライアントの感情のこもった言葉、思いのこもった記憶など、クライアントの感情、考え、思いに触れるような言葉や話に焦点をあわせていくスキルです。

　また、主題に沿わない長話が続いているときや、理想と現実が離れすぎている

ときに、適切な話（適切な地点）に焦点を戻すスキルでもあります。この場合、いま何が必要かを読み解くことが重要です。援助職が、クライアントの話に対して、クライアントの目的に則るために行なう目的意識をもった質問となります。

CL：クライアント、CO：援助職

〈例〉
CL 「試験に合格したときにこれまでの日々を思い出しました」 〈これまでに焦点をあわせる質問へ〉
CO 「試験に合格するまでのこれまでの日々とは、どのような日々だったんですか？」 〈焦点づけ〉
CL 「地獄のような勉強ばかりの日々です。いやーいまは天国ですよ。もう今日はご褒美として、映画行って、食べたいもの食べて、買いたいもの買って……」 〈主訴から外れたご褒美の話から目標の話へ焦点をあわせる質問へ〉
CO 「いろんなご褒美の日なんですね。それでは、ご褒美の前に先ほどの今後の目標についてお聞きしてよろしいですか？」〈適切な話に戻す焦点あわせ〉
CL 「そうでした。それがメインでした」

・エクスプローラーズマインド：情熱

　探険家として宝探しをするかのように、その人なりの情熱をもって聞き手として臨む心のことです。聞き手としての準備を整えるためのセルフマネジメントもこのスキルです。気分が集中できないときは、第三者に自分の胸の内を話したり、聞き手を断ったりするのもこのスキルです。

　とかく人に関わる仕事をしている人たちは、限界を超えた状態であってもクライアントを尊重し、話を聞いてしまうことがあります。このようなことを過度に行なっていると、その人と話をするのが憂鬱になったり、その人の悪口を陰で言ったりするようになります。話を聞きたくないと態度に出る場合もあります。このような燃え尽きた状態にならないためにも、適度な関わり方が大切です。

　教師が、いつでも家に連絡してこいと伝え、夜中に毎晩電話がかかってきて疲れきってしまうということも、燃え尽きた状態です。家庭においても同じようなことはあるでしょう。

　情熱をもってクライアントと関わるためには、バランスのとれた関わりを保つことが必要です。自他に役立つあらゆる意味で探険家としてのチャレンジを行な

うためには、ほんとうの意味でクライアントに役立たないような表面的な関わりを断ることも必要です。教師よりも病院のほうが、クライアントにとって役立つこともあります。クライアントにとって何が必要か、そして専門職として何ができるのかをとらえることが、真の情熱のある専門家でもあります。誠の情熱をもって進むところが、この応用スキルの活きる点です。

・アドバイス

探検家の情熱をもって

　従来のコーチングでは、アドバイスはできるだけせずに、クライアントの答えを引き出すという関わり方を主張する場合があります。しかし学校コーチングでは、クライアントが「わからない」と答えたときに、それをクライアントの答えとして受けとめ、アドバイスをすることもあります。援助職のアドバイスや意見がほしいと言われた場合には、アドバイスや意見を言うことがあります。援助職の考えをヒントにして、クライアントの考えをさまざまな側面から引き出せるようにしていきます。

児童は「わからない」が本音のときがある

　とくに児童の場合には、「わからない」という答えがほんとうの答えであることもあります。「わからない」という主張を受けとめずに答えを出させようとすることは、逆にクライアントを尊重していないともいえるでしょう。このようなときには、クライアントの考えを柔軟にし、新しいとらえ方をクライアント自身がつくれるように、アドバイスを行ないます。

アドバイスの質が援助職の質を決める

　アドバイスは、援助職の力量が試されるスキルです。アドバイスの質が援助職の質を決定するといってもいいでしょう。これは、さまざまな知識や経験をもった援助職ほど、クライアントに沿ったアドバイスをすることができるという考えにもとづいています。

　ただし、クライアントが自分で考えることをせずに、援助職に依存するために

アドバイスを求めるときなどは、アドバイスの使用について留意する必要があります。アドバイスは、あくまでクライアントに力を注ぐため、または力を引き出すためであって、力を代替するためではありません。

クライアントの力で目標を達成させたという経験をつくる

　そのためにも、援助職は完璧で、クライアントのことは何でも知っていて、クライアント以上の答えを出すことができるというようなイメージをクライアントにもたせたアドバイスは厳禁であることを、つねに心がけておく必要があります。人の上に立つことばかりを考える援助職志望の方は、このようなあり方にならないように注意しましょう。

　援助職の力でクライアントが目標を達成できたと考えるよりも、クライアントがクライアントの力で目標を達成したと思ってもらうことのほうがより重要です。

　学校コーチングの技術は、人の上に立つためにあるのではなく、人をその足元から支えるためにあるのだという思想を大切にしてもらいたいと思います。

> **＜例＞（すべてCO）**
> 「それを実行することでデメリットが多いと思います。それでもやるということは、単なるこの場の気分での決意ではないということを、もう一度自分に問うてもらえますか？」
> 「行動したことで何を得たかを知ることが大切です。失敗した自分を責めても次の一手は出てこないということがよくあります」
> 「困ったときほど、自分の力を信じるチャンスです。ただし失敗から学ぶことは、通常の100倍もあるんだということを先にお伝えしておきますね」

・フィードバック：振り返り

　セッションの最終段階で行なわれるものです。クライアントは、自分の考えだけで自分を知ることや方向性を決めることに不安を感じることが多々あります。このようなときに、援助職としての率直な意見を話し、クライエントの指針に役立ててもらうのがフィードバックです。

　フィードバックには、アプローバル（称賛）やコンファーメイション（確認）も含まれています。クライアントの勇気あるチャレンジに対する、援助職の最終局面での率直な意見によって、クライアントが自分の行動をより実感したり、行

動から学びを得たりすることで、それが単なるスキルを超えたものとなる場合があります。これこそエンパワーメントであり、アドバイス同様、援助職の質を決める最たるものであるともいえます。フィードバックによって、リクエストやコミットメントが多く引き出されることもあります。フィードバックは、意見・感想・要約のスキルだととらえることもできるでしょう。

・リラクゼーション

　さまざまな事項を振り返り、自己の内面に目を向けるために筋肉を弛緩する（ゆるめる）スキルです。また感情が高ぶっているときに気持ちを落ちつけるスキルでもあります。

　深呼吸をしながら、自律神経に関連する首から背中にかけて、とくに力を抜く状態を保つようにしていきましょう。援助職の吐く息の音（優しく長く「ふぅーーーーーっ」）を聞くなど、援助職と一緒に行なうことで、クライアントはより安心してリラックスできます。リラクゼーション後は、転倒のないよう急に動かずに、手首足首など体を動かしてから、動き出すようにします。

リラクゼーション

＜例＞（すべてCO）
「少しのあいだ身体の力を抜いて、リラックスしてみましょう。目を閉じて、ゆっくり深呼吸をしてみましょう。ゆっくり息を吸って、吐きながら首の後ろから背中にかけての力を抜いていきましょう」
「もう一度、ゆっくり息を吸って、今度は吐きながら心のストレスを口から出しましょう」
「そして、いま自分が感じていることを見つめてみましょう」
＜終了時＞
「それでは、ゆっくり手首・足首を動かしてください。できたら、ゆっくり目を開けてください。」

援助職の態度
・クリスタルアイ：ゼロの視点

　自分の考えにとらわれない「ゼロの視点」で聴くことです。これは援助職が、評価者としてではなく理解者として、自分の眼鏡を外して聞く姿勢です。関わりの初期においては、クライアントの感情の動きが現在どのようであるかを確認することから始まりますが、後期においては、クライアントの価値観や動きをとらえるようにしていきます。とくにクライアントの価値観を感じるため、大切にするための「無念無想の精神」といえます。

<例>（すべてCO）

「いま、どんな気分ですか」（クライアントの表情や態度の変化から確認）

「じつは本音を言いたいように感じますが、違いますか」（本音を感じた部分を確認）

「（援助職の考えと逆行していても）とても率直な意見を言ってもらい嬉しく思います」

・フレキシビリティ：柔軟性

　メイキングTOPにおいては、インテーク（受理面接：最初に行なわれる面接のこと）やコーチング経過の環境的（時間設定・座位設定・部屋の装飾設定）な柔軟性が求められていました。設定的な柔軟性といえます。フレキシビリティは、クライアントのその場のニーズにおける対応など、まったく見当違いのできごとが起こったときの非設定的な柔軟性です。

　フォーカルポイントによる焦点戻しのための柔軟性、援助職自身の思考の転換への柔軟性、どのようなコーチングスキルを用いるかの柔軟性など、学校コーチングをいかにマネジメントしていくかに関わる創造的なファシリテーション（促進的関わり）のあり方といえます。

・受　容

　受容には、うなずき、確認などの基本的なスキルも含まれます。これはこちらから確認していくような能動的な確認ではなく、クライアントの言っていることを援助職がしっかりとらえているということを、自他共に理解するための確認です。クライアントの言ったことを繰り返して伝えるオウム返し、クライアントの話を要約して確認する要約などがあげられます。

　また受容というだけに、援助職側からのアクションを起こさずにクライアント

の自発性を見守って待つというような、見守りの姿勢も含まれます。

　受容は、クライアントの話だけではなくあり方も受けとめていくような態度のことです。このようなことから、クライアントの主体性を引き出し、行動を生起させることへつなげていくという目的をもちます。

CL：クライアント、CO：援助職

<例>
- CL　「じつは、もうこれまでの自分のような生き方はやめようと思っています」
- CO　「(首を2回縦に振りうなずく) なるほど、これまでの自分の生き方をやめようと思っているのですね」(オウム返しでクライアントの言葉を繰り返し伝える)
- CL　「はい、そこで1週間、どうしていくかを考えたいのですが……」
- CO　「それでは、1週間待つことにしましょう」(見守り)
　　　「なお、1週間後に連絡がなくても、連絡があるまで待つこともあります」(見守り)

～2週間後～
- CL　「すみません、先週ご連絡するといったのに、なかなか自分の考えが決まらなくて」
- CO　「いや、自分を変えることをそんなに急ぐよりは、じっくり考えることも必要ですから、2週間お待ちしていました」(見守りをしていた気持ちを伝える)
　　　「でも今日来てくださると思っていましたから」

学校コーチングはアート（芸術）である

　以上が学校コーチングのスキルですが、ある意味、関わりにおける芸術的なセンスが学校コーチングには求められるといえます。このためにも援助職にとって、日々の学びは大変重要なことです。お山の大将の援助職に支えられることほど、クライアントにとって有害なことはありません。援助職は、さまざまな学びを吸収していくことが、無限のアプローチにつながることを理解する必要があります。学校コーチングの援助職の立場を大事にしていきましょう。

> **学校コーチングの援助職の立場**
>
> 人の上に立つためのコーチングではなく、人の足元を支えるためのコーチングが学校コーチングである。

2. 学校コーチング3大スキル

> **学校コーチング3大スキル**
>
> ①受容（確認）　②質問（提案）　③称賛（承認）

　前述のさまざまなスキルや態度の中でも、とくに学校コーチングの3大スキルとされるのが、①受容（確認）、②質問（提案）、③称賛（承認）です。

　クライアントとの関わりに迷ってしまったら、これら3つを用いることを心がけてみましょう。それだけ大切なスキルです。とくにコーチングが難しいと感じる初心者の方は、これら3つの質を高めていくだけでも、クライアントの変化を感じることができるでしょう。

　前述のスキルや態度と重複する部分がありますが、再度簡単にとりあげておきましょう。

①受容（確認）

　受容は、多くのスキルを含み、基本的スタンスとして援助職に求められる態度です。アドバイスを行なう学校コーチングだからといって、クライアントの考えを否定して、援助職側のメッセージばかりを伝えることはありません。彼らが自分たちで次の一手を決めることを見守るスタンスが、アドバイス以上に大切です。一方で、援助職のアドバイスが1年から3年後に理解されるということもありますので、アドバイス後の理解されない状態を受容してあげることも覚えておきましょう。

②質問（提案）

質問は傾聴技術のほとんどに関連していますが、ここでの質問は、焦点づけによる質問や提案的な質問（……したらいかがでしょう？）です。

③称賛（承認）

称賛のスキルそのものです。従来のコーチングとは異なり、学校コーチングでは「承認」という言葉よりも「称賛」という言葉を多く用いています。それは、承認には、援助職側がクライアントを評価する意図が組み込まれているからです。評価なくほめたたえてほしいという思いから「称賛」という言葉を用いているのです。しかし、評価をすることも必要な場合もあるため、承認も用いていきます。

3. クライアントとの関わり方

クライアント理解の5つの視点
①感情について
②考えについて
③思いについて
④身体の状態について
⑤現在までの行動について

どんなに素晴らしい援助職の哲学やスキルをもってしても、援助職によるクライアントのとらえ方が誤っていれば、援助職の主観的な解釈で話が進んでしまうことでしょう。ここでは、どのような点をとらえながらクライアントの話を聴いていくか、専門的な視点をスキルとあわせて確認をしていきます。とくに、クライアントが自己を肯定的にとらえられるような手法をあげていきます。

クライアントのとらえ方

状況・環境把握や目標設定を行なうときは、クライアントの思考をとらえていくときでもあります。つまり、クライアントの認知（とらえ方）の枠組みや歪み

を、援助職がとらえる場面でもあるのです。そのようなときの基本的なスタンスは、これまでの認知（とらえ方）の枠組みを強化することであったり、あるいは歪みをとらえ直したりすることです。

　強化の場合は、より称賛し、歪みのとらえ直しの場合は、認知の再学習を促します。非健康的な心身の状態や非健康的な生活を営んでいる場合には、後者を主とします。

　クライアントの状態をとらえるために、以下のことがらを確認していきます。

①**クライアントの感情（感じていること）について**
　いまクライアントがどのような感情を保持しているかは、学校コーチングを進めるにあたって重要な視点です。イライラしながら面接を継続していないか、とても悲しいときなのに大丈夫なふりをしていないかといったことをとらえることです。

〈**本音で話し合う**〉
　本来の感情と食い違ってしまうような状態をクライアントがつくっている場合、クライアントの真の部分に沿って話を続けることは難しいでしょう。援助職とクライアントの関係性ができつつある状態で、無理に感情を吐露させることよりも、そのような食い違いをしてもいい場なのだと感覚的に受けとめる、または受けとめてもらうことも重要な視点です。

　しかし、クライアントに極度の緊張やイライラを感じたら、少しリラックスする時間をとり、落ち着いてから話を始めるといいでしょう。リラックスするさいにその緊張やイライラの感情に浸ることで、より自分の気持ちに向き合い、次のステップへ進むことができる場合もあります。クライアントが嫌なことに無理をさせて浸らせるのではなく、できる範囲の少しのチャレンジで構わないのです。

　なお、注意欠陥多動性障害（ADHD）のようなクライアントの場合、深呼吸でイライラを消せるときもありますが、服薬後に面接をすることを初回に決めておいてもいいでしょう。

〈**感情の歩みを知る**〉
　またこれまでどのような感情の中を歩んできたかを振り返ることも、大きな気づきにつながることがあります。さまざまなこと、これまでのことについて、どのような感情を抱いているかをとらえることで、①クライアントの感性、②重きを置いている事項、③人の好き嫌い、などがわかることがあります。

一方、クライアントの抱いている感情が、現実と逆行しているような場合があります（例：「確認していないけど、あの人は私のことをよく思っていないと感じる」）。そのような場合は、健康的な感情をもてるようにすることが求められます。

＜例＞（すべてCO）
「このことについて、どのように感じていますか？」（オープンクエスチョン）
「目を閉じて、その喜び（または悲しみなどの感情）の中に浸ってみましょう」（提案）
「悪口を言われたから嫌われているということはかならずしもないと思います。好きな人には人一倍文句を言ってしまうこともありますからね」（感情の転換）

---

②クライアントの考え（考えていること）について
　いまクライアントがどのような考えをもっているかは、学校コーチングを進めるにあたって重要な視点です。これまでどのような考えで生きてきたかなど、過去の考えとの比較も、自己をとらえ直す機会になります。今後の考えについて聞くことで、これからの自己のあり方を変えていくことにつながる場合もあります。
〈柔軟な考え方を促す〉
　また、何らかの自分本位の考えに固執しているために問題を呈しているようなこともあります。あるいは、自分の大切な考えをみずから踏みにじり、自分の気持ちに反していることもあります。このようにクライアントのもつ考えが、柔軟性がなく固着していたり、不適応な場合（例：「自分の考えは間違ってはいない。相手が間違っている」）は、柔軟な考えをもてるようにすることが求められます。自分の考えを活かせるように柔軟性をもつことや、さまざまな視点をもつことの重要性を、クライアントが自分の考えをとらえることで理解できることもあります。

＜例＞（すべてCO）
「いま、そのテーマに関してどのように考えていますか？」（オープンクエスチョン）
「これまでの考えとの違いは何でしょう？」
「今後どのような考え方が必要だと思いますか？」
「いまの自分の考えから、何を発見しましたか？」
「誰しも、その人が大切にする考えをもっているのだから、自分がもつ考えを自分が大切にするように、相手も自分の考えを大切にしたいと思うかもしれませんよ」（考えの転換）

③クライアントの思い(思っていること)について
　思考という言葉があるように「思い」は「考え」に類似した言葉ですが、感じることと同様に「心」という字が含まれています。そのため、頭よりも心を反映する言葉ととらえていいかもしれません。考えてきたこと、感じてきたことによって出てきた意思といえるかもしれません。

〈感じ・考え・思いの視点を使い分ける〉
　他者に対してどのような思いをもっているか、今後どのような希望をもっているかといった質問は、クライアントの他者へのイメージや今後の目標を知ることにつながります。気分的・感情的な感じや理論的な考えよりは「気持ち的な思い」を重要視しているクライアントもいますので、クライアントによって感じ・考え・思いの視点を使い分けるといいでしょう。

〈思いを包み込むほど温かくする〉
　クライアントのもつ思いが現実と逆行しているような場合もあります(例:「自分の思いなんて大して尊重されない。私には価値がない」)。そのような場合は、健康的な思いをもてるようにすることが求められます。クライアントが、自分の思いを活かせるような柔軟性をもつためのはたらきかけ、さまざまな視点をもつためのはたらきかけが援助職に求められます。

<例>(すべてCO)
「これまでのあなたの、彼に対する思いはどのようなものですか?」(オープンクエスチョン)
「どのような希望(思い)をもって進みたいですか?」
「その場面で大切にしていた思いはありますか?」
「自分の思いがあるのにそれと逆行することをすることは、自分で自分の思いを踏みにじっていることになります。それでは自分に失礼です」

---

④クライアントの身体の状態について
　感じ・考え・思いの違いが、身体に何らかの影響を与えることがあります。たとえば、肩が凝ったり、緊張して体が固くなったりといったことです。このようなことから、どのようなときにどのような身体の変化があるか、あったかをとらえていくことによって、より望ましい身体の状態を維持することができるようになります。より望ましい感じ・考え・思いをもつことにもつながります。

〈精神的健康と身体的健康をとらえる〉

　また、クライアントの「以前より健康的によくなった」という言葉を鵜呑みにして、「よかった！」と終わりにしてしまうのは早計な場合があります。たとえば、以前は1時間の睡眠だったがいまは1時間30分になったというような場合、ほんとうに健康的であると断言できるでしょうか？　以前との比較では健康的に進んでいるとはいえますが、生命維持にとっては少なすぎるでしょう。

　このように、身体的な状態を生活習慣からとらえていくことも重要な視点です。心身相関といわれるように、心の疲労が身体の疲労に結び付く場合もあります。もちろん、一方で、身体の疲労は心の疲労にも結び付くでしょう。

〈健康増進を目指す〉

　さて、精神的に健康であるとクライアントが言っても、身体的に不健康であれば、どこか無理をした精神性（感じ・考え・思い）があることを予測する必要があります。そこで、援助職は、クライアントの身体の状態が非健康的な場合、健康的な状態をつくる方法を提供し、健康増進へ寄与することが求められます。

> ＜例＞（すべてCO）
> 「いま、考えを変えてみて、体の緊張はとれましたか？」（確認的なクローズドクエスチョン）
> 「この頃、健康状態はいかがですか？　朝食はとれていますか？」
> 「運動をするのはいいですね、睡眠もとれていますか？　何時間くらいとれていますか？」
> 「そこまで悩まれていると、身体がだるいとか疲れるとかいうことはないですか？」

⑤クライアントの現在までの行動について

　クライアントの行動は、クライアントの認知（とらえ方・考え方など）を反映していることがあります。クライアントの素晴らしい行動も、健康に悪い行動も、その認知によって示されているともいえるのです。

　たとえば、「教師というものは多くの人に好かれなければならない」という考え方をもっている場合、少しでも嫌われるような発言をされると「自分は最低の教師であり、もっと人に尽くさなければならない」というような否定的な認知が生まれてくることがあります。この場合、最低の教師だからこそもっとやらねばならないと考えて、過度に行動しすぎて疲労が溜まってしまったり、価値のない

教師は迷惑だと考えて職場に行くことができないといった行動につながることがあります。

〈非健康的な学習を健康的な学習で減少させる〉

また、「睡眠時間を削ってでも勉強することが、他者との差を広げるコツである」と考えているような場合、健康にとって重要な睡眠が低い位置にとらえられてしまいます。

つまり、認知や学習において否定的な側面をもってしまうと、非健康的な行動をとることがあるのです。

そこで、援助職には、クライアントの認知や学習による生活習慣が非健康的な場合、健康的な認知や学習による生活の方法を提供し、健康増進に寄与することが求められます。

＜例＞（すべて CO）

「この頃、遅刻や欠勤はしていないですか？」（確認的なクローズドクエスチョン）

「仕事や勉強が手につかないことはありますか？」（確認的なクローズドクエスチョン）

「これまでの活動的な自分といまの自分の違いについてどう思いますか？」（オープンクエスチョン）

「柔軟に行動できない大人に子どもの教育などできないと考えて動かないよりは、どのように行動することが柔軟と判断できるかを試していくことのほうが、教育方法の確立に役立つと思いませんか？」（行動の転換）

〈時間軸を用いる〉

クライアントの現在までの行動には、過去と現在の違い、現在と未来の違いなど、時間軸の視点を用いることで気づきを促すことがあります。短い時間では、面接前と面接後の違いを、クライアントと援助職の双方で確認するといったことも、学校コーチングの効果の気づき（評価）においては大切です。

＜例＞（すべて CO）

「3年前と今日では、感じ方の違いはありますか？ それにはどのような経験が関係していると思いますか？」

「3年後の健康状態はどのようになっていそうですか？」

「行動するまでに、どのくらいの期間が必要ですか？」

> 「先ほどの行動に関する考えと比較して、いまの考えの柔軟度は10点満点中何点ですか?」
> 「いつも人に対してそのように対処していますか? それとも人によって変わりますか?」

主訴をとらえて進む

　援助職は、さまざまな視点においてクライアントと話を進めていきますが、忘れてはならないのが、クライアントが目の前に来た主訴、つまりテーマです。話が進むことで、まったく関係ない話に深く時間を割いてしまったというようなことがよくあるものです。主婦の世間話にもそのような面があるでしょう。

　そこで、最初に確認したテーマを、クライアントが忘れても援助職が忘れずにいることが大切です。忘れてしまいそうだったら面接用紙のメモなどに記載しておいたらいいでしょう。そして、質問など多くのスキルも、その主訴に沿って用いていきます。目標設定や行動を決めていくような場合も同様です。TARGETモデルにおいても主訴は最初に確認する事項ですので、もっとも重要な点であるといえます。

　継続的なセッションの場合は、振り返りやリクエストの結果を確認した後に主訴を決めていくことで、継続性または柔軟性をもって話していくことができます。

環境をとらえて進む

　クライアント理解の5つの視点の確認をしていくことで、クライアントの多くの側面が理解できてきます。また、これ以外の視点としてクライアントをとりまく環境についての話がまったく出てこないような場合には、環境に関する質問もしていくことが大切です。TARGETモデルにおいては、ふつうにそれが組み込まれていますが(A：環境・状況・立場)、どのような環境かを知るということだけでなく、その環境に何らかの関わりや行動ができないかなど、環境を巻き込んでとらえていくことが重要です。

　いまでは、クライアントの個人的な要因だけでなく、その環境要因にも目を向けていく考えが一般的です。とくに環境的な(多忙すぎるなど)余裕のなさは、否定的な考えを生むことがあります。周囲の環境による否定的なはたらきかけがあればなおさらです。余裕のなさと否定的な環境は、クライアントにとって自己

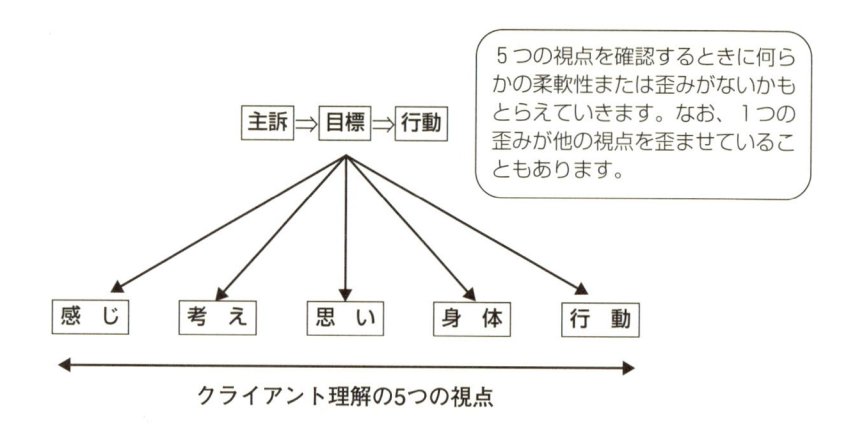

主訴 ⇒ 目標 ⇒ 行動

感じ　考え　思い　身体　行動

クライアント理解の5つの視点

> 5つの視点を確認するときに何らかの柔軟性または歪みがないかもとらえていきます。なお、1つの歪みが他の視点を歪ませていることもあります。

〈柔軟性のある場合〉

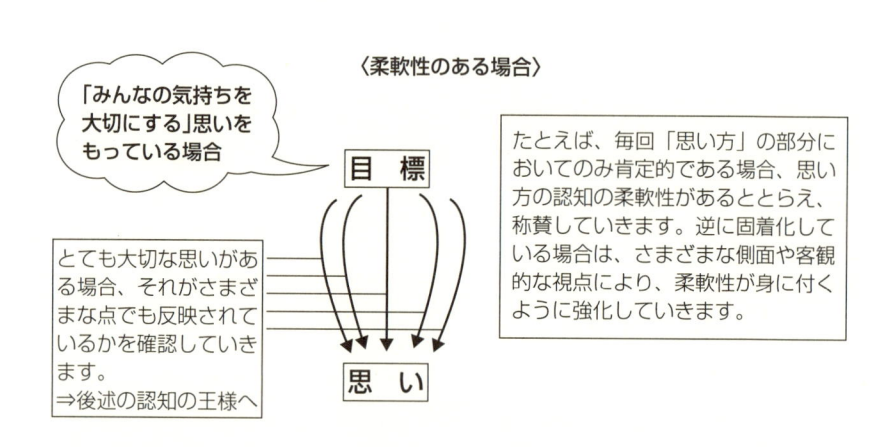

「みんなの気持ちを大切にする」思いをもっている場合

目標 → 思い

とても大切な思いがある場合、それがさまざまな点でも反映されているかを確認していきます。
⇒後述の認知の王様へ

たとえば、毎回「思い方」の部分においてのみ肯定的である場合、思い方の認知の柔軟性があるととらえ、称賛していきます。逆に固着化している場合は、さまざまな側面や客観的な視点により、柔軟性が身に付くように強化していきます。

〈歪みのある場合〉

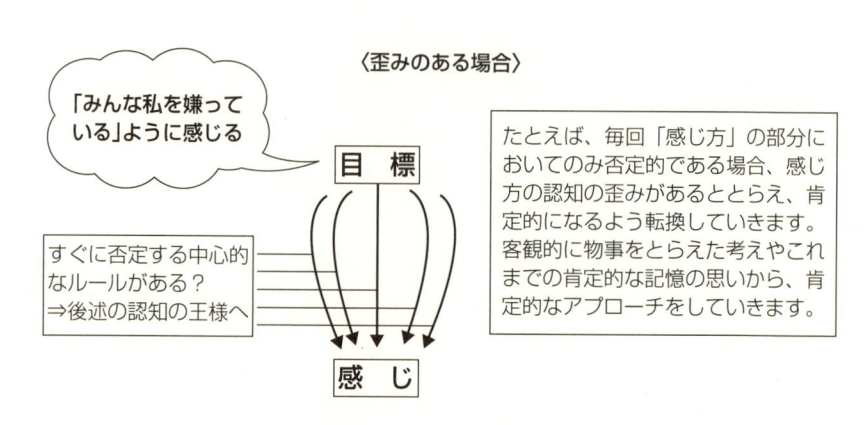

「みんな私を嫌っている」ように感じる

目標 → 感じ

すぐに否定する中心的なルールがある？
⇒後述の認知の王様へ

たとえば、毎回「感じ方」の部分においてのみ否定的である場合、感じ方の認知の歪みがあるととらえ、肯定的になるよう転換していきます。客観的に物事をとらえた考えやこれまでの肯定的な記憶の思いから、肯定的なアプローチをしていきます。

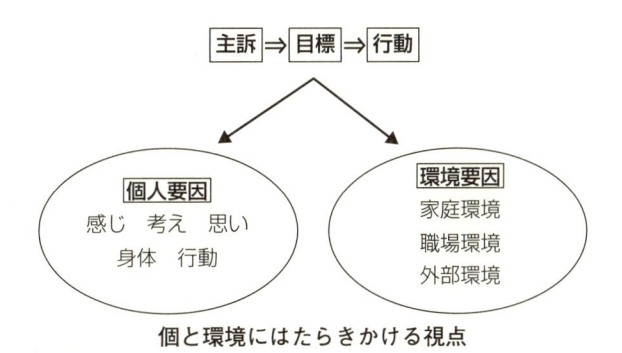

第5章　学校コーチングのスキルの実践

```
主訴 ⇒ 目標 ⇒ 行動
      ↙      ↘
  個人要因      環境要因
 感じ 考え 思い   家庭環境
  身体 行動     職場環境
            外部環境
```

個と環境にはたらきかける視点

の力を抑制するディスエンパワーメントを増幅させます。

＜例＞（すべてCO）
「あなたにそのようなことを思わせてしまうのは、何か周囲の人たちにも関連することがありますか？」（確認的なクローズドクエスチョン）
「環境がどのように変わると一歩前に進めそうですか？　またそのために何をすればいいと思いますか？」（オープンクエスチョン）

教師の事例を通して5つの視点を理解する

CL：教師、CO：援助職

＜教師の例＞
CO 「生徒に好かれる教師というテーマ（主訴）について、何か感じることはありますか？」（感じを質問）
CL 「自分は昔からわかりにくい授業で、生徒に人気がないんです」
CO 「授業のわかりにくさを生徒が感じていること、それによって先生の人気にも関連していることを感じているんですね」（もしかしたら「人気がないといけない」というような過度な認知をもっているかもしれないととらえていきます）
「そのことについて、どう考えていますか？」（考えを質問）
CL 「教師という職業が向かないのかもしれません」
CO 「向かないと、感じているのですね（CL：うなずく）。授業のわかりにくさ以外に何かそう思う点がありますか？」（思いを質問）
CL 「先日も、ある生徒が、前の担任だった先生のほうがやりたいようにやらせてくれて優しかったと言っていましたし……」

CO	「そんなふうに思っているとき、自分の身体はどんなふうになっていますか？　締め付けられる感じがありませんか？」（身体の質問）
CL	「そうですね、締め付けられるというか、重い荷物を背負っている感じですね」
CO	「そんなときの対応や行動は、どのようになりますか？」（行動の質問）
CL	「じつは、もう仕事を休んでしまいたいと思うほどだるさが出て、動きたくない状態でした。でも、先週コーチに言われて1週間休むことによって、自分が無理をしすぎていたことに昨日になって気がつきました」
CO	「明日から出勤になっていますが大丈夫ですか？」
CL	「はい、10年以上生徒に人気がなかったのだから、人気のある教師というのはじっくりと研鑽して目指すことにして、まずは気苦労をしないようにしていこうと思います」
CO	（人気という側面に少し縛られていることをとらえ） 「私は、生徒に人気があるよりも、生徒を成長させられる先生になってほしいと思っています。副担任の先生が、先生のことをとても生徒に気を配っており、自分ではまねできない、何人かの生徒は先生が休んでいるときも非常に心配していたとおっしゃっていましたよ」
CL	「そうですか！……そうですよね。人気をとることばかりで肝心な生徒の成長のことを考えていませんでした。私が子どもだったとき、自分本位な教師に教わってとても辛い思いをしたもので……いつしかそんな人気にこだわってしまったのかもしれません」
CO	「そう思うと自分の身体の状態や行動に変わる点はありますか？」
CL	「ちょっと楽になりますし、誹謗中傷にも耐えられるようになりそうです」
CO	「もちろん人気は大切でしょうが、先生のお話では、授業の難しさだけがキーポイントのような気がします。授業をわかりやすくするにはどうしたらいいかを来週にでもまた考えていきましょう」
CL	「はい、そうですね」
CO	「そこで、授業の方法について、周囲にいいアドバイスをもらえる人はいませんか？」（環境の質問）
CL	「教頭先生が同じ教科の先生でしたのでぜひ聞いてみます」

　上の例は、「生徒からの人気がないとだめな教師である」という考えをもつ先生の事例でした。さまざまな話を聞けば聞くほど、このような認知の歪みが本来

の活動を阻害していることがわかる場合があります。そのようなときに「それは間違っている！」というような否定ではなく、それまでそのような考えを重視してきたことへの敬意を込めて、クライアント本人がその歪みに気づくようにしていくことが、まずは大切です。

そのさい、事例の「生徒の人気よりも成長を」という援助職の意見は、押し付けであってはなりません。ひとつの意見として伝えることが大切です。それをどうとらえるかは、クライアントが決めるものだからです。

「はずれた」認知の王様

> **認知の王様**
> 「はずれた王様」ではなく「感謝を育む王様」を育てる。

継続的にさまざまな話を聴いていくことで、毎回否定的な認知が出てくるような場合、クライアントがディスエンパワーメントを生起する「はずれた」状態にいることがほとんどです。このようなときには、その中心となる「はずれた」考え方・感じ方・思い方があることを伝えていきます。

肯定的な認知に変換した場合、再度クライアント理解の5つの視点を確認していくと、以前よりも健康的な側面が出てくることがわかります。そのような状態で次のセッションへつなげていきます。

児童には「はずれた王様」の存在とその王様出現の経緯を知ってもらう

児童の場合には、この「はずれた」状態のことを、わかりやすく「はずれた王様」と呼ぶとよいでしょう。そのことで健康を害している、仕事を害している、勉強を害しているような場合は、肯定的な認知に変換していきます。このとき、なぜ「はずれた王様」が誕生したのかについての仮説を伝えることで、「はずれた王様」に従わない態度を児童にもたせることを促します。

また小中学生の場合は、認知というとらえ方が、発達的にもできない場合があります。そのようなときは、言葉よりも態度によって本人の気持ちを理解していくことが必要です。そして援助職が本人の気持ちを代弁していくことが大切で

す。こうしたことを、感情の明確化、考えの明確化、思いの明確化といいます。

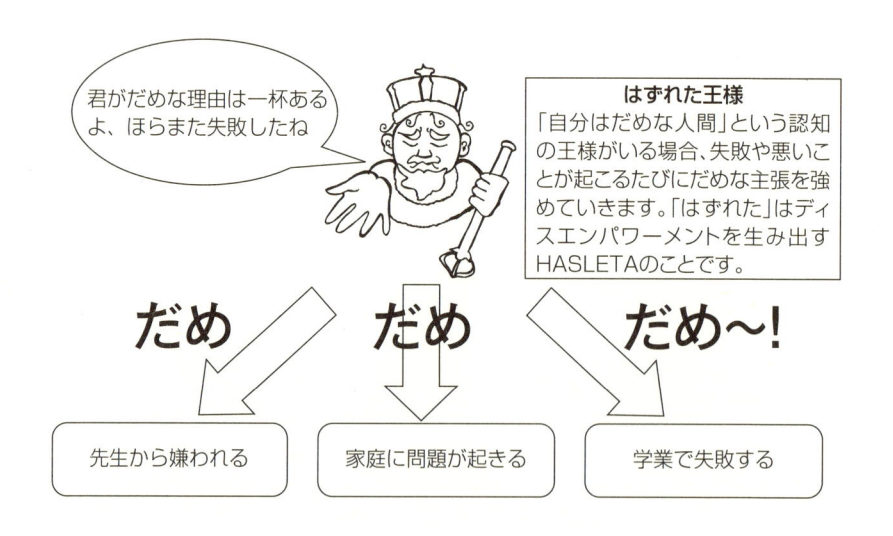

君がだめな理由は一杯あるよ、ほらまた失敗したね

はずれた王様
「自分はだめな人間」という認知の王様がいる場合、失敗や悪いことが起こるたびにだめな主張を強めていきます。「はずれた」はディスエンパワーメントを生み出すHASLETAのことです。

だめ　だめ　だめ〜!

| 先生から嫌われる | 家庭に問題が起きる | 学業で失敗する |

このような状態を打開するためには、肯定的な認知の王様（柔軟な王様）を構築していく必要があります。そのためにも、エンパワーメントの3つの柱や共動の約束が重要な指標にもなります。

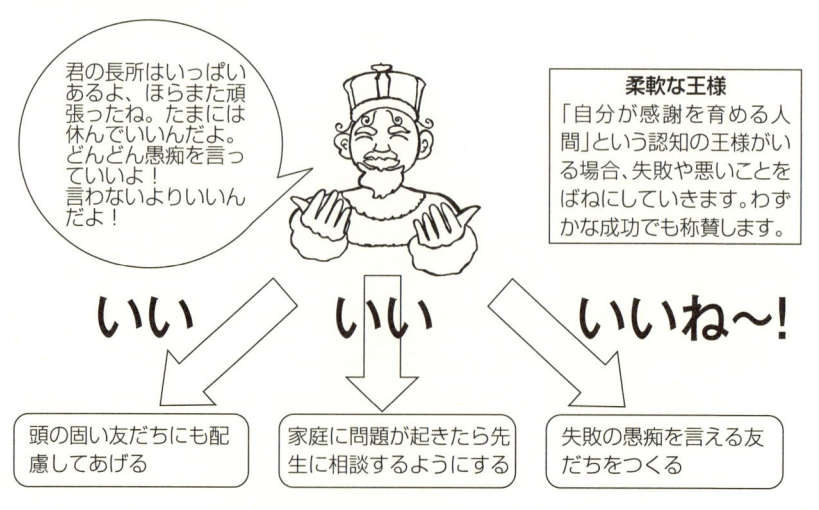

君の長所はいっぱいあるよ、ほらまた頑張ったね。たまには休んでいいんだよ。どんどん愚痴を言っていいよ！言わないよりいいんだよ！

柔軟な王様
「自分が感謝を育める人間」という認知の王様がいる場合、失敗や悪いことをばねにしていきます。わずかな成功でも称賛します。

いい　いい　いいね〜!

| 頭の固い友だちにも配慮してあげる | 家庭に問題が起きたら先生に相談するようにする | 失敗の愚痴を言える友だちをつくる |

102

≪認知行動療法≫

現在、欧米では、認知行動療法といって、認知の変容だけでなく行動の変容もとらえていく心理療法が、カウンセリングの専門家のあいだで一般的になっています。

エビデンスのある心理療法

なぜ、認知行動療法が重要視されているのでしょうか？ 心理療法が心理的な支援方法として認められることにより、行政などによる公的な援助が行なわれるようになってきました。このとき、税金を用いる以上、より効果的・効率的なアプローチが求められます。認知行動療法は、他の心理療法以上にエビデンスがあります。その結果、重要視されているのです。

認知行動療法は、①学習の原理を用いる行動主義から派生した行動療法に「認知」を加える認知行動療法と、②人間はどのようにモノを考えるか、情報をとらえるかに注目する認知心理学から派生した認知療法に行動技法をくわえた認知行動療法の２つに大きく分けられます。前者は、自律訓練や筋弛緩などによる身体的なアプローチを積極的に用いて、パニック障害や強迫神経症などについて成果をあげています。後者は、認知の変容のアプローチを積極的に用いて、うつ病などについて成果をあげています。

不適切な認知が不適切な感情や行動を引き起こす

認知行動療法では、認知（思考）、感情（生理）、行動（動作）の３つの指標をテーマに、対話をしていきます。これら３つの視点をクライアントが理解し定めていくことを、カウンセラーが援助していきます。このとき、不適切な認知が不適切な感情や行動を結び付けている場合、認知の変容を焦点にし、適切な認知をもてるように援助していきます。また、そのような認知を育んできた環境をとらえていく方法もあります。

失敗から生まれる自動思考

ものごとの失敗などにより、クライアントの歪んだ考え、歪んだルール、歪んだ思想が生まれ、失敗するごとに出てくることがあります。このように失敗したとき、毎回浮かぶ思考を自動思考と呼んでいます。

たとえば、言うことを聞かないわがままな子どもをもつ母親が、まわりの父母からどのようにしつけてきたのかと、きつく問われたことがあるとしましょう。このとき、子どもに何かあるごとに「母親失格にくわえ、大人としても失格」という思考が出てくるとしたら、このような思考を自動思考といいます。

自動思考を生む核となる信念

そしてこのような自動思考を生んでいる背景に、「子どものしつけをしっかりできない母親は、大人としては認められない」という考えがある場合、母親は大きな精神的負担を負うことになります。このような考えは、自動思考を生んでいる核として、コアビリーフと呼ばれています。このコアビリーフの修正が重要とされます。

客観的な視点を伝えていく

このようなときに、「しつけを厳しくしたからといって、親の言うことを聞くいい子を育てたからといって、かならずしも問題がないわけではない」「その子にもその子にしかない長所がある、これはしつけだけで養われるものではない」というように、客観的な視点（事実）、異なった視点を示していき、その歪みを修正していきます。最終的には、クライアントが自分の認知、感情、行動を理解し、自分で修正していけるようにしていきます。次の図は、認知行動療法のひとつの見方です。

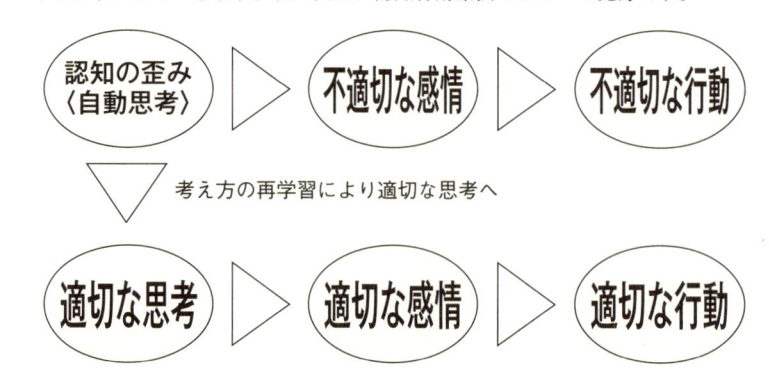

認知の歪み〈自動思考〉 ▷ 不適切な感情 ▷ 不適切な行動

▽ 考え方の再学習により適切な思考へ

適切な思考 ▷ 適切な感情 ▷ 適切な行動

学校コーチングとの違い

認知行動療法は、学校コーチングと似ている側面もありますが、もっとも異なる点は次の点です。

1）学校コーチングは、うつ病などの病気や障害をもつ方を対象にした技術ではなく、健常者を対象にしている。
2）学校コーチングでは、認知の修正をせずに、そのような認知を生んでいる環境を積極的に調整するときもある。
3）学校コーチングには、哲学的なアプローチである３つの柱や共動の約束がある。

そのため、健康増進や能力開発ではなく、精神障害や神経症への援助という点に重きがある場合は、エビデンスのある認知行動療法にアプローチすることが求められるでしょう。

とはいえ、学校コーチングは、行動や学習を重んじ、心理学を基盤にしていることからも、認知行動療法のひとつのモデルといえるでしょう。

第6章

知情意の視点
―情を重んじる―

> **エンパワーメントの源**
>
> エンパワーメントを行なうためには、溢れんばかりの愛情（エネルギー）が必要である。愛情は、みずからにそれを注いだ分だけ人に注ぐことができる。

　学校援助職として必要な事項に、専門性とリーダーシップがあることは、第3章でお伝えしました。本章では、リーダーシップを理解するために、エンパワーメントにおける援助職のレベルと能力（長所）の型を紹介します。

　まず、援助職のレベルとして、現在どのような状態で読者の皆様がリーダーシップを発揮しているかを、知情意に照らし、確認していただきます。このような確認をすることで、クライアントのレベルやリーダーシップの型を理解することにもなります。

1. 援助職のレベル

①分　類

　援助職のレベルを見る指標として、学校コーチングでは、情による分類を行なっています。これは、さまざまな情緒を重んじる考え方にもとづくものです。情には、欲情、私情、同情（友情）、真情、愛情があり、学校コーチングでは、この順番での流れを推奨しています。

　愛情は、援助職として求められる最終的な情の形態です。愛情がリーダーシップに欠かせないものと考えます。そのため、リーダーシップという観点からは、

```
        愛情
       LEVEL 5
      ─────────
        真情
       LEVEL 4
     ─────────────
        同情
       LEVEL 3
    ───────────────
        私情
       LEVEL 2
   ─────────────────
        欲情
       LEVEL 1
```

援助職のレベル

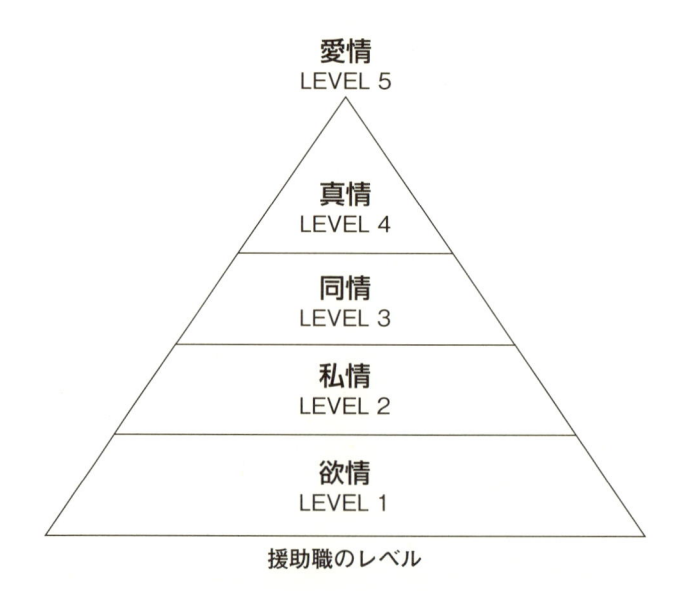

愛情が発揮されているかどうかを見ます。その他の情であれば、どの情が発揮されているか、その情がいかに発揮されているかを見ていきます。

まず、読者のみなさまがどのようなレベルにあるかを確認しながら読み進めてみてください。なお、ここでの情については、学校コーチングとしての定義を行なっています。

LEVEL 1　欲情／キーワード：地位、金銭、支配、社会的安定

人が生きるために求められる情で、食欲・睡眠欲といった生物学的な欲の情や、金銭欲といった社会的な欲の情が含まれています。後者は、経済性や身分などの、社会的安定の欲を示す情として理解できるでしょう。お金のために学校コーチングをしている、自分の地位を確立させるために学校コーチングをしているという方は、この情のレベルにあるとされます。

精神的状態・身体的状態・社会的状態の基本的（最低限度）な安定を求める方が、このレベルです。

LEVEL 2　私情／キーワード：自己満足、キャリア思考、見栄、自己啓発、自尊

基本的な生活状態が維持できている方が、みずからの能力を高めるために活動する情が私情です。私（自分）のための情ですが、ここではみずからの能力を高

める情として理解します。援助職としての能力を高めるためにコーチングを行なっている方は、この情のレベルにあるとされます。クライアントに好かれるためにコーチングを行なっているというような、少し自己本位な方も、このレベルです。

　キャリアアップや自己啓発など、自己の能力向上を求める方、自己の地位向上を求める方がここに入ります。

LEVEL 3　同情・友情／キーワード：他者満足、一部の支援、一方通行

　自己の向上や満足から他者に視点が移り、他者の向上や満足を求める情が、同情・友情です。他者のための情であり、自己のこと以上に他者のために犠牲的に自分の力を使う情として理解します。

　自分（援助職自身）のためではなく、クライアントのためにコーチングをしている方は、この情のレベルにあるとされます。友情のために不本意ながら協力するというような方も、このレベルです。

　自分の考えを抑えて、他者のために活動している方がここに入ります。

LEVEL 4　真情／キーワード：前進、経験思考、自己実現、自己一致

　みずからの力を他者のために用いることにより、みずからを活かし、高めていく情が真情です。私情や同情と異なるのは、自己または他者のためだけにみずからの力を用いるのではなく、いまある自己の力を最大限に活かし、他者を支援する状態で、双方の向上を重んじている自己実現の情である点です。クライアントのために、援助職みずからの力を活かしている方は、この情のレベルにあるとされます。生活基盤はできており、ボランティアで支援に関わる方、クライアントの援助職として関わる方も、このレベルです。ときに愛情のレベルに達する場合もあります。

　クライアントの向上を目指すとともに、みずからの向上も目指している方がここに入ります。

LEVEL 5　愛情／キーワード：相互理解、相互支援、エネルギーの共有、共動

　自分の信頼できる仲間のために、仲間の信頼できる自分のために、相互に向上するために力を活かしあう情が愛情です。おたがいのための情であり、相互の能力や生活（状態）を高める情として理解します。援助職はクライアントを活か

し、クライアントは援助職を活かす状態にある方が、この情のレベルにあるとされます。おたがいが本音で感謝をしあうために進んでいる状態です。

このように自分の力によってさらに相手の力を活かせている方、相手の力によってさらに自分の力を活かせている方がここに入ります。

②情のあり方

学校コーチングでは、レベル1〜レベル5の情へと段階ごとに進んでいくことを、基本的な歩みとして推奨しています。下位段階のレベルを無視して上位のレベルに進んだとしても、援助職自身の健康や生活に悪い影響を与えることがあるからです。

たとえば、レベル1の欲情は、最低限の経済性・安全性を整える情と考えられます。このとき、この状態を無視してレベル3に行ったとすると、今日食べるものもない状態で、人のことを中心に生活していることになります。このような状態では、みずからの健康を害したり、イライラしてストレスを高めてしまうことが出てきます。そのため、このような人は自分を大切にするレベル1とレベル2を整えてから、レベル3に行くほうがよいという考えです。

さまざまなスタイルをとる情のレベル

ただし、何から何まですべて足並みをそろえてレベルが進んでいくというわけではありません。レベル1の経済的な点が最低限整った段階でレベル2に行く人もいれば、相当な経済性を整えてからレベル2に行く人もいるでしょう。後者の場合には、自分の富をより求めている状態として、すでにレベル2の私情に進んでいるととらえてもいいかもしれません。

また、自分を大切に育ててくれた両親をもつ場合、自分の両親のように自分の子どものことを中心に行動するということもあるでしょう。これはレベル3です。

このように考えると、レベル1がだめであるとか、レベル5でないとだめであるとか、という話をしているわけではないことが、理解できるでしょう。ひとつひとつの情が大切なのであって、いまの自分の状態を知ることで、次の段階へのステップを理解することの大切さを、"援助職のレベル"は示しているのです。

おたがいを活かしあうレベル4を目指す

このような意味では、経済基盤を整えるために学校コーチングをしてもいいと

いうことになりますし、自分の向上のために学校コーチングをしてもいいということになります。ただし、おたがいを活かしあう自立を目指すというエンパワーメントの考え方を基盤とした学校コーチングでは、やはりレベル4以上を目指していただきたいと思います。

自分の贖罪のために学校コーチングがあるのではない

　かつて人を傷つけてしまったというトラウマがあるような方、逆に傷つけられて自己の固執した主義主張を通したいというような方が人材支援に関わると、下位段階の足元を固めずにレベル超えを行ない、家庭を壊したり、健康を害したりする場合があります。みずからの家庭や健康を再度見つめ直し、そのようなことがないかを確認してみましょう。

　たとえば、人と関わることで定期的に体調を崩す、仕事を休むというようなことが思い当たるなら、極端なレベル超えを行なっていたり、自分への愛情が足りないというようなことが考えられます。そのような場合には、まずは自分を大切にすることから始めてみることが必要です。みずからの問題を見つめ直し、もしも心の治療が必要であれば、しっかりとその治療を行なうことが、自分のためだけではなく、子ども（クライアント）のため、周囲のためになるということを知ることが必要です。

　クライアントの支援は、クライアントのためであって、みずからの贖罪のためではないことを認識することが大切です。

2. スタイルの視点

　学校コーチングでは、「考える」「感じる」「思う」という3つの側面に焦点があわせられています。

　これらは、クライアントによっては、「どう考えますか？」という質問では答えにくく、「どう感じていますか？」と聞いたほうが答えやすいことなどがあり、クライアントのスタイルに沿うために分けているという見方もあります。3つのうちのどのとらえ方をしているかで、考える能力型、感じる能力型、思う能力型に分けることができます。

能力の型	特徴
考える能力	いろいろなものを創造する能力。企画立案やリスクマネジメントの能力など。長期的な計画の立案をしたり、突拍子もない問題にどう対処していくかを考えたりする才能。理論的・分析的な人など。
感じる能力	気持ちを感じる能力。自分の態度がどのような影響を相手に与えているかを感じる、学級の雰囲気を感じる、目の前の人がどのように感じているかなどを感じる能力。共感性や人付き合いをうまくするなどのコミュニケーション的な才能。感性の高い人など。
思う能力	自分の意思（意志）をしっかりともち、それを貫くための努力、忍耐、行動や挑戦ができる才能。自分自身のビジョンをもっていることなどが関係。意志が強い人など。

以下の例を見てみましょう。

CL：クライアント、CO：援助職

＜例＞感じる能力の高いクライアント（中学3年生）

CO 「クラスをよくするためにどのような考えがありますか？」

というコーチの問いに、生徒はどうも返答に困っているよう……。
さらに

CO 「どんな計画を立てるとよりよくなりそうですか？」

という問いにも、どうも難しくて困っている様子。そこでコーチは、生徒が「考える能力型」ではないと判断し、次の質問に変えてみる。

CO 「クラス委員の仕事をするとき、あなたがいつも感じることはありますか？」
CL 「信頼できる人がいないので孤独感を感じています。だから自分がどうするか考えても、考えが出ないのです」

ふつうに返事が返ってきたので、再度「感じる能力型」の質問をしてみる。

CO 「クラスをよくするために、何が必要だと感じますか？」
CL 「いまの状態で卒業するのは、ちょっとつまらない……、だから前向きに行動したほうがいいと思うけど、クラスにそのように思う人はいるのか疑問に感じます」

> ここで、このクライアントは、感じることを中心に話を聞いていくほうが答えやすいと理解できました。

　上記の例では、最初は考える能力からの確認を行なっていましたが、途中から感じる能力からの確認に切り替えました。もちろん、考える能力からの確認を最後まで用いても、生徒は答えられたかもしれません。しかし、考える能力、感じる能力、思いの能力からの確認を、相手の能力にあわせて使い分けたほうが、効率的に相手の理解やパフォーマンスの向上を望むことができます。

クライアントの能力にあわせたコミュニケーション
　一般的な能力開発では、弱点の強化を中心に行なう場合があります。しかし、いま現在の対応が必要なときには、相手の能力にあわせて対応するほうが、より速やかに進展することがあります。その人の能力というものは変わりにくいものですから、それを活かした会話や活動は、効率的であるということだけではなく、より力を発揮できるものであると考えられます。
　もちろん、発達的な段階によっても違いはあるかもしれません。年齢が上がるほど知能や認知能力も高まるため、「どのように考えるか？」という質問がより意味をもつことになるでしょう。

クライアントのもつ能力を長所としてとらえる
　ここでいうクライアントのもつ能力は、それ自体を長所としてとらえることもできるでしょう。

考え、感じ、思う

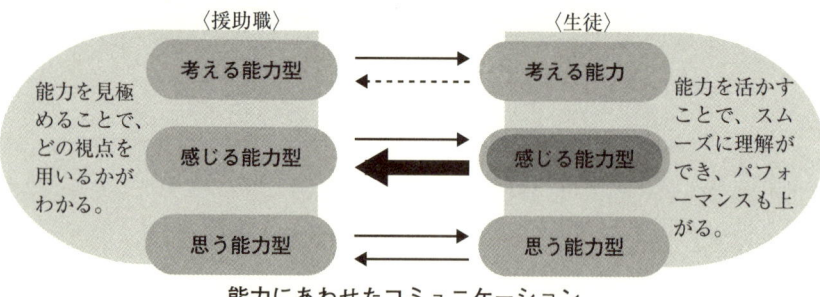

```
〈援助職〉                    〈生徒〉
考える能力型  →           考える能力
            ⇠ ‑ ‑ ‑ ‑
能力を見極    感じる能力型 →  感じる能力型   能力を活かす
めることで、         ⬅            ことで、スム
どの視点を                        ーズに理解が
用いるかが                        でき、パフォ
わかる。     思う能力型  ⇄  思う能力型    ーマンスも上
                                  がる。
```

能力にあわせたコミュニケーション

　クライアントによっては、能力が極端に偏っている場合や、平均的にそれぞれの能力をもっているというような場合があるでしょう。そのため、どのような能力をもつかをとらえるために、柔軟に質問をしていくことが求められます。能力に極端な偏りがある場合は、それを長所としてとらえて、重要視することが大切です。しかしそれは、けっして他の能力を育成することを軽視するという意味ではありません。

　さて、それでは、あなたはどのような能力の型に属するでしょうか。どの能力がもっとも強いかをあなた自身で判定することができるでしょうか。自分自身の長所を知らなければ、人に長所を伝えること、体験的に話すことは難しいでしょう。あなた自身が考えるあなたの能力の型について、周囲の人の意見も同様であれば、自己一致していると理解できるかもしれません。

　あなたが判断するあなたの能力の型を、下記の表に記載してみましょう。もし自分でわからない場合は、何人かの方に聞いてみるのもいいでしょう。

自分の能力の型	その理由

3. 知情意の視点

　前述までの3つの能力は、じつは「知情意」という考えにもとづいています。知情意は、知性、感情と意志を示す精神的・心理的な内省的要素のことで、古くから、物事を円満に治める指導者にとって、なくてはならないものとして伝えられてきました。リーダーシップには、欠かせない要素といえるでしょう。

　ここでは、知性は考える力、感情は感じる力、意志は思う力（意思の力）として理解しましょう。「知情意」は、いまでは、教育の場においてもそれを育む試みがなされたり、心理学の本でもとりあげられたりするなど、一般的な用語となってきています。

知　情　意

　これらの能力は援助職にとっても大切な力といえるでしょう。
　知情意を用いるのは、精神的・心理的な援助を行なう学校コーチングでは、その要素に的を絞った視点や関わりが重要であると判断しているからです。また構造的に用いやすいということもあります。初心者の方ほど、この3つの要素を意識して相手を見てみる、質問をしてみるということで、クライアントと関わりやすくなることでしょう。知情意で理解したクライアントの特徴を、クライアントの長所として伝えることもできます。

知恵・愛情・勇気を育む

　エンパワーメント理論では、知性は知恵へ、感情は愛情へ、意志は勇気へ、それぞれより根源的なものに結び付くと考えられています。人に役立つための成長的変化といえるでしょう。また、これら知情意はそれぞれ非常に親密に結び付いたものであり、ひとつを高めると他のものも高まるときがあります。次にひとつの例を見てみましょう。

> **＜愛情と意志のある熱血先生の例＞**
>
> 　情を重んじ、人を愛して接する熱血先生がいました。その人は周囲の何倍もの愛情をもって接する神様のような存在でした。そして、児童を支えるには覚悟が必要であると考え、真正面から向きあうという意志をもって、子どもと関わってきました。
> 　そのようななかで、この先生は、より児童の支援の質を高めることを求め、みずからにもっとも足りない部分を知ることとなりました。それは、客観性やエビデンスのある知性の領域でした。この先生は、これまでいかに主観的に児童と関わりすぎていたかを体感することとなりました。

　この事例の先生のこれまでのあり方は、たしかに間違いではなかったでしょう。しかし、愛情や意志をより広げるためには、知性もまた不可欠なものです。愛情と意志（勇気）をもつ先生が、さらに知性を得たらどのように成長するかを想像すれば、知性がいかに重要なキーであるかが理解できることでしょう。
　このように知情意のどれかの質を高めようとすればするほど、それ以外の質も高められると考えることができるのです。

三位一体の知情意が気づきを促す

　上記の例とは逆に、「これまで知性ばかりを重視しすぎて愛情が足りなかった」というような発言をする大人を見たことはないでしょうか。知情意は三位一体であるため、どれかひとつを高めれば他の質が低かったことに気づかせられるようにできているのです。とりわけ援助職を目指す方には、それぞれの質の向上を目指していただきたいと思います。もちろん最初はどれかひとつでもかまいません。
　たとえば、援助職の情のレベルに注目して考えてみましょう。援助職の情のレベルが上がれば上がるほど、それは愛情に近づいていくわけですが、そのためには客観的な視点である知性を整え、自分の確固たる意志を明確にすることが必要でしょう。こうして、情のレベルが高まれば、三位一体として知情意のすべてが高まっていくと推測されます。もちろん知情意のそれぞれが高まるといっても、人によって、それぞれの差はあることでしょう。

第 6 章　知情意の視点

知恵 〈知性〉　　愛情 〈感情〉　　勇気 〈意志〉

≪学校危機管理≫

　現在、学校では、さまざまな事件や事故が起きています。学校における安全管理と安全教育についての対応により、学校の危機管理体制を整えることが求められています。

学校安全
- → 安全管理
  - 学校施設・遊具などの安全管理
  - 通学路など、生活環境の安全管理
  - 心身の安全管理
- → 安全教育
  - 安全指導（健康な生活習慣の指導など、緊急時の対応指導）
  - 安全学習（健康な生活習慣の学習など、緊急時の対応学習）

　学校における危機といっても、校庭の遊具の整備から不審者の侵入時の対応まで、さまざまです。大きくは、児童・生徒（学生）側の危機、教職員側の危機、環境である学校組織側の危機の3つに分けることができます。

学校危険因子
- → 児童・生徒
  - いじめ、不登校、自殺、薬物乱用、虐待、校内事故、性問題
  - 暴力、ストレス過多、感染症・食中毒など
- → 教職員
  - いじめ、怠業、セクシャルハラスメント、パワーハラスメント
  - 学級崩壊、情報漏洩、わいせつ行為、飲酒運転、過重労働、
  - 自殺、ストレス過多など
- → 学校
  - 防犯の不備（門の施錠、警報装置の不整備）
  - 道具事故（薬物・遊具）、災害、地域からの閉鎖
  - 組織的活動の不備（安全衛生委員会など）、地域問題の影響

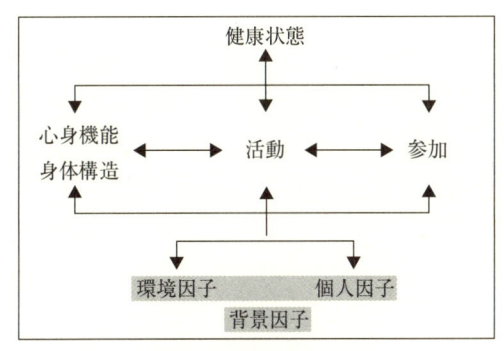

```
                    健康状態
                   ↗   ↑   ↖
                  ↙    ↓    ↘
        心身機能 ←→  活動  ←→ 参加
        身体構造
                   ↕    ↕    ↕
                 環境因子    個人因子
                      背景因子
```

WHOによる国際生活機能分類（WHO, 2001）

学校危機管理においては、その予防活動が重要視されています。それは、事前にさまざまな予防的活動をしておくことで問題を未然に防ぎ、仮に問題が起きても迅速に対応することで被害を最小限に抑えられるからです。
　世界保健機構（WHO）は、国際生活機能分類において、生活機能（心身機能・身体構造、活動、参加）には、健康状態と背景因子（個人因子・環境因子）の相互の作用が関連しているとしています。
　このモデルを学校危機に応用すると、学校が安全である状態が健康な状態と考えられ、児童・生徒の心身の向上や学校危機への予防的な活動や参加を行なうこと、さらには学校危機が起こらないような環境整備（施設整備）や児童・生徒の能動的・肯定的側面の促進を行なうことが重要であると考えられます。

第7章

父母のための学校コーチング
―子どもを育てる―

1. 厳しさ・優しさの視点を考慮する

> **称賛としつけ**
>
> 9対1の割合で長所と短所を伝える。
> 良いものは良い、
> 悪いものは悪いとしっかり伝えること。
> しかし9対1を忘れてはならない。

　本書は、児童支援を行なう方々のための視点を中心にしています。そのなかでも、児童を支える重要な存在といえば、何よりもまず父母の方々であるといえるでしょう。そこで本章では、父母の方々が、どのような点をとらえて子どもを成長させていくことが必要かを確認していきます。そのため、専門家にとっては、どのような点を父母の方々にお伝えしていくかということの確認となるでしょう。
　なお、ここで児童とは、18歳以下の子どものことをいいます。

①厳しさと優しさの視点
　子どもの生活環境や成育暦において、厳しさと優しさのバランスがとれているかどうかは重要です。厳しさと優しさは、それらがある場合でもない場合でも、その度が過ぎると、子どものあり方に大変影響を与えます。そのため、成人で何かしらの問題を呈している場合、成育歴において、これらのバランスが崩れていることが多々あります。

このとき、厳しさと優しさとは以下のようなことを表わしています。
〈厳しさ〉
　ルール、社会性、社会常識、合理性、我慢など。養育において、これらの厳しさが強いと自分に厳しくなりすぎて健康を害します。逆に厳しさがなさすぎると社会性がなくなります。
〈優しさ〉
　愛情、甘え、干渉、信頼関係など。優しさが強いと愛情を多くもらえますが、甘えてしまい自立から遠ざかります。逆に優しさがなさすぎると、愛情を知らないため、人と信頼関係を築くなどの関わりへの不安が多く出てしまいます。
　これらは、単に親のあり方を示しているのではありません。生活の環境も含まれています。たとえば、非常に厳しい貧困家庭であれば、厳しさが強いと判断します。つまり、過度の貧困は子どもにとって厳しい環境であると考えます。ルールの厳しい学校もまた、厳しさが強い環境であるととらえます。

②厳しさと優しさに影響を受けるパーソナリティ
　パーソナリティとは、人の全体性を表わす人格のことです。どのような厳しさと優しさのもとに育てられたか、過ごしてきたかによって、パーソナリティを構成する子どもの考え、態度、性格などの言動・思考が変わります。
　その違いを示したのが、「厳しさと優しさによる成長表」です。成長表は4つに分類され、①厳格型、②虐待型、③バランス型（厳しさ・優しさ型）、④甘え型があります（図7-1）。

(1) 関わり方
バランス型：社会性を整える厳しさと無条件の愛情が家庭にはある
　適度な厳しさの中で生活をしてきた子どもの場合、自己の言動をわきまえて、ルールを守り、真面目に物事に取り組んでいくことでしょう。
　また、家庭だからこそ、たとえどのようなことがあっても無条件に受容してくれる、子どもの味方になってくれるという側面があります。たとえ子どもが間違っているような場合（「サンタはいるよ」「英語は、次は100点」）でも、家族だけは信じてくれるという安心感を与えることが大切です。そうすることで、子どもは家庭の温かみを知り、自己に対しても他者に対しても愛情をもって接するようになることでしょう。なお、援助職の場合は、面接の場が安らげるようにす

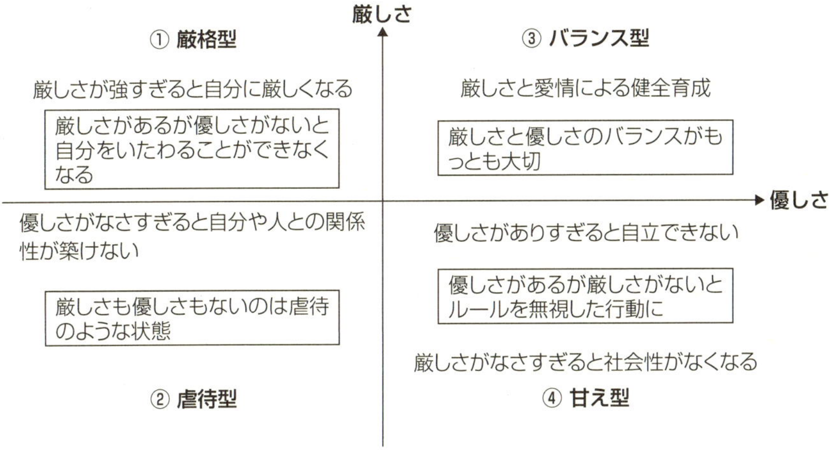

第7章 父母のための学校コーチング

```
                        厳しさ
        ① 厳格型         ↑        ③ バランス型
 厳しさが強すぎると自分に厳しくなる    厳しさと愛情による健全育成
  ┌──────────────┐      ┌──────────────┐
  │厳しさがあるが優しさがないと│      │厳しさと優しさのバランスがも│
  │自分をいたわることができなく│      │っとも大切          │
  │なる            │      └──────────────┘
  └──────────────┘                          → 優しさ
 優しさがなさすぎると自分や人との関係    優しさがありすぎると自立できない
 性が築けない
  ┌──────────────┐      ┌──────────────┐
  │厳しさも優しさもないのは虐待│      │優しさがあるが厳しさがないと│
  │のような状態        │      │ルールを無視した行動に   │
  └──────────────┘      └──────────────┘
                         厳しさがなさすぎると社会性がなくなる
        ② 虐待型                  ④ 甘え型
```

図7-1 厳しさと優しさによる成長表

ることを心がけましょう。

厳格型：過度な厳しさが自分を蔑視する

　厳しさの強い生活をしてきた（いまもしている）子どもの場合、自分を厳しく扱い、ちょっとしたミスも許せない、自分を信じることができないという極端さが生まれ、自分をいたわることが苦手になることがあります。このような子どもの場合は、自分をいたわる言動ができるように援助していきます。

〈感情的な怒りでなく意図的な叱りを用いる〉

　厳しさが少ない場合には、社会常識もあわせて伝えていきます。わがますぎるような場合にも、腹を立てずにスモールステップで社会性が身に付くように援助していきます。もちろん、度が過ぎる場合には、感情的にではなく意図的に叱ることも大切です。意図的な感情とは、たとえば叱った次の瞬間にその感情を抑えることができるような感情のことです。

〈優しさのない環境が自他の信頼を奪う〉

　優しさの少ない生活をしてきた（いまもしている）子どもの場合、人に甘えることや人を信じるということが苦手になることがあります。このような場合には、相互の関係性を用いて、信頼関係や愛情を育めるように関わっていきます。まずは安らげる場の提供が必要です。児童でも成人でも安らげる家庭はもっとも大切なものです。いまでは睡眠時間が健康に寄与することは周知のこととなって

いますが、家庭が安らげずに睡眠もできないとなれば、それは家庭ではなく地獄ということになるでしょう。

甘え型：過度な優しさは自立を奪う

　優しさのみが強い生活をしてきた（いまもしている）子どもの場合、人に頼りすぎて、自分で自分のことに対処するようなことがなくなり、自分での対処にやる気をなくしてしまうことがあります。この場合は、自分のことは自分でできるように考える力や行動する力を育成していきます。愛情づくりと依存づくりとは違うことを理解できるようにしましょう。ただし、リレーションシップは、小さな依存関係でもあるということもつけくわえておきます。

虐待型：親としての自分を、子を見ることで振り返る

　厳しさと優しさが少ない生活、または双方がない生活をしてきた（いまもしている）子どもの場合、それは"誰にも相手にされない""無視される""子どもの気持ちを無視した強引な態度をとられる"などの経験を意味します。そのため、このような生活をしてきた子どもは、非常に心身ともに不安定であることが考えられますので、医療機関などとの連携を視野に入れていきます。

　なお、子どもの不安定さがどうも理解できないというような場合、親のあり方が何らかの影響を与えていることがあります。このような場合、親として主観的に自分たちが悪いとか、他人が悪いとかととらえるのではなく、客観的にとらえるために専門家に相談してみることをお勧めします。どちらにしろ、子どもを通して自分たちのあり方を理解するチャンスだと、肯定的にとらえることが大切です。発達障害など、生活のしづらさをもつ子どもの場合には、親や周囲の環境のあり方が二次障害（いじめや不登校など）を生んでいる場合がありますので、何が子どもにあった関わり方なのかをしっかりと理解する必要があります。

(2) 基本は信頼関係

　共動の約束のところでも述べたように、子どもに関わる場合、まず必要なのは相互に信頼できる関係性です。信頼できる関係がなければ、何も始まりません。それは厳しさと優しさによる成長表においても同様です。

　このときの良い関係性とは信頼関係（リレーションシップ）のある状態を意味しますが、エンパワーメントの考えでいいかえれば、相互に成長のある関係性と

いうことになります。もし相互の関係性の中で、何年経ってもおたがいに成長が見られないのであれば、それは良い関係性、つまり信頼関係のある関係性とはいいがたいでしょう。

どちらか一方がつねに遠慮している、相手にあわせているというような関係性では、やがてバランスの悪さが家庭の問題として現われることになります。ただし、「謙虚さや礼儀のある遠慮の関係性」と「成長のないバランスの悪い関係性」を間違わないようにしましょう。

(3) 注意点

厳しさと優しさの両方がなく育った子どもでも、温かい厳しさと優しさをもち、健康的に生活している人もいますので、健康や思考の状態を考慮しながら、優しさを注ぐか厳しさを示すかを判断することが必要です。

以上は、これまでの実務によって得られた枠組みではありますが、あくまでも仮説的な見解ですので、かならずそうであるというような断定はせずに、さまざまな情報のうちのひとつとして用いるようにしてください。

また、医学的・生活的な視点を優先的に考慮してください。

③厳しさと優しさの事例

以下の2つの事例には、同じ離婚という共通点があり、一見すると厳しさと優しさの視点でとらえることができるように思えるでしょう。しかし、とらえ方を間違えると、まったく異なる結果を示してしまうという例として紹介したいと思います。

1) 厳しさの強い生育歴をもつ母親

Kさん（女性：37歳）

> ☆成育歴
>
> Kさんは、父親の厳しいしつけによって育てられてきました。とくに、「人が当たり前にできることができなければ、社会的に価値がない」という父親の考えを、自分の信念に取り入れてきました。そのため、周囲の人たちができることで、自分にできないことがあれば、「自分は生きる価値がない」と思い込むことが日常でした。また、Kさんの母親は、Kさんが5歳のときに離婚し、家を出て行きました。そこで、経済的な問題から、父親がKさんを引き取ることになりました。

> Kさんは、子ども時代から社会に出るまで、一度も自分自身を認めることができませんでした。Kさんは、頑張って進学校に進み、競争の中で大学時代まで過ごすことになります。そのため、周囲と比較すると自分にできないことが多く、それが自分には生きる価値がないと考える傾向を助長させてきました。35歳で結婚するまでは、社長秘書を務めるなど、キャリアウーマンとして過ごしてきました。
>
> さらに、Kさんを追い込む出来事が起きました。Kさんが35歳で結婚し、第一子を迎えたときに、子どもに知的障害があることがわかったのです。Kさんは、自分が原因で子どもに障害を負わせてしまった、さらに子どもは社会的に(父親に)認められないと考え、これまで以上に自分自身への非難に苛まれました。もちろん父親はKさんのことを認めてはくれませんでした。Kさんは、自分を責め、離婚までしてしまいました。

さて、Kさんと関わるときのアセスメントとして、厳しさ・優しさによる成長表から、厳しさが強く、優しさがない、という成育暦が考えられます。そのため、表の「①厳格型」と判断でき、自分に厳しく、自分をいたわることが苦手であると考えられます。事例からは、そのことを裏づける信念である、「自分は生きる価値がない」が確認できました。

そこで、厳しさを弱くし、優しさを強くしていくという関わりをすることになります。関わりの概要は以下です。

1) 本人に厳しさが強い生活を送ってきたことを理解してもらう。
2) ものごとを肯定的に受けとめていける目標をもつ。
3) 失敗やできないことを中心に見るのではなく、長所を中心に見ていく見方を伝える。知情意・パワー曲線(後の章で説明します)・無理をしすぎたときの不健康についてのこれまでの振り返りなどで、いかに不健康が自己のディスエンパワーメント(外れた状態)を生み出してきたかを確認する。
4) 父親の価値観ではなく、自分の価値観で生きることを考える。生きる価値は、父親が決めるのではなく自分が決めるものと理解してもらう。
5) 知的障害児をもつ親の会に参加し、同じ気持ちをもつ人たちとの交流から、生きる励みを得られるようにする。

2) 厳しさ・優しさの見方のよくある誤り

Gさん（女性：27歳）

☆これまでの経過

　Gさんは、息子T君が7歳のときに離婚、それ以降T君は、自分が気に入らないことがあると泣いたり怒ったりと癇癪を起こすようになりました。そのためGさんは、T君が望むことをできるだけしてあげるようになりました。小学校では、T君はクラスについていけず、担任の先生もそのわがままにどう対処したらよいかわからずにいました。担任の先生との話から、GさんはT君に厳しい父親がいないことが原因であると諭されました。

　それ以来、Gさんは離婚したことが原因でT君が不安定になってしまったと思い続けました。T君の不安定さを少しでも少なくするために、GさんはT君がしなくてはならないことの多くを、代わりにしてあげました。T君が小学5年生になるまで、この離婚が原因であるというGさんのとらえ方は続いたのです。

　この事例を厳しさ・優しさによる成長表でとらえると、「④甘え型」になります。そして、厳しさのなさによる社会性の成長のなさが考えられます。このことから、通常は、母親は愛情と厳しさをバランスよくT君に与えていくことが求められます。このとき母親だけではストレスが多いようであれば、祖父母や学校の担任と連携していくことも考える必要があります。

　さて、Gさんの転機は、彼女が参加した学校コーチングの研修で訪れました。厳しさと優しさの視点より前に医学的な視点を考慮することを研修で諭されたGさんは、医療機関にT君を連れて行きました。すると自閉傾向があると言われました。よくよく考えてみれば、乳幼児期から人よりも発達的に遅れていると思われる点があったのです。

　このことにより、T君の癇癪の原因が、単に母親の離婚からくるものではないことを確認することができました。Gさんは、それまで背負っていた自責の念をかなりの程度、取り除くことができました。

　しかし、この場合でも、厳しさと優しさの関わり方がまったく必要ないわけではありません。厳しさと優しさをバランスよく用い、T君の長所を伸ばしていくことは、障害があろうとなかろうと、病気があろうとなかろうと、変わりはないのです。

このように、「親の育て方が悪い」「親のあり方が悪い」として、子どもの状態を理解せずに時間を送ってしまうことが多々あります。いまでは、学校では軽度の発達障害などに対応した、特別支援教育の視点が重要視されています。医学的な視点や発達的な視点が、理解されつつあります。

　しかし、それでもまだ「親の成育状態」だけをとらえる視点もあることでしょう。適切な医療機関や教育機関との連携で、子どもの生活状態（事例では癲癇）が改善されることはよくあります。ただし、前述したように、成育環境が子どもに大きな影響を与えることはたしかです。そのため、厳しさと優しさのバランスは、程度こそ異なりますが、障害のあるなしにかかわらず重要なのです。

2. 成長への視点

何を伸ばすのか

① 存在を認め感謝を育み、愛情を深め、生きる力を伸ばす。
② 長所を伸ばす。
③ 興味を広げる。
④ 許容範囲を広げる。
⑤ 問題のある人から成長する人へ。

何を伸ばすのか

　子どもの健全育成に関して、さまざまな問題が示されていますが、何を伸ばしていくかという点は、あまり理解されていないように思われます。問題の改善について書かれた本は多いのに、長所を伸ばす視点で書かれた本は、まだまだ少ないのが現状です。このことには、さまざまな理由が考えられます。

　たとえば、手が掛からない児童は、自分で自分の良いところを理解し伸ばしていくというような暗黙の了解があるのかもしれません。このような了解の背景には、問題を呈している児童への対応で追われてしまうことが多いことから、そう理解せざるをえないという現実があるのかもしれません。そのため長所を純粋にとらえるという視点は、理解されているようで、実際にはあまりされていないように思われます。

①基本はあるがままを認めてあげる

　子どもの成長のためにもっとも基本的なことは、あるがままを認めてあげるということです。簡単なようで、難しいことでしょう。もう少しつけくわえると、存在していることをまずは認めてあげるということです。これは、生きていることを感謝するという肯定的な姿勢にもつながることでしょう。生きていることを喜ばれる子どもが「死にたい」と発言することはないでしょう。

〈当たり前のことに感謝をもつ〉

　さらにわかりやすくいえば、学校に毎日通うこと、会社に毎日遅刻せずに通うこと、元気であること、元気をなくすぐらいに悩むこと、その子にとってテストがふつうの点数であること、成功したこと、失敗したこと、変わらずに日々を送ることなど、当たり前のことを当たり前に行なっていることに感謝や称賛をしていくということです。

　当たり前のことに感謝、称賛しても意味がないという方もいらっしゃるかもしれません。しかし、いかがでしょうか。当たり前のことを当たり前にできない世の中が目の前にあると感じることはないでしょうか。当たり前のことを当たり前にしてくれるからこそ、ふつうに生活ができるのです。ふつうがいかに大事かを知ることが大切です。

〈ほめることを当たり前にする〉

　ほめることなんてまったくしないという親、教師の方は、子どもが当たり前のことを当たり前にできたときには当たり前にほめるという姿勢を、ぜひ身に付けていただきたいと思います。それが日々の生きる力を伸ばしていくことでしょう。

　これは根本的には愛情を深めることにもなります。愛情深い人は周囲にも愛情を注いでくれることでしょう。このように、肯定的に生きる力を伸ばしあうことがもっとも重要であると、学校コーチングでは考えているのです。

　もしも父母であるあなたが組織で働く管理職であるなら、部下にも同様の視点でほめてあげてください。ほめることのない家族では、子どもが「自分は死んでいいか？　死にたい、生きる意味があるの？」と親に確認します。または、自問することが多々あることを覚えておきましょう。

②長所を伸ばす

　人は誰でもさまざまな長所をもっています。その長所が優れたものになればなるほど、より素晴らしい力となることでしょう。長所には、得意な勉強の教科を

もっていること、パソコンの操作が得意なこと、仕事（作業）が好きで一日中働くことができるといった目に見えることから、人に気をつかう優しさがある、先見の明があるなどの、目に見えないことがあります。

〈長所を培う〉

　目に見える具体的な長所は、わかりやすいため、関わりも行ないやすいことでしょう。しかし、このような場合でも、目に見えない長所に視点を向けて、それを伸ばしていくこともお勧めします。一方、そのような長所がわからない場合や、まだ長所が出ていないような場合には、さまざまな経験を通して長所を身に付けていくことも大切でしょう。

〈長所と短所をとらえてこそ学校コーチング〉

　誰しも多くの長所をもっていますので、それらを伸ばしていくという視点が大切です。長所がいくつも重なれば、それは才能になるという見方を、学校コーチングではしています。

　なお、いうまでもありませんが、長所偏重という極端なことを主張しているわけではありません。短所改善も重要な事項ですので、その改善のほうが子どもの状況にあっている、子どもの行動にあっているというような場合には、それを尊重していただいて構いません。しかし、短所偏重という傾向が強いなかで、長所をとらえることが非常に少ないと感じるようなことはないでしょうか。

〈長所と短所の9対1の割合を忘れずに〉

　子どもの口から出る言葉が、人の悪口であることが大変多いと感じられる方もいることでしょう。学校コーチングにもとづく中高生のソーシャルスキルトレーニングなどのグループワークでは、長所と短所を9対1の割合で相手に伝えていくことを勧めています。信頼関係を大切にし、長所をとらえてくれる援助職（教師・親・仲間……）だからこそ、短所を言われたときに納得できるのです。信頼関係がなく長所も理解していないような人に短所を指摘されても、反発をおぼえてしまうだけでしょう。信頼関係があればあるほど、短所を指摘されたときには、それを改善しようと思うものなのです。

　とくに相互の関係性が悪い場合には、どちらかが、または双方が、一方的な短所重視の視点をもっているような場合がよく見られます。

③興味を広げる

　これまでに培った得意分野があれば、それを伸ばしていくことはとても大切で

す。しかし、それだけに終始してしまうことには疑問が残ります。子どもの場合には、彼らがまだまだ発見していないこと、体験していないことはさまざまにあるはずです。長所から枝葉のようにさらに伸びていく分野もあるはずです。長所を1つ見つけたからといって、それだけを伸ばしていけばいいかといえば、そうではありません。新しい学び、体験、感じ、考えを通して、もっと新しい自分を発見することは大いにありえます。これまでにはない自分づくりを楽しめるようにしていくことが大切なのです。

〈親が楽しんで学びをしているか〉

なお、興味を広げていくにはさまざまな方法がありますが、子どもの場合には、まずは父母のみなさま自身が楽しいと思うことを伝えることをお勧めします。子どものことを考えてやったのにまったく反応がなく親のやる気がなくなる、というようなことがないようにしなければなりません。自分が楽しくないのに子どものために行なっているというような場合は、2、3回効果がなかったりすると長続きしないものです。子どもが勉強好きになるには親が勉強好きになる必要があるでしょう。そのためにも親がいろいろなものに興味をもち、子どもの興味を広げられる状態をつくることをお勧めします。親が楽しむ姿を子どもに多く見せてあげてほしいのです。そして親子の関わりを楽しむことを通じて、子どもの興味が広がれば、家族とは何かをさらに子どもが学ぶことでしょう。

親も子も楽しく

④許容範囲を広げる：援助職を目指すあなたへ

子どもを支援するためにもっとも大事なことは、自分自身（親・援助職）が溢れんばかりの愛情の中にいるかということです。自分を大切にできない人が、子どもを大切にすることはできません。

たとえば、自分の健康を害してまでも、子どもを大切にするという方がいます。このような方は、過去に人から傷つけられた経験、人を傷つけた経験をもっていることがよくあります。自分の健康を害して人を健康にするということのバランスの悪さに、まずは気づく必要があります。このような方の場合は、まずは自分が癒される必要があること、自分が健康になる必要があることを自覚するこ

とが大切です。自分も子どもも大切にする姿勢を身に付けることが、エンパワーメントの始まりなのです。

〈贖罪のためでなく子どものために行動する〉
　たとえば、過去の自分の失敗の贖罪のために人を支援しなければならないと考えている人の場合は、とくにそのあり方を自覚する必要があります。このような場合、子どもを支援しているように見えて、じつは自分の贖罪のために支援という行動を行なっているにすぎないのです。
　とくにこれから援助職を目指すのであれば、人を支援する者として、いますぐ援助職になりたい！　と自己主張できるほど簡単なことではないということを自覚しなければなりません。自分の足元を固められない人は、たとえば子どもとの約束を守るべきときに、健康を害して病欠してしまうようなことがあります。一方で、仕事は完璧にこなすが家庭を顧みないようなこともあります。

〈援助職（親・教師）が幸せになることが大切〉
　健康を害している援助職、家庭を顧みない援助職、そして幸せを嫌っている援助職の支援であれば、ほんとうの意味でのエンパワーメントは生まれないでしょう。
　もちろん、いま幸せでなければ、援助職にはなれないといっているわけではありません。子どもの幸せと同様に、自分の幸せを大切にしてほしいのです。週1回マッサージに行く、温泉に行くというようなことでもいいのです。援助職であればこそ、子どもと同じくらい自分を大切にしてほしいのです。その温かい力が子どもへの温かさにとなることが、よくあるのです。
　援助職が自分を大切にする姿を子どもが見て、自分を大切にすることの大切さを学ぶことでしょう。このようなことが、活動の許容範囲を広げることにつながるのです。

⑤問題から成長へ
　エンパワーメントの考え方では、ストレングス視点といって、長所を伸ばす視点に重きが置かれます。そこから、いかに子どものポテンシャル（可能性）を引き出すかということが重要視されます。これは、エンパワーメントの最終的な目標に、成長や自己実現というテーマがあるからです。
　一方、学校コーチングの場合には、短所やProblem Factor（問題要因）の改善というように、問題に焦点を置く場合もあります。とはいえ、この場合でも、

子どもを成長する存在としてとらえる視点は大切にします。それは、いまどのような力を伸ばすことが必要なのか、つまりどのような成長が求められているのか（子どもが求めているのか）という視点です。問題を呈する子どもであっても、問題者として見るのではなく、成長者として見るのです。

〈成長する存在であることを忘れずに〉

　たとえば、広汎性発達障害と診断された子どもの場合、どのような問題が起きているのか、どのような改善が必要なのかという診断によって、一種のレッテルが貼られる場合があります。つまり広汎性発達障害という問題をもつ人と見てしまうのです。

　このようなときに、エンパワーメントの考え方では、少しでも日々の生活が送りやすいように（自己実現の方向へ向かうという考え）、どのような成長を子どもが求めているのだろうか、または子どもが置かれている環境がどのような成長を子どもに求めているのだろうか、という成長者としての視点をもちます。

　たとえば社会常識的なルールが理解できていないという場合、常識さえ知らない非常識人というレッテルを貼ったり、障害をもつ人だから仕方ないなどと思ったりするのではなく、ルールを知ることで社会性を成長させることを目標にする人、というような視点でとらえるのです。

〈固執から柔軟な視点へ広げる〉

　もちろん、一度や二度言って、それで本人がわかれば苦労しないとおっしゃる方もいるでしょう。しかし、援助職が子どもの成長をあきらめてしまえば、子どもの悪口しか出てこなかったり、将来の子どもの展望さえ見失ってしまうことでしょう。仮に、どのようなことを行なってもひとつのことで成長を見込めないのなら、他のさまざまな成長を通じて、その成長を期待する姿勢が必要です。他の成長を促進することによって、以前求めていたことも成長できたという事例は多く見られます。

　また本人に成長を求めるだけではなく、周囲のサポートを整えるなど、環境にはたらきかけることも大切です。無理にできないことをやらせようとするのではなく、周囲のサポートがあれば、これまで以上の活動ができるという場合には、そのサポートに目を向けていくことも大切です。

〈障害児をもつ母へ感謝〉

　障害児をもつ親が、子どもの障害をなくすために、ピアノ、スイミング、塾、家庭教師など、1週間にまったく休みなしで、子どもを習い事に通わせるような

場合があります。学びが過重労働にならないように配慮することが、子どもの健全育成につながります。無理に障害をなくすのではなく、障害があっても生きていけるようなあり方を求めていくことをお勧めします。専門家や自助グループ（障害児をもつ親の会のようなグループ）と共動で進んでいくことをお勧めします。

また、障害児を生んだことに自責の念をもつお母さんが多くいらっしゃいます。しかし、障害児をもつことで、もしも誰かを責めているのであれば、誰も責める必要はありません。障害をもつと知っていたのに、その命を育んでくれたお母さんに、この本を通じて感謝を捧げたいと思います。そして、ぜひ、この本を通じて、同じような悩みをもつ方を支えていただきたいと思います。

3. 基本的な傾聴技術から

子どもの健全育成のための関わりは、まずは基本的な傾聴から始まります。TARGETモデルのような構造化されたモデルは、考える力が身に付いた子どもには使えますが、そうでない場合、「答えがわからない」という壁にぶち当たることでしょう。

このような方向性の見えない状態で迷うことは、児童支援の場合にはよくあることです。そのようなときに必要なのは、難しい技術を扱うことではなく、基本的な技術を用いることです。

「学校コーチングのスキル」の章で、学校コーチング3大スキルとして、①受容（確認）、②質問（提案）、③称賛（承認）を紹介しました。これらを用いて、以下に登校渋りのある子どもの事例を紹介します。

力（ちから）君（7歳）、ママ（29歳）、パパ（33歳）

力君	「ママ今日なんかお腹痛いー、学校休むー！」
ママ	（また出た、いつもの登校渋り！　この子は！）「いつもそんなことばかり言って、とっとと学校へ行きなさい！　さあ早く支度して！　ママだってこれからパートの仕事があるんだから！」（あんたにかまっていられないのよ！）
力君	（しぶしぶ学校へ行く）

事例は、どこにでもある朝の風景かもしれません。子どもが学校になじんでくれるといいのですが、家から出ることを渋る場合があります。このようなとき

に、ちょっと叱れば学校へ行くという程度ならいいですが、それが難しいこともあります。何か登校をしたくない理由があるのかもしれません。

それでは、3大スキルを用いた話の聞き方を確認していきましょう。

力君	「ママ今日なんかお腹痛いー、学校休むー！」
ママ	「お腹痛いのね」（受けとめる）
力君	「うん」
ママ	「昨日のお腹の痛みは学校行ってからどうだった。治らなかった？」（怒らず確認）
力君	「……治ってない」
ママ	「でも祐介君と遊んでいたよね」
力君	「学校行きたくない」（うつむく）
ママ	「学校行きたくない理由があるの？」（質問）
力君	「……テストができていないと思う……」
ママ	「大丈夫、もしできていなければ、パパと一緒に勉強をしてもらいましょう」（提案）
力君	「でも……パパ怒らない？」
ママ	「ぐずぐずしてると、ママのほうがあなたを怒りたくなるわ！ 早く学校行って、パパとどんな勉強をしたほうがいいか先生に聞いてきなさい。あとでママからも学校に連絡して先生に聞いておくわよ」

このように学校コーチングをする意味は、子どもが何を言いたいのかを言うことができる安全な場をつくる点にあります。聞き手がイライラしている状態では、子どもは本音を話すことができないでしょう。学校コーチングをすることで、いじめなどの問題が起きたときでも迅速に理解し、対応できることでしょう。

言葉の代わりに体調や態度で理解する

逆に、親子の会話が成立しない状態が長期間続くと、子どもが言葉に出さずに体調（食欲なし・不健康・気持ちの悪さなど）や行動（万引き・不登校・リストカットなど）で本音を出してくることがあります。

このとき、たとえ子どもが間違っていても、受けとめる姿勢が大切です。どんなに間違っていても、親であるみなさまには子どもを信じてほしいと思います。もちろん、間違っていることを間違っていないととらえるのではなく、間違って

いることを知ったうえで見守ることが、ここでいう信じるあり方なのです。そして、その間違いを自分から乗り越えてくれると、子どもを信じて関わってほしいのです。

さて、それでは、先ほどの力君の事例の続きを見ていきましょう。
学校から帰ってきた力君、いつものように友だちの祐介君と遊んでいました。元気だったのです。そして夕方のこと……。

> ママ 「ちから！ 祐介君と遊んで、あんた、やっぱり元気じゃない、明日は朝うるさくしないでよ！」
> 力君 「……」
> ママ 「で、テストどうだったの？ 先生なんて言っていたの！」
> 力君 「ううんと……別に……」
> ママ 「先生ちゃんとあなたに言ったでしょ！ ママ聞いてきてるんだから嘘言わないの！」
> 力君 「パパとテストを見て考えてって……」
> ママ 「テスト見せなさい！ ほらぐずぐずしないで！」
> 力君 （テストを渡す）
> ママ 「あれ、78点って意外と悪くないじゃない」

質問をして、さまざまな情報を得る（事柄や気持ちを聞く）場合、まずは開かれた質問（オープンクエスチョン。詳細は学校コーチングのスキルの章を参照）が大切です。この事例の場合は、質問のように見えて、詰問になってしまっていることがわかるでしょう。追い詰めている感じですね。
それでは、質問にするとどうなるかを見てみましょう。

> ママ 「ちから！ 学校行きたくないって言ってたのに元気に祐介君と遊んでくれてよかった。（称賛） ちからが自分の力で学校行ってくれるとママ嬉しいな」（提案）
> 力君 「うん……でも勉強嫌いなんだよね」
> ママ 「でも頑張ってるほうだと思うわよ」（称賛）
>   「で、テストどうだったの？ 先生なんて言ってた？」（質問）
> 力君 「ううん……」

> | ママ | 「先生ちゃんとあなたに伝えたって言ってたわよ」（何を言われたかはまだ言わない）
> 「なんて言ってくれたの？」（質問）
> | 力君 | 「パパとテストを見て考えてって……」
> | ママ | 「そう、じゃあ今日パパとお話してね。そうだ、テストはどうだったの？　良かった？」（クローズドクエスチョン）
> | 力君 | 「テストを渡す」
> | ママ | 「あれ、78点って、いい点数じゃない（頭をなでる）。さすがパパの子ね。（家族内で称賛を用いる）　だから、もっとちからの長所を伸ばすように先生が考えて、パパとお話するようにと伝えてくれたのかもね。自分では何か考えてるの？」（オープンクエスチョン）
> | 力君 | 「わからない、パパと話す」
> | ママ | 「そう、ママにも後で教えてね」（提案）

　詰問の例と比較しても、穏やかな会話が成り立っています。また、どうしてほしいのかという提案も含まれており、ママも自分の思いを伝え、子どもの情報をとらえるというコミュニケーションが成立しています。

称賛（承認）

　長所と短所は9対1というように、学校コーチングでは、子どものほとんどの側面において肯定的に長所をとらえ、称賛（承認）するという関わりをしていきます。たとえば、思春期の反抗期も、子どもが反抗できるだけの成長をしてきたと喜ぶのです。

称賛と賞賛を用いてやる気を高める

　長所をとらえ、それを喜んでいくコミュニケーションスキルでもある称賛は、学校コーチングにおいて重要なスキルですが、ときには物を用いた賞賛も、子どものやる気を高めるために用います。また、いい成績を今年ずっと取れば来年何かしてあげるというような遠い賞賛よりも、毎月のノート取りから始めるなど、より身近なスモールステップでの賞賛のほうが、子どものやる気を高めることができます。
　次の事例（先ほどの続き）から、称賛と賞賛を確認していきましょう。父親と母親の双方が、子どもを信じることによって、子どもが成長する姿を、少し感じ

られるかもしれません。

ママ	「パパ、ちからの勉強のほうはどう？ やればできるのに、やらないことが多くて困るときがあるから、パパからも言ってよ」（パパの前で本人を称賛しながら短所の改善を求める）
力君	「やってるよ！」
ママ	「やってないよ、ママも大変なんだから」（パパが受けとめてくれることを知っているからこその本音）
パパ	「こらこら、ママが取り乱してどうするの？ ママが頑張っているのは、ちからだって知ってるよな？」（パパ、力君のほうを向く。力君、うなずく）（力君もママが頑張っている称賛を暗黙的に伝えている）
パパ	「それにテストの点数、たしかに昔のママよりは悪いかもしれないけど、パパよりはいいぞ～！ くちゅくちゅくちゅー」（パパ、力君の脇を突いてくすぐる。力君、もがく）（頑張っていることを遊びを通して伝えている）
パパ	「よし、ちから、パパと一緒に決めたことをお母さんに教えてあげて」（力君が自分で言うことができることを伝えている。力君を通して、しっかりとママに情報を伝える）
力君	「うん、あのね、毎週金曜日にパパと学校で何を勉強したかをお話することにした」
パパ	「おおー、いいねー。ちからがそうするって決めたんだよね。さすがパパの息子だ！ お前は天才だ！」（できたことを称賛しまくる！ やや大げさですが本音ならOK）
ママ	「天災にならないといいけど（笑）」（力君が調子に乗りすぎないように意図的に抑える）
パパ	「ママもうまいね～！」（ニコニコ）（家族そろって称賛している）
力君	「つまらない！！」（にっこり）
パパ	「ちから、今度のテストで78点以上だったら、ディズニーランドに連れて行ってやるぞ！ パパも行きたい！（100点取ったらではなく、現状以上においてでき

> る範囲のスモールステップで賞賛を用いる） ノートもちゃんと取れよ」
> 力君 「やった～！」

円満な力のエンパワー

　学校コーチングは、家庭内のバランスを取り戻すためにも大いに役立ちます。家庭を円満にする力をエンパワーメント（円パワーメント）というくらい、エンパワーメントをベースにした学校コーチングは、円満を大切にしています。また、笑いがストレスを軽減させるという研究結果も出ているだけに、事例のように笑いがあることも大変重要です。読者のみなさまの家庭には、笑いが溢れているでしょうか？

ママとパパが子どもを温かくする

　事例では、パパは力君だけでなく、ママの味方でもあることが確認できるでしょう。ママと情報の共有がしっかりできるように、力君を通じてコミュニケーションを意図的にとっているのです。また、ディズニーランドへ行くというようなやる気を出させる要素を加えるやり方は、子どもの行動を促すためのエネルギー源にもなります。ただし、毎回10万円、海外旅行など、度が過ぎるプレゼントは考え物ですので、ご褒美もステップアップができるようなものにしましょう。

4. 発達段階の視点

　人がどのような発達の段階を経ていくか、その基本的なポイントを知ることで、自分の子どもの成長過程を比較することができます。もちろん読者のみなさまご自身が、これまでの自分を知ることにも貢献できるでしょう。
　以下では、発達段階の基本理論であるエリクソンの発達段階と、学校コーチングにおける青年期の発達段階についての考え方を紹介します。

①エリクソンの発達段階

　ここでは、エリクソンが掲げる、人間の誕生から死に至るライフサイクルの8つの段階を確認していきます。8つの発達段階とは、乳児期、幼児前期、幼児後期、児童期、青年期、成人前期、成人後期、老年期です。

乳児期（0～1歳）：信頼対不信

　誕生してはじめて外界と接触する時期です。乳幼児は、母親の愛情によって自分自身を信頼でき、さらに自分をとりまく社会も信頼できるようになります。自分と人との信頼関係を構築する重要な時期です。生後8ヵ月頃になると「人見知り」や母親との「分離不安（離れることの不安）」が見られるようになります。これは母親との愛着や信頼関係が成立したということですので、良い不安といえるでしょう。

幼児前期（1～3歳）：自律対疑惑

　1歳前後で「歩き」や「意味のある発語」が始まります。3歳頃までには、自分自身で行動したり、言葉による主張を始めたりします。排泄など基本生活のしつけが行なわれる時期であり、この時期の課題は自立できることです。自分でできなかったり、何でも親がやってあげてしまうなど、自立心の発達が妨げられる場合には、自己の価値に対する疑惑、挫折感や羞恥心が生じます。

　発達障害をもっているかどうかは、3歳までの状態でとらえることができる場合がほとんどです。歩き始めや言葉の憶えの遅さ、コミュニケーションのなさなどに出てくることがあるからです。軽度の発達障害では、小学校以降にわかることもあります。

幼児後期（3～6歳）：自発性対罪悪感

　5歳頃までには、自由に遊びまわるようになり、また想像力も活発になります。五感や情緒の発達がありますが、大人と違って、ものの見方はまだ感情や欲求に左右されます。この時期に、自発性が育まれます。しかし自発的な行動の結果、失敗したり、禁止されたりすると、強い罪悪感をもつようになります。

　このほか、4歳以降では、自分と他人との違いがわかるようになってきます。そのため、自己中心的な考えから少しずつ他者の視点を理解できるようになっていきます。一方で、羞恥心や罪悪感を感じとれることから、悪いことや失敗したことを隠したり、嘘をついたりします。肯定的にとらえると、嘘をつくという行為をすることができるようになるのです。

児童期（6～12歳）：勤勉対劣等感（学童期ともいう）

　6、7歳頃からは、興味や関心が出てきて、「これなあに？」というような質問が始まります。学習意欲が旺盛となり、個性もはっきりしてきます。

9歳頃には仲間意識が芽生え、役割・責任・協力などの社会性を身に付けていきます。また友だちとの悪さが集団で行なわれるようになります。幼児期と異なり、広範囲で質の高い（ある意味低い）悪さが始まります（たとえば、教師に教育委員会に訴えるぞと脅すなど）。一方で、近年では、塾通いやTVゲームの普及により、友だち関係がなく育つ子どももいます。

学習することが多くなることから、周囲との比較で劣等感をもってしまうこともあります。しかし、小学校では6年間同じ場で過ごすわけですから、環境的には安定している時期といえます。

青年期（12～22歳）：同一性対役割の混乱

青年期は、体の成長が著しい時期であり、心も揺れ動く時期です。「自分が男または女であること」を受けとめ、「自分とは何か、どうあるべきか」を模索する時期です。親や友人とも異なる自己を確立させることが、青年期の発達課題です。

この時期、男子が幼い態度をとったり、母親に反抗的になるのは、まだ現実を受け入れられないことによる場合があります。このようなときは、自分とは何かを見いだすために時間が必要かもしれないと、焦らずに見守ってください。ここでうまく自己を一致できないと、自己の混乱の状態が生じます。しかしうまくできれば、真の自分が獲得（自我同一性の確立といいます）されるのです。

青年期を前期（12～18歳頃）と後期（18～22歳頃）に分ける見方もあります。

ライフサイクルの8段階

成人前期（22〜35歳）：親密感対孤独感

　仕事・恋愛・結婚をするこの時期は、自我同一性の確立をもとに親のもとから離れ、現実社会の中で生活していく時期です。

　自己一致した男女が、夫婦として家庭を営む場で求められるのが、親密性です。親密性とは「他人のことを自分のことのように受けとめることができる能力」であり、「精神的不安定さなしに他者に対して対応することができる能力」です。親密性を示すなかで、自我同一性はさらに確立していきます。しかし、そうでなければ、相手を支配したり、相手に服従してしまったりするようになり、孤独感をもつことになります。

成人後期（35〜65歳）：生殖性対自己本位

　成人前期で、親密性を確立できた夫婦は、次に子どもを生み育てる時期になります。子孫をつくり、次の世代の確立を行なう時期です。この時期になると、社会の中で責任をもったり、中心になったりし、他者に影響を与えることに満足感を得るようになります。しかし、このような影響が自分本位のものになると、子どもや周囲のことを考えずに、自己の満足が中心となってしまいます。

老年期（65歳以上）：完全性対絶望

　老年期は、別れと喪失の多い時期です。青年期までの別れでは独立と自立が課題となりますが、老年期では、子どもとの別れ、体力の衰え、退職による仕事役割の喪失とそれに関わる経済性の低下が生じます。ここでは、このような状態を絶望的なものとしてではなく、自我を統合し、自分の生きた証を示すことを課題とする時期としてとらえます。

　老年期においては、知識は低下しますが、経験的な考え・判断は、維持・上昇するというサクセスフルエイジングの考えもあります。

②学校コーチングにおける青年期の発達段階

中学1〜2年生：生活する力を養う

　中学校期は、親の考え方だけでなく自分の考え方をもち始めるときで、仲間どうしの関係が生活に大きな影響を及ぼします。素晴らしい友人関係（および知的興味やスポーツ）があれば、大変有意義な発達へ向かいます。逆に、良い友人関係がもてないと不安定さが増し、社会性が身に付かず、親への依存が多くなりま

す。

　日常の生活や学習から、そして自分からも他者からもさまざまな情報を得て、それらについて考えていくことで、考える力の基礎を養っていく時期です。まさに、今後、社会で生活していくための力を養うときといえます。

　また小学校期に積み残したさまざまな課題を修復するときでもあります。このほか、身体発達と性的成熟を受け入れていくという発達課題ももちます。

中学3年生、高校1年生：考える力（考えたものを生活に活かす力）を養う

　これまでに養ってきた考える力を、日々の生活や社会的生活に用いていくことで、生活力を飛躍させるときです。自分の価値観をつくりあげるときであり、自己と他者について見定めようとする時期でもあります。このことから、大人は「見本となる良いモデルであるべき」とされ、ひとつ間違えると反抗の対象となります。

　自分の視点を成長させていく時期であるため、さまざまな大人との関わり、さまざまな立場や視点との関わりが、さらに考える力を育んでいきます。一般に、中学3年生の時期は、高校受験というはじめての社会挑戦により、社会への耐性力を付けるときです。また、高校1年生は、新たなフィールドへの適応力が付く時期でもあります。こうして、日々の生活から考える力を幅広く伸ばしていく時期なのです。

高校2〜3年生：自己意識を養う

　これまで培ってきた生活力、考える力を活かして、未来への希望を見いだすときです。自己理解を深めていき、個性や能力を現実的に把握していきます。自己理解のために他者理解をしていくというような視点の広がりをもつ時期でもあります。そして、より現実的・社会的な生活力と思考力を養っていくのです。

　現実的・社会的な生活力と思考力は、異性を愛情の対象としてはっきり認識すること、社会へ出る準備をするために将来の方向性を決めることなどによっても養われていきます。進学や就職での苦労は、これまでの自分の努力を表わすものともなり、結果を得ることで、これまで自分を支えてきてくれた人への感謝を感じるときでもあります。

大学生：これまで培った力をさらに養う
　上記の流れを再度向上した状態で繰り返す時期といえます。たとえば、「大学1〜2年生：生活する力を養う」は、高校で積み残したさまざまな課題を修復するときです。「大学2〜3年生：考える力を養う」は、先輩や社会に対する反抗および適応、「大学3〜4年生：自己意識を養う」は、生物的成熟、高度な社会適応の準備の時期となります。将来の方向性を決めることで悩みを抱える時期ですが、この時期を乗り越えることで、これまで以上の社会的な耐性力を付けていきます。最近では、この時期が乗り越えられずに、20代後半まで延びているという指摘もあります。

③発達段階でおさえる点
　上記のように発達段階を確認しても、実際にどのように扱っていけばいいのかわかりづらいかもしれません。そこで、たとえば、以下のように用いることもできます。

1）エリクソンの発達段階を用いる場合
〈人を信頼しない子どもの場合〉
　幼少期の信頼関係が親子で築けていたかどうかを確認してください。築けていなかった場合は、いまからでも築けるようにしてください。称賛すること、承認すること9割で関わってください。青年期で暴力があるような場合は、親が無理に関わらず、専門家に相談してください。
〈自分に厳しい子どもの場合〉
　幼少期のしつけが厳しすぎなかったかどうか、児童期で勉強やスポーツができないことに劣等感を大きくもつようなことがなかったかどうかを確認してください。しつけが厳しかったら、それを謝ってください。劣等感が大きかったら、その子の長所をいっぱいほめてあげてください。長所のない子はいません！　ほめて伸ばすことを大切にしてください。しつけが厳しかったかどうかは、専門家などにも確認してみてください。度が過ぎる親ほど、まったくわかっていないことが多くあります。
〈親の価値観を押し付けている場合〉
　自分の子どもだからといって、親の考えばかりを押し付けていることはありませんか？　親が自己本位な影響を子どもに与えてしまうことがあります。親の謙

虚な姿勢が子どもの謙虚さにつながります。勇気を出して、私たち（親）と違う考えがあるかを確認し、未熟でもその考えを認めてあげてください。

そして、いろいろな考えを伝えてあげてください（詰問調ではなく！ 楽しく！）。

2) 学校コーチングの発達段階を用いる場合

中学生は、まだまだ周囲が見られない時期ですから、自己本位で主観的な考え方をすることは仕方のないことです。子どもに反抗されてもそれに腹を立てるのではなく、成長しているのだと実感することが大切です。また、さまざまな生活力や思考力を身に付ける時期であるため、そのストレスに耐える時期でもあります。ですから、子どもに優しくする意義も大きいのです。

また、親から友だちに関係性をシフトさせ、友だちの影響を大きく受ける時期でもありますので、友だち関係が悪ければ学校に行きたくないという主張が出てくることもあります。不登校に友だち関係が関連している点も、発達的な見方からすれば、当たり前というところでしょう。

そして、一連の成長を通じて最終的に周囲に感謝する時期でもありますので、その感謝の念をもてるまで周囲が肯定的に関わったり、温かく見守ったりして頑張る時期でもあります。子どもの成長を楽しみましょう。

5. 人生パワー曲線

従来のコーチングでは、過去よりも未来に目を向けるという考えがありますが、かならずしもその考えの根拠が示されているわけではありません。過去を振り返ることによって、クライアントがそこから学ぶことが大いにあるとすれば、逆にじっくりとこれまでを振り返ることの重要性も感じられるでしょう。

エンパワーメント理論においても、過去よりも未来に焦点を置く考えがありますが、それは過去を無視するということではなく、しっかりと過去の情報をとらえたうえでの焦点付けなのです。クライアントがいつも起きている自己のパターンを知ることで、弱みを強みに転じていける可能性があります。そう考えれば、過去の振り返りが将来の強みの維持や向上につながるということが理解できるでしょう。

なお、過去を振り返る場合、クライアントによっては、それ自体がつらいという場合があります。その場合は、スモールステップで焦らずに振り返っていくように

してください。

　以下に紹介する人生パワー曲線は、子どもから大人まで用いることができますので、ここでは読者のみなさまの曲線がどうなっているかを見ていきましょう。

パワー曲線を書く

　以下では、人生パワー曲線を記入してもらいます。図7-2を見てください。「＋」と「－」の縦軸と、右向きの矢印が引かれた横軸からできた図です。図で示されているように、3年前を縦軸にし、自分の力を活かしていたときを「＋」、自分の力を活かしていなかったときを「－」として、現在までの人生パワー曲線が記入されています。

　さあ、それでは皆様のパワー曲線を図7-3書いてみましょう！

　だいたいで構いませんので、この3年間を振り返ってみましょう。

　どんな曲線が描かれたでしょうか？　この3年間で、力を活かしていたときがありましたか？　逆に、力を活かせなかったときがありましたか？

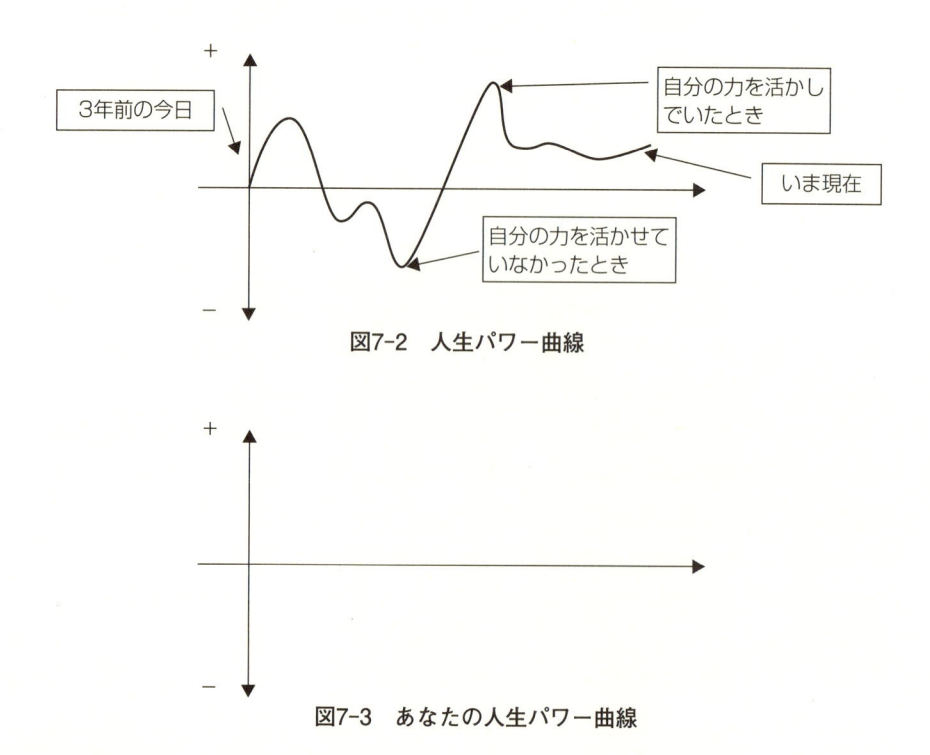

図7-2　人生パワー曲線

図7-3　あなたの人生パワー曲線

いま現在はどうでしょう？ 力を活かしているでしょうか？ それともそうではないでしょうか？

この曲線は、ここ最近までの、あなたのパターンが示されている人生の曲線です。そこで、この曲線から読み取ってもらいたい法則があります。それは、どのようなときにあなたの力は上向きになっているかということです。

そのときの状況・環境・立場、感じ・考え・思いを思い出してください。そして、あなたをプラスに導く法則を見つけてください。それを表7-1に記載してみましょう。

それは、たとえば、人が協力してくれたとき、何か目的をもったとき、自分の答えが示されたときと、さまざまだと思います。

逆に、どのようなときにあなたの力は下向きになっているでしょうか？

そのときの状況・環境・立場、感じ・考え・思いを思い出してください。そして、あなたをマイナスに導く法則を見つけてください。それを同じように表7-1に記載してみましょう。

表7-1 プラス－マイナスの法則

	状況・環境・立場	そのときの感じ・考え・思い
プラス	・ ・ ・	・ ・ ・
上記から導き出されるプラスの法則		

	状況・環境・立場	そのときの感じ・考え・思い
マイナス	・ ・ ・	・ ・ ・
上記から導き出されるマイナスの法則		

あなたが自分を活かす方法

表7-1を見て自分の特徴がわかったでしょうか？

たとえば、いつも4月になるとプラスになるというように、時期的なものがあるもしれません。また、人と意見があわないときほどネガティブになっていたということがあるかもしれません。

プラスの法則がわかれば、できるだけその法則を用いて、プラスの状態を維持できるかもしれません。マイナスの法則がわかれば、できるだけその逆のことをして、プラスの状態に転じることができるかもしれません。

このように、自分で自分の人生を切り開いていくという考え方が、エンパワーメント（または学校コーチング）の考え方なのです。

今回は、ここ3年間の振り返りでしたが、生まれてきたときからの人生を振り返ることで、あなたの人生の法則が読み解けるかもしれません。もしそのような法則があれば、それこそ「あなたにしかない法則」であり、「あなたの才能」を反映しているものといえるでしょう。もしこのような法則を活かして、今後の自分に変化を起こすというチャレンジが少しでも生まれたら、今度は、さらにその法則を超えた法則をつかむことになるかもしれません。

マイナスはほんとうに最悪か？

さて、自分のパワー曲線を見て、とてもがっかりされた読者の方もいらっしゃるかもしれません。しかし、プラスの法則を知ることで、それをマイナスからプラスに転じることができるでしょう。それでも、どうにもならないという場合、次のことをぜひ自慢してください。

マイナスの法則を知っている人は、じつはとても強い人なのです。それは、マイナスに耐える力をもっているということです。その力を用いて、いつでもプラスに転じる力があるといってもいいでしょう。

さらに、マイナスの法則を知っている人ほど、人生を人一倍楽しむことができます。それは、マイナスの曲線が深ければ深いほど、ほんの少しの楽しみさえ、最高の喜びに感じることができるからです。

これは「苦労してきた人だからこそ感じることができる長所」なのです。

図7-4を見てください。あまりにプラスなことばかりでマイナスを知らない人（図右側）は、プラスであっても喜びをわずかしか感じることができません。し

第7章　父母のための学校コーチング

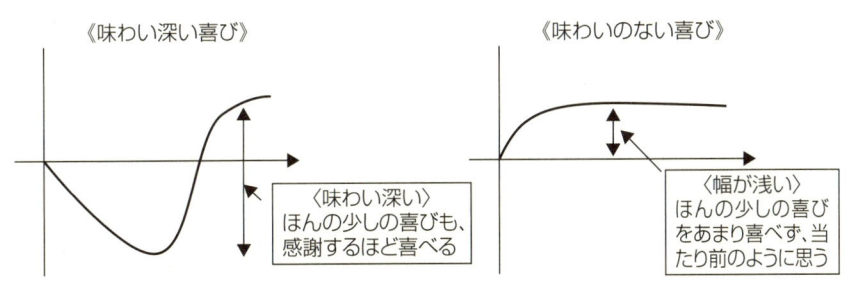

《味わい深い喜び》　　　　《味わいのない喜び》

〈味わい深い〉
ほんの少しの喜びも、
感謝するほど喜べる

〈幅が浅い〉
ほんの少しの喜び
をあまり喜べず、当
たり前のように思う

図7-4　深浅の人生パワー曲線

かし、マイナスを知っている人（図左側）は、わずかなプラスであってもほんとうに素晴らしい喜びとして感じることができるのです。プラスもマイナスも両方深めることで、喜びが2倍の深さになります。それが、人の愛情の深さにつながるのです。

　先人が「苦労は買ってでもしろ」と言ったことの意味は、このことなのだと思います。マイナスにいくつらい経験をした人ほど幅が広くなれるのですから、いまマイナスの場にいる人は、喜びの勉強をしているのだと自慢してもいいほどです。そんな頑張りやの自分を自分で応援してあげましょう。もしわが子がマイナスにいるのであれば、そのことをほめてあげてください。

喜怒哀楽のすべてを大切に

　エンパワーメント理論は、エンパワーメントと拮抗するディスエンパワーメントも用いて成長につなげていくという考え方をもっています。パワー曲線のマイナスも重要だとする視点は、ここにも関連しているのです。喜怒哀楽の楽だけでは、ほんとうの楽を知らずに過ごすことであり、それぞれの情緒を重んじることもできていないということになります。楽だけを求める教育は、子どもにさまざまな情緒を重んじる大切さを軽んじているととらえることもできるでしょう。

　もっとわかりやすくたとえていえば、バイキングで、せっかく目の前に中華料理やフランス料理があるのに、「私は日本人だから日本料理しか食べない」というようなものです。日本料理しか食べずに日本料理の旨さを知っていることと、さまざまな食を通して、日本料理こそがほんとうに一番だと知っていることとは、まったく異なる日本料理"通"だということです。

人生パワー曲線

- 人生パワー曲線の法則を知ることで、自分の人生を活かすことができる一助となる。
- マイナスのパワーのときは、プラスとは何かを学ぶ修行中である。
- 学びを重んじる自分や他者がいるならば、称賛し、感謝するときである。

≪先生も悩んでいます！≫

　教師の柔軟性のなさが問われるようになり、教師に対する見方が厳しい社会になってきました。そして、柔軟性については、対応困難な保護者への対応も含まれるようになってきました。たとえば、以下のような保護者の意見を想定して、教師がどのように対応したらいいのかを検討することも必要になってきています。
　「塾があるから早く学校を終わらせろ！」「うちの子が1位になれるように運動会では一緒にゴールさせてくれ」「発表会で、うちの子に脇役はさせない」「お金払っているんだから文句を言って当たり前、いやならやめろ」「毎日電話してうちの子を起こしてくれ」「小学校のときと同じく中学校でも不登校になってしまったのは教師のせいだ」「うちの子がこんなに荒れているのはお前（担任）のせいだ！（夜23時のTELで1時間）」
　教師が柔軟性を育めない理由として、業務の多さから子どもへの対応ができないとする考えもあります。このようにとらえると、ちょうど親が子どもに関わる時間がないような状況が、学校でも起きていると考えられます。
　読者のみなさまは、公立の小学校から高校までの先生たちの精神疾患による休職者数が、この10年間で1385人（平成8年）から4178人（平成17年）の4倍になっていることを知っていらっしゃるでしょうか？　保護者からのクレームで追い詰められ、自殺した先生たちがいることを知っていらっしゃるでしょうか？　校長先生が学校の諸問題により責任を負って自殺している件数が少なくないことも知っていらっしゃるでしょうか。
　また、全国の児童相談所で処理した児童虐待相談件数は3万3408件（平成16年）で、平成2年と比べ約30倍になっているそうです。父母（父20.9％、母62.4％）による身体的虐待（44.6％）とネグレクト（36.7％）がもっとも多く、心理的な虐待（15.6％）も近年増加しているようです。ネグレクトとは、無視したり食事を与えな

第7章　父母のための学校コーチング

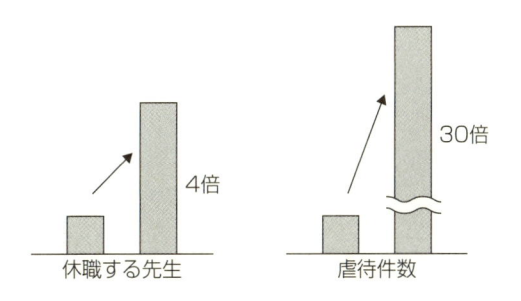

```
休職する先生　4倍
虐待件数　30倍
```

かったりすること、心理的な虐待とは、言葉による暴力のことです。

　これらを考えると、大人の感情的なバランスが崩れてきているのかもしれません。教師だけでは処理できない問題が多くなってきているのです。それでは父母が悪いのかといえば、そうではないでしょう。誰が？　という原因追求よりも、いまこそ家庭と学校とが協力しあい、子どもの生きる力を育むときなのだと受けとめるべきでしょう。困難な時代だからこそ、父母の一言による教師への配慮が、教師の一生を支えることだってできるのです。自分たちで学校に協力しようという父母の集まりを発足させている人たちもでてきています。これまでにない困難な諸問題をすべて学校だけで解決することは、非常に難しくなってきているのです。

　さて、学校援助職は、家庭と学校との中間に入り、相互がよりよい児童支援を行なえるように対応していくことが求められます。予防としては、教師には父母からの相談には丁寧に対応していただくことと、子どもにいじめや不登校の経験がある場合、発達的なつまずきがある場合には、情報を早めに提供してもらうなど、早期に家庭と学校とが連携できるような体制づくりが必要です。

　肯定的な考えや行動を促していくのか、積み残した発達課題の対応をしていくのか、その内容によって教師、ソーシャルワーカー、カウンセラー、医師と、対応者が異なってきます。そのため各援助職は、しっかりと情報をとらえて判断することが求められます。教職員のメンタルヘルス支援も視野に入れて活動することも求められます。また父母のメンタルヘルス支援を通じて子どもが安定するような場合は、外部機関との連携も必要になることでしょう。

参考文献
文部科学省　「病気休職者数等の推移」（平成8年度～平成17年度）2006年。
文部科学省　「学校等における児童虐待防止に向けた取組について」（報告書）2006年。

第8章

実務的なアセスメントとインターベンション
―クライアントをとらえる―

1. アセスメントの視点

> **アセスメントの視点**
> - 個人要因・環境要因の視点
> - 長期（慢性）・短期（急性）の視点
> - 長所（エンパワーメント）・
>   短所（ディスエンパワーメント）の視点

①アセスメントの重要性

　学校コーチングは、予防・健康増進型、または能力開発・目標達成型の援助技術であり、基本的に事後処理的な問題対処型の援助技術ではありません。そして、クライアント本人が自分のことを自分で理解すること、責任をもつことを重要視しています。そのため、現在の状況や状態をとらえ、どのように変化を起こしていくかについては、クライアントの考えを尊重するところに、基本的な姿勢があります。

何が問題かをとらえる専門性が求められる

　しかし、どのような点が問題であり、それはどの機関にリファー（依頼）するのがベストなのかをとらえることは、学校現場においては当たり前のように求められます。もちろん、問題に対処していく活動能力も求められるでしょう。そのため、情報をとらえることは重要な専門技術であるといえます。

また、その問題の情報をとらえることで、今後の予防や健康増進に必要なことを認識することができます。つまり、予防・健康増進型、能力開発・目標達成型の援助を機能させるには、問題対処型の援助の理解が必要になるということです。その理解に役立つのが、アセスメントです。

②アセスメントの基本

第4章で説明したTARGETモデルは、効率性を追及した、簡易なアセスメントを行なうモデルです。しかし、より困難性のあるクライアントの場合や、長期的に問題をもってきたクライアントの場合には、さらに詳細なアセスメントが必要になってきます。

詳細なアセスメントには、基本として、生態学的な個人要因・環境要因の視点、長期（慢性）・短期（急性）の視点、長所・短所の視点があります。以下では、まず、個人要因と環境要因に関連する長期・短期の視点を、次に長所・短所の視点を確認していきます。

アセスメントが援助職とクライアントの共通理解を促す

学校コーチングでは、問題対処といっても、予防・健康増進または目標達成を目指して、問題に対処していきます。このように考えると、アセスメントは援助職とクライアントが共動でクライアントの目標を設定し、それを達成させるために重要な情報共有を行なうためのものと理解できるでしょう。そのためにも、情報をしっかりととらえる必要があります。

③長期（慢性）・短期（急性）の視点

アセスメントには、長期的な視点と短期的な視点があります。これは問題が一過性のものなのか、継続性のあるものなのかをとらえていく、時間軸の視点です。たとえば、ある問題が、病気などの理由で慢性的なものなのか、それとも急性的なものなのかを把握するというのが、これにあたります。

学校コーチングは過去から未来までの情報をとらえる

従来のコーチングでは、過去のことや「問題」に目を向けるより、将来のことや「希望」に目を向けることを尊重する場合があります。しかし、過去のことを聞くことで、同じ過ちを繰り返さないような関わりができるようになります。ま

た、そこからクライアントの特徴や傾向を知ることで、よりクライアントに沿った関わりができるようになります。このような関わりが、クライアントの目標達成のための相互理解を深めることにつながる場合もあるのです。

たとえば、過去の出来事が現在の活動のネックになっている場合、クライアントが過去を振り返ることで、その出来事を受容できるように関わっていきます。また、将来の方向性について悩んでいる場合は、それをより明確化し、改善できるようにしていきます。このように、過去・現在・未来についての理解とともに、どの時間軸をテーマにするかを決定していくのです。これは、アセスメントの時点でプランニングを検討しているのだといってもいいでしょう。

要因とその結果の仮説を導くことを視野に入れる

たとえば、目の前で興奮しているクライアントを見たときに、この人は日々興奮しているのだととらえるのではなく、何が要因となって興奮しているのか、そしてそれはいつ頃からなのか（幼少からか＝慢性か、面接の直前からか＝一過性か）というように、長期・短期の視点をもってアセスメントしていきます。

また、現在・過去・未来という視点で、クライアントに関する物事の移り変わりをとらえていくことも重要です。成育歴や成育環境についてのアセスメントが、これにあたります。たとえば長期的に不健全な環境で育ったという経験の有無や、将来の夢など、現状以外のさまざまな情報をとらえていきます。また、過去と現在から、過去の病気と現在の病気、過去の長所と現在の長所などをとらえていくことも、クライアント理解に役立つことでしょう。

このとき、何がその結果を導いているのかについて仮説を立て、その仮説の検証を行なっていきます。何が原因で過去の問題が改善されたのかなども、仮説を立てる重要な情報です。

④長所・短所の視点

これまでに重要視してきた長所の視点とあわせて、その逆の短所も見ていくことが大切です。これは、クライアントの目標達成のためにどのような能力を高めていくか、用いていくかを決定するために重要な視点です。

また、時間軸の視点とあわせてとらえていくことも重要です。たとえば、学業で得意なことがある場合、それはいつ頃からなのかをとらえることによって、数年にわたって得意であったならば、より根拠のある習熟した長所と見なすことが

できるでしょう。

長所を知らない人が短所を改善することはできない

　長所と短所の視点から、クライアントをエンパワーメントする要因とディスエンパワーメントする要因に分けてとらえていく視点に転じていきます。つまり、長所を抑える要因があるかどうかを見ていくのです。ただし、学校コーチングでは、長所を知らない人が短所を改善することはできないというほど、まずは長所をとらえることを重要視しています。

　これらを知情意の能力の点から見てもいいでしょう。考える力（知性）、感じる力（愛情）、思う力（勇気）のどの能力が高いかで、総合的な力をとらえていきます。

2. 生態学的（エコロジカル）視点

　スクールソーシャルワークにおいては、生態学的な視点が用いられています。これは、ある問題には、個人要因だけではなく環境要因も関連しているとして、個と環境の交互作用を視野に入れる視点です。こうした視点は、世界保健機関（WHO）においても認められています（第6章コラム「学校危機管理」参照）。

　たとえば、いじめの改善においては、いじめられる側の個人要因だけでなく、いじめる側という環境要因も視野に入れる必要があるということです。もちろんクラスや学年という、より広い環境要因も考えられるでしょう。学校コーチングでは、個人要因と環境要因に関わることで、よりクライアントの目標達成ができるようにしていくのです。

　以下では、個人要因と環境要因の視点を整理して説明していきます。

①個人要因

　個人要因には、生物的側面、発達的側面、精神的側面、特性的側面があります（表8-1）。

学校コーチングでも病理や障害の理解は必須

　学校コーチングは、基本的に病理や障害をもつクライアントを対象とした援助技術ではありません。しかし、病理や障害をどこで区切るかという点は、実務的

表 8-1　個人要因におけるアセスメントの視点

個人要因	アセスメントの視点
生物的側面	1) 先天的・遺伝的側面（長期的） 　　先天的な脳の障害、遺伝的な病気など 2) 器質的・身体的側面（長期・中期的） 　　中途的な障害、身体の障害など 3) 感覚的側面（長期的） 　　触覚や聴覚の敏感性や運動感覚の得手不得手 4) 生理的側面、感覚的側面（短期的） 　　食欲不振、時差ボケなどの生理状態
発達的側面 ＊生物的側面に準ずる視点です	1) 発達段階的側面の確認（長期的） 　　乳幼児期の発達の遅れ（排泄の自律の程度、ADL）、学習の困難性、多動、自閉症など（発達過程） 2) 成育暦・生活暦（長期的） 　　これまでの成育環境など発達に関わる点 　　おばあちゃん子（祖母が中心で育てる）、ひきこもり・虐待が長期的にされていたなど、環境要因に関連
精神的側面	1) 知情意（短期・中期的） 　　より短期的なクライアントの考え、感じ、思いの確認、認知的な側面 2) 性格特性（中期・長期的） 　　クライアントの思考の傾向、性格の傾向、行動の傾向、ストレスの感受性など 3) 神経症、病理性、障害（長期的） 　　神経症は精神的な波があるが継続的な生活ができる状態、病理性は精神的な波が極端すぎる場合や自己において継続的に生活できない状態、障害は病気が安定的で、何らかの援助が必要とされる状態
特性的側面 （社会的側面）	上記3つの側面で示された、より具体的な側面 1) 長期的な具体的側面 　　体育の縄跳びの得手不得手、両親に対する信頼や不信、算数など学業の得手不得手 2) 資格・趣味・スキル（中期・長期的） 　　好きなこと嫌いなこと、得意なこと不得意なこと 3) いま求めていること、将来の希望（短期的） 　　現状の特徴的な考えや方向性

には不明確ですし、初期の関わりでは理解できないこともあります。医学的に証明されるような先天的な病気や遺伝的な障害でない場合には、実際の関わりの中で、病理性や障害性を認めることもあります。

　また、そのため、本人や家族が、病理や障害を理解していない場合も少なくありません。アセスメントで得られた情報からそのような側面が考えられるのであれば、その情報を伝え、より適切な機関に診ていただくことを検討するよう伝える必要があります。

各機関との連携による支援を検討する

このような場合、援助職がそれらの病理性や障害の特性について理解しておくことが当然必要です。そうすることで、より適切な機関へのリファー（依頼）が可能になるからです（本書では病理や障害については割愛します）。

なお、病理や障害をもっていれば、学校コーチングを用いることができないということではありません。どのような状態であっても、目標をもっているクライアント、目標をもちたいというクライアントは援助範囲といえます。しかし、援助職が独自に支援するのではなく、各機関との連携を前提に支援することを忘れないことが大切です。

②環境要因

クライアントが自分らしさを活かして自立して生きるために、援助職は、クライアントが環境を変化させるような力を身に付けられるように援助していきます。またクライアントの環境がクライアントにあった環境になるように変化するよう、試みてもいきます。

学校コーチングでは、クライアントを支援する人たちも、その環境に入ると考えます。そこで、クライアントを支援する人たちが、いかにポテンシャルを発揮できるかをも見据えて活動していきます。つまり、環境のポテンシャルをどのように生み出し、活かしていくかも考慮に入れていくのです。

環境要因には、自然的環境と生活的環境があり、生活的環境には、家庭環境や学校（職場）環境などが含まれます（表8-2）。

成長を望むほどアセスメントが重要

クライアントが児童である場合、自己についての自覚が伴っていないことがあります。このようなときこそ、児童の状況や状態を把握するために詳細なアセスメントが必要になります。とくに児童が困難な問題を抱え、周囲にいる父母や教師が困っているとき、アセスメントでは、本人が自覚している以上の状況や状態が見えてくることがあります。児童の家族、担任、主治医や他の専門家からの情報収集が求められます。

周囲のとらえ方を通してクライアントの環境を知る

このとき、単に情報を収集するのではなく、その情報を提供してくれた人たち

表8-2 環境要因におけるアセスメントの視点

環境要因	アセスメントの視点
自然的環境	1) 自然環境（長期的） 山地、盆地などの立地、空気がおいしいという健康的な環境など 2) 公害、災害などの人道的・非人道的自然環境（短期・中期的）
生活的環境	1) 騒音や異臭などの物理的環境、さらに政治的・経済的な社会的環境（短期・長期的） 2) 自宅や交通（駅のエレベーター）などの生活環境（中期・長期的） バリアフリーか、自分の個室はあるかなど 3) 家庭環境（長期的） 家族構成、家族の個人要因、人間関係、独居、経済性、両親の優しさ・厳しさ（虐待）など 4) 学校（職場）環境（長期的・中期的） クラス・学年状態、学校状態、教職員・他児童の個人要因、組織の理念、賃金、労働環境など

が、クライアントについてどのようなことを考えているか、どのようにとらえているかを知ることが必要です。立場によっては、まったく逆のとらえ方をしていることも少なくないからです。

たとえば、父親と母親の意見が違うことで、援助職の目の前やクライアントの目の前で、けんかになる場合があります。このようなとき、両親の不和がクライアントの状態に影響しているかもしれないという点を、ひとつの可能性としてとらえることも重要な点です。

また、とかく問題のなかにいる児童が、自分のことについて話すことを避ける傾向があります。たとえば、いじめのことを話すとさらにいじめられるというようなことです。これはその子が悪いのではなく、そのようにしてしまっている周囲の環境への調整が必要であることを示しているということです。

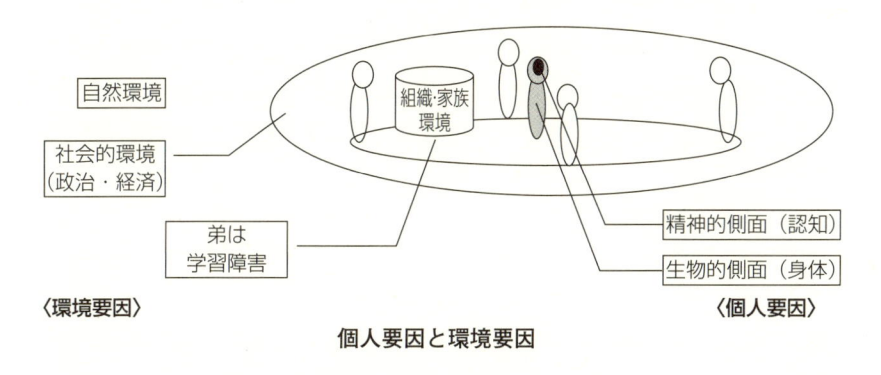

〈環境要因〉　　　　　　　　　　　　　　　　　　　　　〈個人要因〉

自然環境
社会的環境（政治・経済）
組織・家族環境
弟は学習障害
精神的側面（認知）
生物的側面（身体）

個人要因と環境要因

なお、前述したように、クライアントのポテンシャルとクライアントの環境のポテンシャルを把握し、クライアントを問題者としてではなく成長者としてとらえていくことを忘れないようにしてください。

3. インターベンションのためのアセスメント

> **インターベンションへのアセスメント**
>
> ①ファクター決定
> ②個人要因、環境要因の介入軸の決定
> ③具体的介入軸の決定
> ④目標への変化
> 　1) 適応目標：クライアントが環境に適応できるようにする。環境がクライアントにあうように変化させる。
> 　2) 開発目標：これまでの状態を超えたポテンシャルを引き出す。クライアントと環境の変化を導く。
> ⑤予防・開発：クライアントと集団・組織の環境の適応能力の開発

　アセスメントをより詳細に記述することが、クライアントをより理解することにつながります。アセスメントによってさまざまな情報が得られたら、クライアントの目標に沿ってどのように関わっていくかをプランニング（計画）する段階になります。ここでは、プランニングの方法をつかむために、インターベンション（介入）の視点を確認していきます。

　なお、詳細なアセスメントのために面接時間が1時間以上と長くなると、クライアントの負担になることもありますので、休憩などの配慮が必要でしょう。

①**介入ファクター**

　学校コーチングでは、エンパワーメント視点をより明確にするために、エンパワーメントとディスエンパワーメントの2つのアセスメント表を用います。ひとつは、クライアントを活かす情報をとらえるLove Factorのアセスメントです。

もうひとつは、クライアントの力を抑制するような Problem Factor のアセスメントです。Factor とは要因のことです。

このような2つの側面をとらえることで、クライアントの強み（長所）・弱み（短所）を理解することができます。また、どのような長所を用いて目標を達成していくのか、あるいはどのような短所を改善していくのか、決定できるようになります。アセスメント表を用いることによって、クライアントは、より客観的な視点をもって、自己の能力開発に歩んでいくことができるようになります。このとき、どの長所や短所に焦点を当てるかを決めるために、クライアントにとって、いま一番の課題は何かを理解し、その課題達成にもっとも沿う長所や短所は何か、仮説的にとらえることが求められます。

《援助職がとらえるべき視点》

現在の課題 ⇒ 課題達成に必要な長所、課題達成に乗り越えるべき短所

クライアントに介入するのか？　環境に介入するのか？

援助職は、さまざまなクライアントに個別に関わっていくことになるわけですが、Love Factor や Problem Factor を知ることで、当初考えていたクライアントの目標設定が、より現実的・具体的なものへと変化していくことがあります。

たとえば、クライアント個人の問題と思っていたことが、じつは環境の問題であることがわかり、周囲の環境にはたらきかけるスキルを学ぶといった目標に変わることがあります。またこのとき、Love Factor であるクライアントの人的資源の強みを活かす場合もあれば、より強みをくわえるために、これまでにない学びを行なっていくこともあります。

前述した長期・短期の視点、長所・短所の視点、個人要因・環境要因の視点にくわえて、この Factor という視点から、アセスメントの内容を詳細に記述していきます。

(1) Love Factor（エンパワーメント視点）

アセスメントにおいて、毎回すべての情報を得ようとすれば、時間的・経済的な効率性は下がることでしょう。時間をかけたわりに、その効果は認められないのです。そこで、たとえば能力開発的な目標をもったクライアントの場合には、まず Love Factor のアセスメントを中心に行なっていきます。そして、その過程

のなかで、Problem Factor のアセスメント表も埋めていきます。

　Love Factor のアセスメントを行なえば、Problem Factor のアセスメントも自動的にいくつか埋まることになるでしょう。通常、人は長所と短所をあわせもっているものなので、どちらか一方がわかれば、他の一方もわかるようになるのです。数回の面接を重ねていくことによって、アセスメント表を埋めていくことができるでしょう。

　とくに、「自分の子どもには悪いところしかない！」と思い込んでいるような父母の方に対しては、アセスメント表にもとづいた情報の提供は、ネガティブな思考を転換させるためにもとても役立ちます。もしも、「家庭と学校で子どものあり方が違う！」というようなことがあれば、それはそれでとらえるべき重要な情報なのです。

(2) Problem Factor （ディスエンパワーメント視点）

　何らかの問題の改善が望まれている場合、まず Problem Factor のアセスメントから始めることをお勧めします。もちろんこの場合でも、面接の過程で Love Factor を理解していくことが含まれます。また、すでに述べたように、学校コーチングは健常者を対象としているといっても、特別な支援を必要としているクライアント、神経症を呈しているクライアント、引きこもりや不登校など非社会的行動をとるクライアント、暴力など反社会的行動をとるクライアントなどに、まったく対応できないかといえばそうではありません。さまざまな対応を幅広く行なうために、4つのコミュニケーション技術（第3章参照）を基本としているのです。社会福祉学や心理学を基盤にしているのも、そのためです。

　たとえば、前述のようなさまざまな状態を呈している児童の能力的な開発をしたいというときに、Love Factor だけでは現在示されている行動要因を理解することができません。なぜそのような状態を呈しているのかの理由をとらえるには、Problem Factor は有用な視点を与えてくれます。非健康的・非健全的な行動を呈している場合には、それに取って代わる行動への転換や、その行動を軽減させていくことが求められます。

　なお学校コーチングでは、見守ること（観察行動）や休むこと（休息行動）も行動ととらえます。つまり、クライアントが、これまでと異なる反応を見せれば、ここでは健康的・健全的な行動ととらえるわけです。

②アセスメント表の使用

　次に、Love Factor と Problem Factor を検討したアセスメントの内容を例示します。エンパワーメント視点とディスエンパワーメント視点の振り分けは、援助職とクライアントの共動作業です。アセスメントでは、単に情報を収集するだけでなく、そのプロセスにおいて、どのようなことが話しやすく、どのようなことが話しにくいのか、どのようなことがクライアントの足かせになっているのかなどを、クライアントの表情や感情の流れを見ながらとらえていきます。

③援助職の専門性

　学校コーチングで、援助職の質を見極めるひとつの要素は、アドバイスにあると考えます。さまざまな知見や経験を得ていないかぎり、クライアントに沿った発言をすることができないからです。つまり、単なる主観的な発言のみでは自己満足に陥りかねないという、経験・学習重視の考え方なのです。

　しかし、そのようなアドバイスを、よりクライアントにあわせたかたちで行なうためには、それだけの情報を収集することが不可欠です。アセスメントがクライアントからさまざまな情報を引き出し、いかにアドバイスしていくかを見極めることにつながることから、アセスメントは援助職にとって重要な専門技術となるのです。

　専門性とリーダーシップを基本的な条件とする学校コーチングにおいて、アセスメントは専門性を、アドバイスはそこから判断して言動を決めるリーダーシップを示していると考えられます。

援助職の実力

アセスメントは援助職の専門性を、
アドバイスは援助職のリーダーシップ（質）を決める。

④アセスメント見本

表 8-3　アセスメント見本
＜個人情報＞

xx 年　7 月　7 日（別紙 1）

名前　えんの　ちから 　　　　縁野　　力 　　　　　　　　　男　女	生年月日 平成 x 年　7 月　1 日 （満　17 歳）
体重　　45　　Kg 身長　　172　　cm	所属（職業）／勤続　年　ヶ月 高校 3 年生 アルバイトなし
診断名（病名・障害名（感覚・知覚）・症状・麻痺・認知） 診断名なし 父親の厳しさから、自責の念をもっていたが、いまはそれをばねにしている。知能検査による IQ は 85 であり、暗記物の勉強は苦手（IQ75〜125 は正常範囲であるが、IQ85 以下はボーダーと医師より）。	家族 祖父とても厳しかった 　　　　　　　　　　82　介護を受けている 　52　　44　　　　　　　5年前離婚 　　　　　　　　9　　7 □男性　■クライアント ○女性　■は他界　数字は年齢

個人要因など

安産で、初語・歩行とも遅れがないように見えた。幼稚園では、あまり言葉を発していなかった。母は、恥ずかしがりやと思っていた。
祖父がとても厳しかったことからか、父親は本人（クライアント）に対して、幼少期、とても厳しいしつけを行なっていたが、小学生の頃、一度不登校となってから、態度が変わる。ただし、学力は国語などの暗記物は苦手、体育・図画工作は得意。
中学生の頃、クラス内でいじめが起こるが渦中に加わらないように対応していたよう。
高校生になって、自分の暗記力のなさを日本史が趣味となったことからカバー。日本史の人物については人の知らないような人物のことまで知っている。大学では歴史について学びたい。

過去 - 現在 - 未来　レベル　人生パワー曲線など

人生パワー曲線を用いた結果（高校 3 年間分）、入学当初は、家より学校のほうが良いと楽しんでいた。一時期父親のことで落ち込むことがあるが友達によって上がったよう。現状、受験のことがあり落ち込んでいる。両親が大学へ行く費用がないことを本人に伝えていることが大きいよう。また本人は、日本史が得意になったことから「やればできる」という考えのもと、否定的な状態でも肯定的にとらえることができるようになったと言う。人生パワー曲線においても、パワーが落ちたときには毎回、それで上げてきたという特徴をもつ。

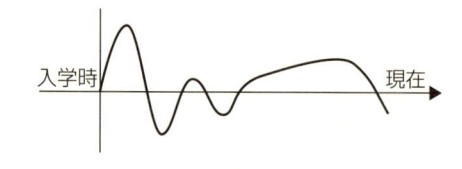

入学時　　　　　　　　　　　　　　　　　　現在

第8章　実務的なアセスメントとインターベンション

表8-4　アセスメント（1）：(Problem Factor ＝ DisEMPOWERMENT)

問題因子		短期・急性	長期・慢性	重要(問題)度
個人因子	個　人	精神 先週、嫌いな教科担当者の発言に腹を立てる。担任と話しあう。	精神	3
		身体/四肢の状態・力/行動 一時期友だちとテニス部に入るが、勉強のほうがいいと半年程度で辞める。	身体/四肢の状態・力/行動 入学当初より身体のだるさを保健室で訴えている（月1回程度）、睡眠不足も関係しているよう（親が関連していると本人）。	4
		発達／知能	発達／知能 暗記が不得意なため何度か確認が必要。 英語・国語の単語など苦手。	6
		特性・業務(学業)/資格/スキル	特性・業務(学業)/資格/スキル 継続してひとつの物事を行なうのが苦手（日本史以外）。	8
環境因子	学　校	人間関係／教師／クラス	人間関係／教師／クラス	
		環境条件/クラス環境/経済性/将来性 年度当初は騒がしいクラスだった。いまは安定。	環境条件/クラス環境/経済性/将来性 公立のため、経済的な負担は大きくないと思われる。	2
	家　庭	人間関係／夫婦・子	人間関係／夫婦・子 親子の関係性がとれていないような発言があったが、いまは将来のことを考えることで、いろいろ話したいよう。父は一時期アルコール依存になっていたという情報が母親より。現在は良好。	3
		環境／孤独／食生活／経済	環境／孤独／食生活／経済 朝は食べていないとのことだが、母親が朝食費を本人に渡しているよう。本人はお小遣い稼ぎに朝食を抜く。母は本人の大学の費用は出せないと話しているとのこと。	2
	社会(他)	社会的ハンデ/自宅の建築構造/第三者	社会的ハンデ/自宅の建築構造/第三者	
特　定 焦　点 (注意点)			将来のことについて⇒大学入学 大学の費用について	
第一目標		\multicolumn{3}{l}{受験対策のため、英語の基本的知識を身に付ける。このことを通じて継続力を身に付ける。 ＊LOVE Factor にもつなげる}
第二目標		\multicolumn{3}{l}{大学入学について再度両親と話しあう。学費については、奨学金を検討する。}

＊急性の場合は、何かが起こらなければ問題は起きていないため、環境要因などを入念に確認。

表8-5 アセスメント（2）：（Love Factor ＝ EMPOWERMENT）

問題因子		短期・急性	長期・慢性	満足度
個人因子	個 人	精神 日々、友だちがバカにされているなど、担任へ連絡してくれる。怒りやすいが、この頃、問題解決を自分でできてきている。	精神 比較的安定している。	7
		身体/四肢の状態・力/行動	身体/四肢の状態・力/行動 体育など運動能力はあるよう。	5
		発達/知能	発達/知能 日本史が得意。	9
		特性・業務(学業)/資格/スキル これまではとりあえず文学部に入りたいようだったが、就職面接後、日本史を研究する大学を知り、そこへの入学希望が出る。	特性・業務(学業)/資格/スキル	8
環境因子	学 校	人間関係/教師/クラス この頃、将来の方向性が見えない生徒の相談役もしているよう。	人間関係/教師/クラス 友だち関係などで問題が起きたときは早く対処する。友だちのことによく気がつき、好かれているように思われる。	8
		環境条件/クラス環境/経済性/将来性	環境条件/クラス環境/経済性/将来性 現在は将来のことについて考える時期でありクラスは安定している。	7
	家 庭	人間関係/夫婦・子	人間関係/夫婦・子 入学当初、母親は父親の面倒を診ていたため、親子の時間は少なかったが、いまは子どもにシフトしているよう。	6
		環境/孤独/食生活/経済	環境/孤独/食生活/経済 2年前より、父親が定職につき、経済性は安定している。夕食は母親が料理している。	5
	社会(他)	社会的ハンデ/自宅の建築構造/第三者	社会的ハンデ/自宅の建築構造/第三者 高校生になって自宅の改築を行ない、やっと自分の部屋がもてたとのこと。	4
特　定 焦　点 (注意点)		周囲へ目が向くようになってきている。	親子の時間をもてるようになってきた。Problem Factor と同様の焦点である将来のことについて。	
第一目標	社会の成績が3年間トータルで良いため、大学の推薦を受けられる可能性がある。推薦の場合でも英語の試験はあるため、基本的な知識を身に付ける必要がある。本人の長所を活かした将来への取り組みを楽しむことを目標とする。			
第二目標	Problem Factor と重なるためなし。			

＊ Love Factor は本人と一緒に作成することが望ましい。

4. ファクターのアセスメント

　先ほど、Problem Factor と Love Factor の２つの視点に分けてアセスメントを仕上げていくことを述べました。これにくわえて、これまでに紹介したさまざまなスキルを用いてクライアントの状態をとらえていくことで、よりクライアントの状態を理解することにつながります。
　たとえば、時間軸の視点、援助職のレベル（情）の状態の視点、厳しさと優しさの視点、パワー曲線の視点、コミュニケーションステージの視点、重要度・満足度の視点などです。これらの視点によって、クライアントの現在の状態をとらえ、介入前と介入後の比較を行なっていきます。
　以下では、まだ紹介していない重要度満点のアセスメントを紹介します。

重要度・満足度の視点
　クライアントのさまざまなライフスタイルの中で不満足度が高い物事に焦点を当てて、その満足度を高めるために介入していく視点です。これはアセスメントを行ないながら介入していくツールでもありますが、クライアントがどのような点に満足しており、どのような点に満足していないのかをとらえるために有効です。
　学校（職場）・家庭・友だち（仲間）・健康・勉強・趣味・スポーツ・大切にしている考え方（価値観）・その他の事項について、現在の主観的な重要度を 10 点満点（0 点は重要でない、10 点は非常に重要）で割り当て、さらにそれらの現在の主観的な満足度を 10 点満点で割り当てていきます。そしてそれらの数値を引いて不満足度を出していきます。

$$（重要度）－（満足度）＝（不満足度）$$

　表 8-6 には、ある高校生のライフスタイルについての重要度・満足度の例を示しました。成人の場合は学校のところに職場などが入ります。また高校生でアルバイトをしている場合は、アルバイトの事項を入れてもいいでしょう。
　ここでは家庭についてがもっとも不満足度が高かったので、家庭に関わる事項を掘り出すためにクライアントと協議していきました。それが表 8-7 です。クラ

表 8-6　重要度・満足度 (1)

ライフスタイル	重要度／満足度	不満足度
学校	10／7	3
家庭	8／3	5
友だち	7／5	2
健康	8／7	1
勉強	5／5	0
趣味	6／7	−1
スポーツ	6／4	2
その他	／	

→ 家庭に関わる事項

参考文献）米川和雄『エンパワーメント』（東京図書出版会、2002年）。

表 8-7　重要度・満足度 (2)

家　庭	重要度／満足度	不満足度
両親の関係	10／5	5
親子の関係	10／4	6
お小遣い	10／6	4
遊びの時間	10／6	4
勉強の時間	6／5	1
自分の部屋	6／4	2
	／	

→ 親子に関わる事項

表 8-8　重要度・満足度 (3)

＜親子の関係＞	重要度
自分の将来について話をほとんどしていないため親と話すことが必要	6
親は自分のことを心配しているが大丈夫であることを伝えたい	5
結婚を前提に付き合っている人を紹介したい	3
両親は昔から喧嘩ばかりしており、疲労が絶えないだろうから、温泉にでも連れて行きたい	4

　クライアントは高校生であるため、両親の関係・親子の関係・お小遣い・遊びの時間・勉強の時間・自分の部屋という事項が出ましたが、成人であれば、夫婦関係・子どもとの関係・経済状態・嫁姑の関係・近所付き合いなどが出てくることでしょう。クライアントが柔軟に項目を出せない場合は、たとえば「夫婦関係を入れてみてはいかがですか」というように、提案してみてもいいでしょう。
　表8-7でもっとも不満足度が高かったのは親子関係でした。また、全体的に見

ると、家庭内の人間関係の不満足度がかなり高く出ていることがうかがえます。親子の関係と両親の関係は1点差程度のため、面接の場合は、どちらをテーマにするかをクライアントが決めてもいいでしょう。時間があれば両方について話してもいいでしょう。

今回の事例では、親子関係が選択されました。そこで表8-8の「自分の将来について話をほとんどしていないため親と話すことが必要」などの項目が出たため、まずは親と話す時間をつくることを検討しました。

なお、表8-8では、満足度は確認していません。これは、表8-6・8-7で不満足な事項に焦点を当ててきているため、表8-8までいけば、すべての事項が不満足であることは当然だからです。ここでは重要度だけの確認をしています。

この事例とは異なり、より困難な家庭内の問題が出てくるときもあります。たとえば「家から出て行くことを検討する」という項目が表8-8でもっとも重要度が高く出るようなことがあります。このようなときは、いつ家から出るかということを話しあうのではなく、「家から出ることで、どのようなメリットとデメリットがあるか」というように冷静な思考を促し、その場の感情だけでの行動にならないようにする必要があります。

<個人情報>

年　月　日

名前　　　　　　　男　女	生年月日　　　年　月　日　　　　　　（満　　歳）	家族
体重　　　　Kg	所属(職業)/勤続　年　ヶ月	
身長　　　　cm		
診断名		

個人要因など

過去 - 現在 - 未来　レベル　パワー曲線など

第8章 実務的なアセスメントとインターベンション

アセスメント表（1）：（Problem Factor ＝ DisEMPOWERMENT）

問題因子		短期・急性	長期・慢性	重要(問題)度
個人因子	個 人	精神	精神	
		身体/四肢の状態・力/行動	身体/四肢の状態・力/行動	
		発達 / 知能	発達 / 知能	
		特性・業務(学業)/資格/スキル	特性・業務(学業)/資格/スキル	
環境因子	職場(学校)	人間関係/教師/クラス	人間関係/教師/クラス	
		環境条件/クラス環境/経済性/将来性	環境条件/クラス環境/経済性/将来性	
	家 庭	人間関係 / 夫婦・子	人間関係 / 夫婦・子	
		環境 / 孤独 / 食生活 / 経済	環境 / 孤独 / 食生活 / 経済	
	社会(他)	社会的ハンデ/自宅の建築構造/第三者	社会的ハンデ/自宅の建築構造/第三者	
特 定 焦 点 (注意点)				
第一目標			＊LOVE Factor にもつなげる	
第二目標				

＊急性の場合は、何かが起こらなければ問題は起きていないため、環境要因などを入念に確認

アセスメント表（2）：（Love Factor ＝ EMPOWERMENT）

問題因子		急性	慢性	満足度
個人因子	個 人	精神	精神	
		身体/四肢の状態・力/行動	身体/四肢の状態・力/行動	
		発達 / 知能	発達 / 知能	
		特性・業務(学業)/資格/スキル	特性・業務(学業)/資格/スキル	
環境因子	学 校	人間関係/教師/クラス	人間関係/教師/クラス	
		環境条件/クラス環境/経済性/将来性	環境条件/クラス環境/経済性/将来性	
	家 庭	人間関係 / 夫婦・子	人間関係 / 夫婦・子	
		環境 / 孤独 / 食生活 / 経済	環境 / 孤独 / 食生活 / 経済	
	社会(他)	社会的ハンデ/自宅の建築構造/第三者	社会的ハンデ/自宅の建築構造/第三者	
特定焦点（注意点）				
第一目標				
第二目標				

＊ Love Factor は本人と一緒に作成することが望ましい。

≪心理学的アセスメント≫

　本書では、これまでの援助の経験の中で有効であったアセスメントを紹介しています。さまざまな情報を得るためのスキルやアセスメント表は、心理職や福祉・医療職など、どのような専門職においても、クライアントを理解するための重要な基盤となることでしょう。また、組織における部下育成のためにも大切な手段となることでしょう。

実務性を考えた簡便なアセスメント
　一方、心理士が用いる心理学的なアセスメントは、本書では提示しておりません。学校コーチングの技術は、心理学的アセスメントと異なり、通常、1時間もかからずに、簡易で飽きもなく実施することができます（心理学的アセスメントで簡易なものもあります）。本書では、クライアントの自己理解とコーチのクライアント理解を促すような効果をもつ、実施しやすいアセスメントを紹介しています。

標準化された尺度ほど信頼性・妥当性は高い
　しかし、学校の専門職なら、心理士の方たちが用いている心理学的アセスメントにも精通することが求められるでしょう。もちろん、アセスメント結果は誰にでもわかりやすく記載されますので、とくに学習しなくても結果を理解することはできるでしょう。とはいえ、専門的な援助職としてのあり方を考えれば、一般的に用いられている心理学的アセスメントの基本的な点も、理解しておく必要はあるでしょう。
　心理学的アセスメントにおける標準化された尺度は、心理測定尺度や知能検査などと呼ばれています。なお、アセスメントは、さまざまな測定を行なうための尺度などを包括する言葉として、本書では用いています。

発達的な特徴をとらえる知能検査
　学校コーチングでは、クライアントの長所をとらえることをもっとも重要視しています。このような考え方は、問題対処のために用いる心理学的アセスメントからも十分に得ることができます。たとえば、言語学習能力診断検査（ITPA）では、児童の学習能力における受容（受信）⇒連合（処理）⇒表出（発信）の過程のどの部分が長所か、短所かを理解することができます。またこの過程において、聴覚と視覚のどちらが理解しやすいかを知ることもできます。このようなことから、児童との関わりにおいて、耳を用いたコミュニケーションを多くするか、目を用いたコミュニケーションを多くするかを決めたり、これらのコミュニケーションを促したりという関わりができるようになります。

テストバッテリーによってクライアントを深くとらえる
　学校コーチングは、このような特殊な検査については心理学に頼っている面があります。エビデンス（科学的根拠）を求めることを尊重している点を考えれば、エビデンスのあるアセスメントを用いることは当たり前のことといえるでしょう。そして、学校コーチングのアセスメントにくわえて、いくつかのアセスメントを用いることで、より鮮明にクライアントの状態をとらえることができるのです（このようなこと

をテストバッテリーといいます)。

学校では WISC が一般的
　学校でよく用いられる検査は、WISC-Ⅲという知能検査です。この検査は、ITPAのように聴覚と視覚のどちらが長所かということを知ることができます。そして、それ以上に、知能検査としてIQ(言語性IQ・動作性IQ)を提示してくれることから、他の尺度や検査の基盤的な検査となる特徴があります。またITPAは3歳から小学生が中心ですが、WISC-Ⅲは小学生から中学生を中心としていることも、学校で広く用いられている理由です。
　知能指数(IQ)を知ることにより、たとえば知的に障害があるというようなことがわかります。また、境界にあることを知ることで、他の専門職とのより密接な連携が必要であり、それを求めていくことができるでしょう。

第 9 章

学校コーチングの実践事例
―さまざまな領域への応用―

さまざまな領域への応用

①エンパワーメント視点
②中学校の事例：コーチング技術を用いたクラスづくり
③高校の事例：環境的なアプローチとして用いる
④大学の事例：キャリア教育におけるエンパワーメント

---

1. エンパワーメント視点

事例を通して

　コーチング関連の本において、実際に行なわれている事例が示されているものはわずかしかなく、架空の話を掲載していることが多々あります。これは、ひとつには、プライバシーに配慮するという倫理が前提になっていることが考えられます。また、逆に実際の事例を掲載すれば、その効果が継続して求められるというプレッシャーもあることでしょう。

　しかし、学校コーチングは、エビデンス・ベースド・アプローチとしての確立を求めているため、読者のみなさまがより実感できるように、実際に行なわれている事例を示す必要があると考えました。より統計的な視点については、第10章「エビデンス・ベースド・アプローチ」に譲るとして、本章では、実際に学校コーチングを用いたさまざまな事例を紹介いたします。なお、本章で紹介されている実践者は、すべて100時間以上の学習を修了した方々です。

　それぞれの事例を紹介する前に、援助職の活動事項について大切なことを以下

に示します。

相互作用を生み出す

　学校コーチングでは、クライアントが自立できるように関わっていきます。この自立は、自分の問題を自分で解決していくという行動能力も含みますが、エンパワーメントの自立の意味で確認したように、「信頼できる仲間、仲間の信頼できる自分、という関係性のうえで、みずからの力を活かすことができる」自立が重要視されています。

　たとえば、生徒であれば生徒どうしで活かしあうという構図です。

環境にアプローチ

　また、学校コーチングには、環境にもアプローチしていくという、個と環境の両方へ関わる視点があります。クライアントだけを援助しても、その環境の理解や改善がなければ、クライアントは何度も同じ壁にぶつかってしまうことでしょう。もちろん、そのような壁にぶつかりながら成長していくことを目標とするというのであればそれでいいでしょう。しかし、クライアントひとりで乗り越えられない壁であるならば、援助職が共動で関わることが必要です。

　たとえば以下のようなケースを見てみましょう。

> 　10歳の女の子で、経済的に困窮しているのか、明らかに綺麗な服装をしていない。さらに服装のことでいじめられており、体重も以前より減っているよう。家庭内では、父親が母親を罵倒し（お前の育て方が悪いからこんな子どもになる、といった発言）、父子の関係も悪い。このようなことから、本人は自己否定感が強く、うつ傾向がある。ただし、小説家になるために学校で勉強したいとは考えている。だが体力的に通えないという状態が出る可能性がある。

　さて、このような場合で、本人の「学校で勉強し小説家になる」という目標を支援するさいに、ひとりの専門家だけでは個と環境の支援をすることはできないでしょう。一方、本人に対して多くの専門家が関わるなかで、援助職は自分の専門的な部分だけ支援すればいいかといえば、そうではありません。

クライアントに関わる人も支援の対象

 たとえば、目標を無理にでも達成しようとして、逆にそれができずに自分を責めすぎて体調を崩してしまうような生徒に対しては、無理な目標を設定しないということだけではなく（このような場合の目標は「健康を良くする」というものになるでしょう）、スクールカウンセラー、養護教諭や地域の医療機関との連携または援助の依頼（リファー）をしていくことが求められるでしょう。

 このとき、さまざまな関係者からの協力依頼があれば、できる範囲で協力していくことも必要です。さらに、専門家に嫌悪感を抱く子どもや家庭の場合には、できるかぎり客観的な視点をもって、家族から専門家へ、専門家から家族へと、学校コーチングを行なう援助職が中間となって、代弁していくことが求められるでしょう。

CO：学校コーチ　SC：スクールカウンセラー

＜高校3年生A子さんの事例＞

SC　「娘さんが自分を傷つけることがあることからも、一度病院に行ってご相談されてはいかがでしょうか？」

父親　「お前は、うちの娘が病人だというのか！」

SC　「……」

（後日）

CO　「娘さんは今後、美術大学に行き、美術の先生になることを目指しています。しかし体調不良ということもありますので、健康を維持して自分でやっていけるように、どのような過ごし方をすればいいのか、お医者さんの話をうかがってみたらいかがでしょうか？」

父親　「あんたも娘が病人だと言うのか？」

CO　「いいえ。今後、娘さんが教師になったときには、子どもの生活指導をすることが必要になります。そのときに先生が健康を維持することができていなければ、子どもたちが困ってしまいます。いまの親はわずかなことでも先生を責めることが多いですから、そのときに娘さんが困らないためにも、ご検討いただけないでしょうか？　SCも今後の彼女の夢を実現させてあげたいということから、病院をお勧めしたのだと思います。病人だからというのではなく、健康を良くするために病院に行くという考えなのです」

父親	「まあ、娘のことを思ってくれていることはよくわかっているけど……」
CO	「もしかしたら、お父さんも娘さんとの関係でお悩みのことがないでしょうか？そのようなことをご相談されてもいいかと思います」
父親	「まあ、あいつとはこれまで喧嘩ばかりでね。親の言うことをまったく聞かない馬鹿な子なので」
CO	「SCは心の専門家ですから、お父さんの気持ちを彼女が理解できるように代わりにお伝えしてくれるかもしれませんし、逆に彼女の気持ちをお父さんに伝えてくれるかもしれません。ですから、私たち（学校）と連携して、今後も一緒に彼女を応援してもらいたいと思います」
父親	「病院っていってもどこに行けばいいんだよ。それもわからないし……。紹介してくれるの？」
CO	「いくつかはご紹介できると思いますから、保健室の先生に聞いてみましょう。一緒に保健室に行きますから」

このように、さまざまな機関が、よりスムーズに機能するように関わっていくこと、そして実際に連携をとっていくこと、父母がその連携に入れるように支援していくことが、援助職には求められるでしょう。

さて、それではいよいよ、実際の事例を紹介していくことにしましょう。

2. 中学校の事例

中等教育におけるエンパワーメントの実践
―コーチング技術を用いたクラスづくり―

東京都内私立中学校教諭
山縣　基

Ⅰ．学校コーチングとの出会い
1．学校コーチングに出会う前
　私は現在、東京都内にある私立の中高一貫校の教員をしており、教員歴7年以上である。

　コーチング技術は、約10年前から、ビジネスの世界で広く使われるようになったが、近年、学校現場でも、生徒指導、進路指導や学級経営などで、非常に効果を発揮する方法として注目されている。そんななか、私がコーチングを学び始めたのは2006年6月で、それまでコーチングに関しての知識や技能は皆無だった。

　私が教員になってから行なってきた手法は、いま思い返せば、ほとんどがティーチングであった。具体的には、成績が悪かった生徒に対して、「どうして君は今学期、数学で2をとったんだ？」というようなアプローチの仕方である。また、具体的なアドバイスはせずに、とにかく「頑張れ」と励ましていたような気がする。学級経営に関しても、「なぜ君たちはいつまでもこんな状態なんだ！」というような発言をしていた。私がクラスの生徒全員に発言するのは、事務的な連絡事項を伝えるときや、クラスの問題点を指摘するときがやや多かった。クラスと私との関係は、「私＝注意をする人」という関係になり、学校で育てたい自主的な生徒の活動はなかなか育っていかなかったかもしれない。

2．コーチングとの出会い
　現在、さまざまな組織や個人がコーチングの定義を掲げている。学校教育に適したコーチングとは何かをまず考えた。つまり、最初から学校コーチングを肯定はしていなかった。なお、本書と関連した事項を記載してしまう可能性があるが、その点はご容赦いただきたい。

コーチの語源

　コーチ（Coach）という言葉の語源は、「馬車」である。本間正人・松瀬理保『コーチング入門』（日経文庫、2006年）によると、ハンガリーのコウチ（Kocs）という村で作られた馬車の性能が良かったことから、1500年代頃に「四輪の旅客用の馬車」を指す英語の名詞として、「コーチ」という言葉が使われ始めた。やがて、その馬車は乗り合い馬車としても広く使われたことから、コーチという単語に「大切な人をその人が望むところまで送り届ける」という動詞の意味が出てきたといわれている。その後、1840年代には、英国オックスフォード大学で、学生の受験指導をする個人教師を「コーチ」と呼ぶようになり、さらに1880年代からスポーツの分野で指導者を指すようになっていった。

コーチ養成機関

　『コーチング入門』によると、1980年代からコーチングに関する出版物が増加し始め、1990年代に入るとコーチ養成機関が誕生し始めた。これによってスポーツ以外の分野でもコーチを職業とする人が急激に増え、とくにビジネスの分野でコーチングがさかんに用いられるようになってきた。

　コーチ養成機関のひとつである「コーチ21」の伊藤守は、コーチングとは「目標を達成するために必要なツールや知識が何であるかを見つけ出し、それをクライアントに備えさせるプロセスである」と述べ（『コーチングマネジメント』ディスカヴァー・トゥエンティワン、2002年）、桜井一紀は「目標達成に必要な条件を洗い出し、それを備えさせるという一連のプロセス」がコーチングであると述べている（『ビジネス現場のコーチング活用法』日経BP社、2006年）[1]。

　また、コーチ養成機関のひとつである「CTI[2]」が提唱するコーアクティブ・コーチングとは「人がよりよく生きることをサポートするための強力なパートナーシップ」であり、そこでは「コーチとクライアントはまったく対等なパートナーとして、クライアントがその持てる力を余すところなく発揮し、人生の可能性を極限にまで拡げられるよう、協働的（Co-Active）に働きかけていく」としている（前掲『コーチング入門』）。

　プロのコーチの発展・普及を目的とした公的団体である「国際コーチ連盟（ICF）[3]」のコーチの倫理規定には、「職業としてのコーチングは、クライアントが生活、キャリア、仕事、組織においてすばらしい成果を生み出す手助けをする、継続的な職業上の関係です。コーチングのプロセスを通じて、クライアント

は知識を深め、能力を高め、生活の質を向上させていきます」とある（同上書）。
　以上はどれも社会人を対象としており、とくに管理職を対象としている点がうかがえる。

具体的なアプローチ方法

　「セッションでは毎回、クライアントが会話のテーマを選び、コーチは耳を傾け、意見や質問を与えます。この相互交流によって、物事が明確となり、クライアントに行動を起こさせるようになります。コーチングは、選択肢に焦点を合わせて意識させることにより、クライアントの進歩を促進させる働きをします。また、クライアントが現在どの状態にあり、将来到達したい状態に至るために何をしようとしているのかという点に集中します。それは、その成果が、クライアント自身の意志、選択、行動にかかっており、コーチは自らの努力とコーチング・プロセスの活用がそれを支えていると認識しているからです」（同上書）。
　上記のアプローチは、伊藤守と桜井一紀のコーチングについての考え方と同様であり、目標達成のために必要なものを見つけ出して、それを備えさせる過程がコーチングであるといっている。また、コーアクティブ・コーチングでは、よりよく生きていくために協働的に働きかけるのがコーチングであるとして、もう少し広い範囲で述べられているように感じる（ウィットワースほか『コーチング・バイブル—人がよりよく生きるための新しいコミュニケーション手法—』CTIジャパン訳、東洋経済新報社、2002年）。
　そして、上記の考えは、ICFの考えと一致している。
　そのような考え方をもとにして、一般的にはコーチングの手法として「GROWモデル」がある（前掲『コーチング入門』）[*4]。

教育現場に合うコーチングとは？

　このような手順でクライアントのもっている力を引き出し、目的達成のための行動を起こさせていくわけであるが、実際の教育現場では、目的や目標をもち、その行動に進んでいくということはそう簡単ではない。中学1年生で自分の荷物を整理できない生徒もいれば、教室全体の整理整頓を自分から進んでできる生徒もいる。また、自分やクラスの課題に気づきどうしたらいいかを考えられる生徒もいれば、その逆の生徒もいる。そのようなさまざまな段階にいる生徒すべてに、上記のコーチングを導入するのは難しい。

一方、エンパワーメントを基盤にしたソーシャルワークを学校教育に導入した「NPO法人エンパワーメント」理事長である米川和雄は、「相互の信頼関係の上で相互の良さを活かしあう」ようにするという、自分と相手との一方通行ではないエンパワーメントの双方向性の考え方にもとづき、「コーチング（長所理解、方向性の決定）」だけではなく、「アドバイス（助言）」「ティーチング（教育）」「カウンセリング（受容的な聞き方）」といった多様なはたらきかけを、全体の状況を適切に判断しながら行なうのがエンパワーメントコーチングの方法であるとしている（米川和雄「高校生のピアコーチ養成プログラムの介入効果検討―学校ソーシャルワークにおける環境的アプローチの一過程―」『学校ソーシャルワーク研究』3、2008年、pp. 67-80）。

　コーチングだけではなく、相手の状況に応じてあらゆる方法を用いて生徒の力を活かしていくこの方法が、実際の教育現場にもっとも適していると考えられる。とくにエンパワーメント理論は、社会福祉の中でも用いられてきている100年以上続く技術であるということ、欧米ではスクールソーシャルワークにおける実績もあるという点からも、学校教育における実用性の高さを感じ学習することにした。

II. エンパワーメントの実践
1. 問題と背景

　中等科1年生の段階では、クラスの人間関係を築き、生徒自身の力でクラスの問題を解決していけるようになるのが目標である。このような目標を達成するために、教師との関わりは重要であり、コミュニケーション能力の向上は不可欠である。それによってクラス運営に変化が起きることが考えられる。

　学校における困難な状況としては、学級会運営、生徒間の関係性（長所向上などの肯定的関わりと喧嘩などの対処）、学業不振があげられる。これらはどれもクラスづくりに影響を及ぼすものである。この点については、私の勤める私立校であっても、公立校と共通することはあると感じる。

　以上のことより、生徒の力を活かすためにコーチングの技術は重要な援助方法と考えられる。しかし、わが国においてコーチングがかなりの普及を見せているものの、コーチングを導入した事例のほとんどがビジネス上のものであり、学校現場の事例は少ない。さらにどの書物でも架空の話から構成された事例が多く、現実性に欠けている。

このようなことからも、学校コーチングの実用性を検討する意義は高い。

なお、本稿では、よりわかりやすくするため、意図的に調査検討的に記述している部分もあるが、実際はすべてが日々全力であり、検討というにはほど遠い部分も多い。学校コーチングを信じて、それ以上に生徒と自分を信じて、四面楚歌になりそうになりながらも活動したことをまずはお伝えしておきたいと思う。また、倫理に配慮し、やや内容を改めている。

2. 目的
学校コーチングの技術を用いて、以下の有効性を検討する
　①学級会での生徒の積極性の向上
　②生徒間の関係性の向上1（長所〔ストレングス〕の向上）
　③生徒間の関係性の向上2（喧嘩の対処）
　④学業状態の向上

3. 対象
東京都内にある私立中等科（中学校）1年生30名（全員男子）。1学年1クラスで、クラスの約3分の2が、北海道から九州までの全国から集まってきた生徒で構成されている。中等科1年から高等科（高等学校）3年までの生徒数は約200名で、学校や寮での生活は生徒に責任を与え、生徒自身がそれを運営することを目指している。小学校まで親元で生活していた生徒が入寮し、自分の身の回りのことや食事の片付けなどのさまざまな当番をしていくので、とくに中等科1年生は配慮が必要な学年である。

①学級会での生徒の積極性
週に1時間、クラスの問題点を話しあって解決したり、よりよい関係性を築くために話しあったりする学級会の時間がある。司会は生徒が交代で行ない、議題はクラス全体から提案してもらうときと、担任が事前に司会と打ち合わせをして、議題を引き出すとき、議題を担任から提案するときがある。

このような場をもちながら、生徒の積極性をより促進することが求められる。エンパワーメント・ソーシャルワーク・モデル（以下ESMと称する）は自己理解から行動化へ結び付けるプロセスであるが、学級会のときによい発言の理解を促すことで、よりよい発言への積極性が出る可能性がある。

（1）目的①

　学級会において、生徒の積極性を引き出すことを目的に、ESM を参考に検討する。

（2）方法

　① 友人のことをフォローする発言やクラスの方向性を決定づけるような発言があったときには、クラスの前でほめる。（何がよい発言なのかを理解してもらい、さらにそのような発言を選択し行なっていけるように促す）

　② 逆に友人のことを傷つけるような発言やクラスをかき乱すような発言があって、その後、誰もフォローしない場合には、問題として投げかける。（何が失礼な発言なのかを理解してもらい、どのような発言が大切なのかを選択できるように考えを促す）

　③ 論点がずれたとき、議論が停滞したときには、司会や全体にアドバイスする。（生徒だけでは理解や対応が難しいときは、ティーチングまたはアドバイスを行なう）

（3）結果と考察

　ここでの教師としての対応は、当たり前のことに感じられる方も多いだろうが、当たり前のことがしっかりと生徒に伝わっていないことが多いことを感じた。

　話しあいや普段の行動の中での良い点をほめ、見逃せない点は問題として投げかけることで、クラスがどの方向を目指しているのかが明確になり、クラスの中で問題に気づき、何とかそれを改善したいというように、生徒どうしで前向きに接することができた。

通常の学級会がソーシャルスキルを高める場に

　はじめは、クラスの中で発言すること自体が大変な生徒が、半分くらいはいた。そういう生徒が勇気をもって発言したときにはかならず称賛することで、次回も発言するようになっていった。ソーシャルスキル教育は、どの学校においても重要視されているが、通常の学級を通じての向上が一部見られたことは、学校コーチングの有効性を示唆するひとつとなるだろう。また、話しあいの進め方について助言することで、議論が進み、司会をした生徒も充実感を得ることができたという感想を得た。

　このような称賛は、心理療法（行動療法）においても実施されているため、学校コーチングは行動療法に類似しているとも考えられる。

自立の促進

　また、教師の一方的な指示ではなく、なるべく生徒に考えてもらい、彼らの答えを引き出していくようにしたことで、以下のような結果を得た。

　はじめは話しあいの基本的なルールも守られていなかったが、しだいに前の発言に対して議論を重ねていけるようになった。また、勇気を出して困っていることを発言したことで問題が解決したことや、涙を流しながら本音で話したことでクラスの人間関係が深まっていった。

　このような相互理解の促進により、以下のような行動の生起が見られた。

　☆１年生が終わるときには、以下の事項を自分たちで決めた。

　■２年生から入学してくる転入生を迎えるにあたって

　　a）２年生の寮生は、約４ヵ月の間、転入生だけがやらないといけない仕事（４ヵ月以上しなくてはならない）を転入生が慣れるまで、同じようにやる。４ヵ月後以降は各自に任せる。（転入生のために自分たちも同じ条件で生活するというのが目的）

　　b）４月に自己紹介とレクリエーションを行ない、転入生との関係を深める。その中心となる３人の係を決める。（これまでは、転入生がクラスになじむまでに少し時間がかかったことが多かった）

　■入学してくる１年生へのサポート

　　a）寮で部屋ごとに週に１日「お手伝いの日」を設け、１年生の生活上の仕事を２年生が手伝う。

　　b）全校生徒で行なう昼食の用意と片付けを１年生のために２年生が進んで行ない、１年生の負担を軽減させる。

　　（以上は、自分たちの１年間の生活の中で先輩にサポートしてほしかったことを来年の１年生のために行なうという結論）

　学年の最後に話しあって決めた上記のことは、担任も予想していなかったことだった。これは、一人ひとりの良さが話しあいによってひとつにまとまった結果だった。学校コーチングが、このような作用を起こしている可能性は高い。

　効果においては、生徒一人ひとりの状態と友人関係を把握していないと、議論の途中で適切なフォローやアドバイス、問題の投げかけができないので、学級会の時間の質を高めるためには、普段の生徒との関わりが大切になってくると感じた。

②生徒間の関係性の向上1（長所〔ストレングス〕の向上）
「志カード」・「優カード」

　生徒の自己肯定感や長所を伸ばすことは、一般的な学校の目標でもあるだろう。しかし、担任だけでクラス全員のそれらを伸ばすことは簡単ではない。さらにクラスづくりを考えた場合、友だちどうしでそのような関係性をつくることができるならば、担任だけの関わり以上の相互作用を起こし、生徒間の関係性（クラス環境）の向上にまで結び付けることができるだろう。

　学校コーチングにおけるESMのプロセスでは、自己理解が行動を生起させるというが、このとき自己の長所の理解が他者の長所の理解への行動を生起させると予測される。もしこのような予測が結果として示されるならば、肯定的な友だちとの相互作用により、自己肯定感の促進だけでなく、より生徒間の関係性（クラス環境）が向上するものとなるだろう。

(1) 目的②
　他者への肯定的な眼を養うことを目的に「志カード」（クラスの中で志高く一生懸命何かに取り組んでいる人を推薦するカード）と「優カード」（クラスの中で他人に対して優しい行ないをしている人を推薦するカード）を用い、ESMの過程を経て他者の長所を発見できる行動化へ進むかどうか検討する。

(2) 方法
　クラス全員に「志カード」と「優カード」を書いてもらい教室に掲示した。一部は他学年の生徒に記載してもらうなど工夫した。また、それらを保護者会のさいに保護者にも見ていただく機会を設けた。

(3) 結果と考察
　はじめの何回かは、カードに記入するのに時間がかかり、他人の良いところが見つけられず、カードを書けない生徒もいた。また、数人ふざけて記入する生徒もいた。しかし、何回か繰り返すうちにしだいに記入時間が短くなり、ひとりで何枚も書く生徒が出てきた。

　また、「優カード」の内容も、はじめは、ほとんどの生徒が誰かが自分にしてくれたことを書いていたが、学年末には誰かが自分以外のクラスメイトにしていたことを記入する生徒が増えた。担任にはわからないところで、クラスの中で陰ながら頑張っている生徒が、友人から認められることで自信をつけることもあった。教員からの評価ではなく、同じクラスメイトから評価されることに価値が

志カード
（名前は仮名です）

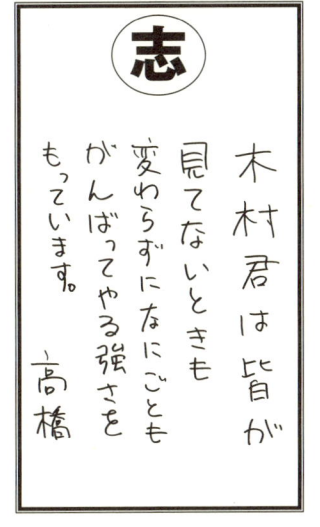

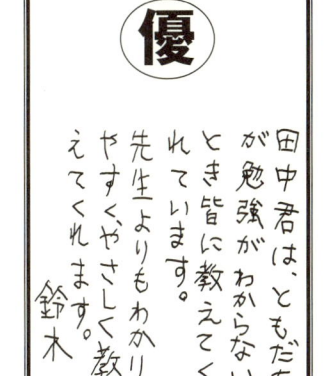

木村君は皆が
見てないときも
変わらずになにごとも
がんばってやる強さを
もっています。
高橋

優カード

田中君は、ともだち
が勉強がわからない
とき皆に教えてく
れています。
先生よりもわかり
やすく、やさしく教
えてくれます。
鈴木

あったと考える。

　これまでは、自分やクラスメイトの悪いところに気がついて、それを指摘することが多かったが、友人どうしで良いところをカードに記入することで、自分や他人の良さを見つめ、しだいにおたがいの良さを認めあう関係ができてきたと思われる。

　実施にあたって、ふざけて記入されたカードについては、掲示する前にそれを書いた本人にカードの目的を確認し、逆の立場だったらどう感じるかを考えさせ、書き直させた。そして、そのことをクラスに報告したため、その後、ふざけたカードはなくなった。カードをチェックせずにそのまま掲示すると逆効果になるので注意が必要である。

　このような結果が出たため、1学期に1回ぐらいの頻度で行なうことにしている。

③生徒間の関係性の向上2（けんかの対処）

　中等科1年生は、学校でも寮でも同じメンバーで一日中過ごしており、友だちどうしの関わりが非常に密であるために、おたがいの関係が安定するまではけん

かが起こりやすい。けんかが起こるのは、ほとんどの場合、担任がいないときであるので、周りから見ていて、これ以上はけんかを止めないと危険であるという場合には、クラスメイトが止めるように普段から指導し、程度のひどいものに関しては担任に報告させるようにした。クラスの雰囲気をそのようにするために、けんかを止めた人や報告しに来てくれた人を、クラス全体の前でほめるようにした。

このような基本的なコーチング技術を日々実施していても、かなりひどいけんかが起こってしまう。しかも、その結果によっては、いじめや継続した人間関係の不振や不登校につながってしまうことも考えられる。しかし、このようなことでさえも人間関係の学びにすることができれば、生徒にとっての生きる力につながっていくことだろう。

このようなとき、学校コーチングでは、個だけでなく環境にアプローチしていくという。もし、環境を含めた生徒の関わりが、担任だけでの解決以上の有効性を示すことができるならば、有効な解決方法のひとつとなるだろう。とくにクラスメイトという仲間が当事者どうしの関係性を向上させることができるならば、クラスづくりにも非常に貢献するだろう。

(1) 目的③

けんかの当事者どうしの関係性を向上させることを目的に、当事者の環境要因である第三者の生徒とともに当事者を支援していくことの効果を検討する。

(2) 方法

実際にけんかの報告を受けた場合には、以下のような手順で話を進め、当事者の人間関係の学びとなるように努めた。

 1) 本人のけがの状態を把握し、必要ならば保健室へ他の生徒に連れて行ってもらう。(担任の手の届かないところを生徒にカバーしてもらう。このような関わりも当事者にとっては、仲間意識を高めると考える)

 2) 個別に事実がどうであったかということと、いまの思いや考えを担任が聞く。(TARGETモデルをベースに工夫して確認していく。GETのところでは、当事者どうしで話しあえる状態にできるための目標をもつこともある)

 3) 事前に話を聞いた段階で当事者だけで話が進まない様子のときは、けんかを止めに入った生徒など、第三者も話しあいに参加してもらう。

4) 当事者どうしと担任で事実を確認し、思いや考えを聞く。(一方が相手に遠慮してはっきり言えないようであれば、先に個別に聞いていた内容を大切に担任がフォローする)
5) 相手の思いや考えを聞いたうえで、自分がとった行動について現在思うことを相手に伝える。
6) 自分の改善すべき点に気づけない生徒に対しては、第三者の生徒に意見を述べてもらう。
7) 担任から当事者の普段の良いところや今回の行動や話しあいの中で気がついた良いところを伝える。また、アドバイスが必要な場合には伝える。(どのような生徒にも長所がある点を伝えていくことで、それを活かしていないことに気づいてもらうようにしている)
8) そのけんかがクラス全体に影響しそうな場合には、担任からけんかの事実と当事者たちが最終的にどのように考えたかを伝える。
9) 保護者への連絡が必要と判断した場合には、当事者の保護者に事実と話しあいの内容を伝える。(心身の不調や明らかにこれまでと異なる状態が一時的に出たような場合は、解決しても連絡するようにしている)

(3) 結果

　生徒どうしでの解決では収まらない場合も、けんかをした当事者が事実にもとづいて落ち着いて話ができた。相手を気にして自分の考えを言えない生徒については担任がフォローすることができた点にも、今回の方法の有効性がうかがえる。そして自己中心的な考えをもつ生徒の場合は、第三者的な立場としての生徒の言葉が胸に響くことが大きかったと思う。自分の改善すべき点をなかなか自覚できない生徒にとっては、状況がわかっている他の生徒が話しあいにくわわり指摘することで、改善すべき点を自覚しやすくなった。指摘された生徒は、担任から注意を受けたというのではなく、仲間からアドバイスをもらったという意識になり、指摘した生徒も満足を得るようになった。

　また、おたがいに建前ではない自分の思いや考えを伝えることができ、話しあいの最後には自然に自分の改善すべき点を自覚し、相手に謝罪することができた。エンパワーメントという肯定的側面をとらえるだけでなく、ディスエンパワーメントという否定的側面もおたがいに理解することで(悪いところにふたをしないことで)、より自己理解を促進することができたと思う。とくにこの点も教師からの意見ではなく友だちから(当事者どうしや第三者の友だち)の意見で

あることが、ともにクラスづくりをしていくことを促進させるために重要なキーであるように思う。

一方で、担任に時間的、精神的余裕がないときは、すべて同じようにできたわけではない。それぞれの思いや考えを引き出すのが不十分で、担任から指摘するだけのときもあった。けんかはいつ起こるかわからないため、多忙な日常の中でも早めに仕事を進めておき、教師が余裕をもって対応できるようにする必要がある。

④学業状態の向上（成績が悪かった生徒との面談）

従来のコーチングは、目標や目的を設定し、それにあわせて行動を促していく構造をとる。このようにコーチングには、原因ではなく目標に眼を向ける志向がある。しかし、自分で自分の目標や目的、または問題点を考えられる生徒もいれば、なかなかわからない生徒もいるので、その生徒に応じた対応が必要である。

成績の悪さは、本人の要因（発達的・精神的）だけでなく環境の要因（友だち関係・教科教師との関係・家族関係）にも関係するので、しっかりと成績の上がらない理由をとらえていく必要がある。このようなことから、環境をとらえた関わりが生徒の成績を上げるかどうか検討をすることが必要である。もし、環境要因にも眼を向けることでより学業成績を上げることができるならば、生徒の学業不振を改善させることができるだろう。

(1) 目的④

そこで、成績向上を目的にTARGETモデルを工夫して用い、環境をとらえた関わりの効果を検討する。

(2) 方法

「今学期、数学で2（5段階中下から2つめの成績）をとった原因はどこにあると思うか？」というテーマをもってTARGETモデルを工夫させて用いた。

また、どのように勉強したらよいかわからない生徒に対しては、勉強の仕方を具体的に教え、生活上（環境上）の問題で勉強が手につかない生徒に対しては、その問題を解決することを優先した。

(3) 結果と考察

個人的な要因で成績の落ちている生徒の場合は、生徒自身が、自分の取り組みのどこに問題があったのかに向き合うことができた。また、その改善への方法をともに考え、具体的に補習をつけることで、勉強への積極性が出ることが多かっ

た。成績も徐々にではあるが向上する点がうかがえた。

　生活面（環境面）で問題を抱えている生徒の場合は、生活が安定していくにしたがって、少しずつ成果が出てきた。このとき周囲のクラスメイトや先輩の助けを借りることもあった。

　一方で、なかなか改善しない生徒も数人いた。家庭的な要因で成績が落ちている場合は、家庭との協力関係が重要になってくる。このとき、家庭での理解をもっていただくために、本人の小学校までの学習の状況や生活上の問題など、幅広くその生徒の状況を把握し、家庭と情報を共有し、生徒にあった対応を本人・学校・家庭で理解していく必要がある。

Ⅲ．全体の考察と今後の課題
学校コーチングは有効か!?
　私は、コーチングを学び始めて数年しか経っておらず、まだまだその援助技術においては、手探りのところも多い。個人個人の生徒にあわせていくことを考えれば当たり前のことだろう。そのために生徒や保護者の方々の思いに応えられていないこともまだまだある。

　そして、上記の事例において、私自身がクラス運営で、それまでとは違う結果を残せたのは、私の力というよりも、もうひとりのクラス担任はもちろんのこと、クラスの生徒とその保護者、サポート役の上級生、他の教職員、スクールソーシャルワーカーたちの力があわさったことによるところが大きい。

　かつての私は物事を何でも自分だけで済ませてしまったり、抱え込んでしまったりする傾向があったので、意識的に自分のできるところとできないところを明確にし、生徒を支える周りの人たちと連携をとって、おたがいの良さが活かせるようにしていきたいと思っている。その効果の一部を、今回こうして掲載させていただいた。

学校コーチングをさらに有効にするために
　結果より、学校コーチングの有効性を非常に感じている。しかし、学校コーチングの基本だけで学校における諸問題のすべてに対応できるものではないだろう。そこで私が今後、生徒と関わっていくうえで大切にしていきたい3つのことを紹介したい。

＜1つ目＞一貫した姿勢がほんとうのリレーションシップを育てる
　生徒との信頼関係を築くことを基本にしたい。それができていなければすべて

が空回りで終わってしまうからである。生徒の良いところをほめ、一貫して筋を通すこと、普段の何気ない会話を大事にしていきたい。学校コーチングでは、共動の約束でリレーションシップは出てくるが、それを基盤にしながらも、簡単に生徒の自己中心的な考えを受けとめずに一貫して筋を通せるかどうかがとても大切に思う。

＜２つ目＞個と環境を正確にとらえた関わりを

　生徒の状態とそれをとりまく環境を正確に把握し、それぞれの生徒にあった関わりをしていきたい。たとえば、精神的に不安定な生徒には、まずその状況を受けとめるカウンセリング、自分で解決策を見いだせない生徒にはアドバイス、基本的な勉強の仕方がわかっていない生徒にはティーチングを行なうという方法である。とくに精神的に不安定な生徒や問題行動が改善されない生徒に対して適切に対応するために、さまざまな事例を学び、どういう対応が適切なのか判断できるようにしていきたい。対応を間違えてもすぐに対応できるリカバリー能力も重要に思う。

＜３つ目＞健康と関係性のバランスを保つ

　自分自身の心身の状態をある程度のレベルで維持していくことと、ゆとりをもって仕事をしていくことである。極度に疲れていたり、忙しかったりすると、どうしても生徒への対応の質が下がってしまうので、適度な運動と休息する時間を確保することと、前もってできる仕事は早めに進めておくことを心がけていきたい。教師は、時間外の対応が多くなるのでストレスを貯めがちになり、疲弊するケースが多いといわれている。そのためにも健康は生徒の教育活動において重要なキーである。自分を支えてくれる家族との関係も大切にしていきたいと思う。

　以上、学校コーチングの実践についてお伝えしてきたが、今後も学校コーチングを中心にさまざまな学習をしつつ、それらを実践し、質を高めていきたいと思う。

注
*１　本間・松瀬『コーチング入門』によれば、アメリカで Thomas Leonard によって電話会議システムによるコーチ養成機関、コーチ・ユニヴァーシティーが設立されたのは、1992 年。日本においては、コーチ 21 が 1997 年にコーチ・ユニヴァーシティーのライセンスを取得してコーチ養成事業を展開し始めた。

*2 1992年には、アメリカにおいてLaura Whitwofthらによってワークショップ形式でのコーチ養成機関であるCTI（The Coaches Training Institute）が設立された（本間・松瀬『コーチング入門』）。

*3 1996年には、プロのコーチの発展・普及を目的とした公的団体である国際コーチ連盟（ICF）が設立された（本間・松瀬『コーチング入門』）。

*4 GOALS（目標の明確化）、REALITY（現状の把握）、RESOURCE（資源の発見）、OPTIONS（選択肢の創造）、WILL（意思の確認、計画の策定）であり、もう少しイメージしやすく表現を変えると、G（何を目指すのかはっきりさせる）、R（ほんとうの問題は何かをはっきりさせる）、R（解決に利用できそうなものを探す）、O（別の方法がないか考えてみる）、W（実現に向けての「やる気」を確認する）である（本間正人『「最高の能力」を引き出すコーチングの教科書』自由国民社、2006年；本間・松瀬『コーチング入門』）。

引用・参考文献

本間正人・松瀬理保『コーチング入門』日経文庫、2006年。
本間正人『「最高の能力」を引き出すコーチングの教科書』自由国民社、2006年。
伊藤守『コーチングマネジメント』ディスカヴァー・トゥエンティワン、2002年。
桜井一紀『ビジネス現場のコーチング活用法』日経BP社、2006年。
米川和雄『エンパワーメント』東京図書出版会、2002年。
米川和雄「高校生のピアコーチ養成プログラムの介入効果検討―学校ソーシャルワークにおける環境的アプローチの一過程―」『学校ソーシャルワーク研究』3、2008年、pp. 67-80。
ローラ・ウィットワース／ヘンリー・キムジーハウス／フィル・サンダール『コーチング・バイブル―人がよりよく生きるための新しいコミュニケーション手法―』CTIジャパン訳、東洋経済新報社、2002年。

3. 高校の事例

環境的なアプローチとして用いる学校コーチング
―その出会いから使用の実際まで―

東京都内通信制高校 学習センター長
世戸　佐代子

学校コーチングに出会うまで

　高校の学習センター長に就任したばかりの頃、前任のセンター長から引き継いだ時点では、センターそのものがまだ2年目ということもあり、登校してくる生徒も少ない現状でした。しかし、そんななかでも現状と今後に関するさまざまな業務の対応が求められてくる状況で、いったい自分にどんなことができるのか、皆目見当もつかないほどの有様でした。さらに、スタッフの入れ替えもあり、新生キャンパスとして、厳しいなかで船出をしていかなくてはならない状態でした。

　もともと、持論として「プラスに目を向ければマイナスは消えていく」といった考えがあったため、とにかく、前向きに新しいことを取り入れていきたいという意気込みで、センター長の職務に取り組み始めましたが、生半可なプラス思考では難しい状態でもありました。さまざまな学校改善に向き合ってこられた先生たちと新しいかたちでの業務がスタートし、新しいスタッフも加わったことから、対応の整備が求められ、その整備の間の数ヵ月は去年の亡霊に悩まされるといった状況でした。このことに関して生徒からの相談も出てくるほどでした。

何かを感じた学校コーチング

　学校コーチングに出会ったのは、このような慌しい船出の途中のときでした。
　本校では、職員の資質向上のためにさまざまな職員研修を実施しており、そのひとつとして学校コーチングを実践されている米川代表の講義を受けた私は、講義終了後に渡された案内にあった「エンパワーコーチング（エンパワーコーチングは学校コーチングの原型です）」の「対象＝人間関係能力を伸ばしたい管理職の方」という一文に反応し、早速講座を受講してみることにしました。
　以前からの入学相談室長にくわえて4月からはセンター長も兼務という状況

で、相当ハードな毎日を過ごしていたこと、ほかにも必要な勉強のテーマは数かぎりなくあったこと、にもかかわらず、それらと比較検討することもなく、自分の年間スケジュールを確認することもなく、どうして即座に受講を決めたのかは、自分のことながらいまだに謎です。何かほかの講師や講座と異なる点を心で感じ、突き動かされたのかもしれません。そのときには、このような文書を書くことになるとは思いもしませんでしたが、これも運命なのかもしれませんね（笑）。

単なる楽観主義ではない！
　そして、スタートしてはじめて触れた理念。細かいことは、論理的な話の苦手な私の皺の少ないつるつるの脳みそにはとどまらず、半分以上が素通りしていきましたが（笑）、どうやら、その理念には、過去の原因探求だけではなく、未来にも重点が置かれているらしい。しかも、ただやみくもな楽観主義なのではなく、その過程の検証がしっかりされているらしい――その点を確認できただけで、実利主義の私の、単純で素直な（！）脳みその指示系統は、「よし、方法論をしっかり身に付けよう！」という結論に達したのでした。

学校コーチングを学び始めて、使い始めて
　さて、私はセンター長として、キャンパス全体を見ることや本校（本部）との調整を中心に行なっているので、生徒に直接指導したりということはなかなかできません。生徒の対応は現場の先生方にお願いすることになります。ですので、その先生方に対して学校コーチングを活用させていただくことで、間接的にキャンパスに良い影響を与えられれば、という姿勢で臨んでいます。
　とはいうものの、しっかりそれを活用できているかというと、なかなか教科書どおりにはいかず、会話の中で一緒に悩むという状態になったときには、相手に質問を投げかけて会話の方向を前向きにもっていくことくらい――極端にいえば、たったその程度のことしか実践できていないような気もします。
　ただ、スタートして数ヵ月程度で、なぜか確実にキャンパスの雰囲気は良くなっているのです。もちろん、先生方のもともとの資質のおかげともいえるでしょう。ですが、組織の雰囲気にそのトップの「あり方、考え方」が大きな影響を与えるとすれば、私の「あり方、考え方」には確実に変化があったこともたしかなのです。

一番良い方向をその人自身が見つけるお手伝いをすること

　まず、以前にも増してマイナスに目が向きにくくなったこと。つねに「これから一番良い方向に行くためには」という視点でいる習慣が付いたこと。この姿勢が身に付いたことで、どんな状況でも解決の道を見つけることができるようになりました。

　米川代表の「ディスエンパワーメント（マイナス）にエンパワーメント（プラス）が負けるわけがない！」という言葉が思い出されます（もちろんディスエンパワーメントがエンパワーメントになる可能性があることなどの応用を除きますが）。

　また、コーチングとは人をサポートすること、その人にとって一番良い方向をその人自身が見つけるお手伝いをすること（私の場合は「人」とは先生たちと生徒たちのことですが）、そのことをつねに考えていれば、自分自身がマイナスになっている暇もないのです。

教職員を対象とした環境的なアプローチとして学校コーチングを用いる

　行動として私が気をつかっていることのひとつは、毎週木曜日の午後に行なっている職員会議の進め方でしょうか。もともと、雑談などは得意ではないうえに、井戸端会議などの雰囲気も苦手な性格なので、ついつい硬い雰囲気の会議運営になりがちなのですが、それでは先生方の本音も出てきません。

　そこで、毎回開始前には、みんなでコーヒーとハーブティーなどの美味しいリラックスできる飲み物を用意します。それと一緒にちょっとつまめるチョコレートなどを用意し、前半は報告事項など、後半は雑談などに当てます。じつは、その雑談の中で生徒の重要な話が出てきたり、良いアイデアが出てきたりするのです。

　もう少し硬めの進行でもいいかなと思うこともありますが、普段、生徒と先生たちの距離が極端に近いキャンパスでは、先生方も結構気をつかってストレスも溜まりがち。距離が近い分、先生の雰囲気はストレートに生徒たちにも影響します。

ですので、先生方の、この週に１回の息抜きは案外有効な気がしています。
　こうして考えてみると、学校コーチングで学んだことを、気がつかないうちにじつは少しずつ取り入れることができているのかもしれません。
　何より、自分が直接関与しているわけではなくても、先生が生徒たちとすごく良い信頼関係を築いているのを見ると、そのほほえましい素敵な場面を──自分が間接的に関わっているという思いもあるため（思い込みではないと思いますが）──素直に嬉しいと思えるのは、ほんとうに幸せなことなのです。

誰かを活かすことで自分を活かす
　以上、簡単にではありますが、学校コーチングが単なる個別的な援助技術ではなく、環境的な技術や間接的な技術としても用いることができることをまとめさせていただきました。
　最後に自分の援助職としての成果ですが、エンパワーメントの自立の意味の重要な点としての「誰かを活かすことで自分を活かす」──この姿勢が身に付いたことこそが、教育という分野に身を置いた私が、この学校コーチングで得た最大の成果といえるのかもしれません。
　今後は、ひとりでも多くの子どもたちに、自分らしく、自分の長所と才能を活かし、希望をもって次のステップに進んでもらえるように活用できればと思っています。

おまけに
　このほか、入学相談のときも、学校コーチングのコーチング的手法（さまざまなコミュニケーションの中でもコーチングやTARGETモデル）を用いることで、相談者である子どもたちの長所を見つけていくことから、本校の良さを実感していただけるときもあります。
　また、現在取り組んでいる発達障害の生徒たちへのサポートにも、まだまだ、この分野はこれからではありますが、学校コーチングは有効だという感触をもちつつあります。

4. 大学の事例

能力発揮の土台づくりとしての学校コーチング
―キャリア教育におけるエンパワーメント―

関西 私立大学　非常勤講師
内藤　友子

大学生のキャリアの現状

　私は大学のキャリア形成授業の中で、「能力とは、何かを成し遂げる力である」ということを強調してから講義をスタートすることにしている。

　現在大学では、低学年から、マナー教育やキャリアデザインなどさまざまなキャリア教育が入り込み、そのひとつとして、「適職診断」で興味・能力・価値観を診断させ、自分の進むべき方向を探らせるアセスメントが一般的となっている。

　適職診断は、これまで自分自身をしっかり見つめ、将来何になりたいかがはっきりしている学生にとっては、自分がどのような業種・職種に向いているか、社会的な強みが何かなど、大まかにつかむことができる。

　しかし、どのような大学や教育機関にも多い「やりたいことを見つけるために大学に来た」とか、「いまの時代だから大学は出ておかなければならない」という学生や、とくに目的意識もなく毎日を過ごしているような学生にとっては、適職診断をする前の準備段階を用意することも必要である。

　それは、これまで自分を深く掘り下げて自己理解をする体験が乏しい学生や、やりたくないことを避けて通る学生には、現状の興味・能力・価値観のデータを示されても、体感としての納得感もないであろうと思うし、占いレベルの資料になってしまうのではないかと感じるからである。このような印象は、実感がわかないという生徒の意見からも強く受ける。

学生の心と授業

　実際、学生の中には、これまで親に叱られたことがないという者も多く、人生の振り返りを行なわせても、大きな壁を乗り越えた経験が少なく、人と関わることに緊張感が高いと伝える学生も少なくない。入学したばかりの春頃は、同じク

ラスになっても目を合わせられない、グループになることもできないという学生も多く、ストレス耐性の弱さを痛感する。

大学では、授業に遅れてくる、授業中にメールを打つ、私語がとまらない、勝手に教室を出入りする、漫画を読んでいるなど、学ぼうとする姿勢のないことを露骨に表現する学生もおり、それを当たり前に感じている学生もいる。彼らに大人が顔色をうかがって接すれば、逆に大人の顔色をうかがい接してくる。そして避けられるものであれば、何とか嫌なことを避けようとすることがある。授業中に意見を聞いたりすると他の人にしてくれと逆ギレ（本当はこちらが怒りたいが）される場合もある。そのため本能的な部分での行動（闘争・逃走）で生きようとする傾向が見受けられ、感情的なコントロールの教育もキャリア教育においては大切な事項と感じている。

つまり相互に活かしあうという視点がなく、まだまだ出せる力を出していないと感じることが多い。

なぜ離職する！

そんな学生が、社会人となり、厳しいビジネス環境、縦社会の人間関係の中に入ったとき、壁にぶつかって心が病んでしまうことも予想される。昨今、メンタルヘルス問題も社会問題となっており、学生を含む10人弱に1人がうつ病を発症しているという報告もあり、壁にぶつかることが新入社員の精神障害の多発につながるのではないかと危惧している。

また、入社3年以内の大卒者の3割以上が、早期に退職している現状がある（巻末資料参照）。退職理由は、理想と現実の差、自分のやりたい仕事を与えられない、人間関係がうまくいかない、などであるようだ。どこの大学でもキャリア支援において、業界研究・企業研究・自己分析・面接対策・筆記対策・エントリーシートなど、さまざまな授業を実施している。しかし、それでも厳しい現実があるということであろう。

教育から学生サービスの時代

授業程度の基本的な規則やルールの厳守はまだいいほうである。社会に出れば縦社会で、ことによっては理不尽と思われるようなことでも上司に従わなければならないことや、顧客や取引先から無理難題を言われ、板挟みになって悩むこともあるからである。お金を払う側からいただく側になるのだ。

しかし、学生は大学側にとって、大切なお客様であるから、学生を教育するのではなく、どちらかというといまの学生に大人が受け入れられるようにあわせているという、社会とは逆の実情を体験させる場となっているという話をよく聞く。学生教育ではなく、学生サービスや教育ビジネスとなっているのである。

社会に出るための教育の態勢とは

学生の将来のために（前述のような現状もあり）、まずは社会に出る準備として、当たり前である基本的な規則やルール、マナーを守ってもらうこと、そして、手本となる大人を真似る、指示に従うなどに焦点を当て、能力を発揮させるための態勢をつくることが重要であると考える。

教育とは、①教え育てること、②人を教えて知能をつけること、③意図をもってはたらきかけ、望ましい姿に変化させ、価値を実現すること、などの活動ではないだろうか。お客様だから、現代っ子だから彼らにあわせるという基準ではなく、彼らの近い将来を見据えて、現実の社会環境に適応するための「姿勢」（学ぶ姿勢、働く姿勢）を身に付けさせることが第一ではないだろうか。とくにキャリア教育では、この点は大切と考える。まず使うべきは、学校コーチングの4つのコミュニケーションでいうティーチングやアドバイスの部分である。

基本的な能力育成準備：講義をビジネスの場へ

以上のような思いを尊重していただける私が講師を務める大学のキャリアの授業では、学生の社会への準備段階をとらえ、現代の社会人に必要とされている力からブレイクダウンし、授業を組み立てることを大切にしている。

会社に入れば当然のことながら、ビジネスマナーはもちろんのこと、仕事の達成率を評価されるだろう。学生にとっては、それが単位をとることにあたるが、私は、A評価B評価C評価D評価の基準を伝え、どうしたらA評価になる可能性が高いかを説明し、指示されたことに対して、それをクリアすれば当然評価されることを認識させている。いまでは授業中の携帯電話の使用など、悪いという認識をもっていない学生は多い。それが個人の空間ではなく、団体での空間であることを意識させることが必要で、まずは授業の受け方から教育をしている。さらに、作業の手順を聞いていなかった学生には、再度説明をして取り組んでもらっている。

ティーチングからコーチングへ：自己理解から行動へ

　社会に出れば、いちいち注意されずに、採用がないか、黙ってできない人と評価されてしまうこともある。また、現代では派遣会社で働くことも一般的になっているが、自分の都合にあわせた希望条件が高くなる一方で、企業が求めている人物像のレベルが上がっていることに気づかず、現実とのギャップが大きくなり、年齢とともに採用されなくなっていくという現状もある。また仕事の不安定な日雇いで、ネットカフェに住む人のニュースも多くなっている。このような現実があることを学生が認識できるようにしている。

　それを知ることで、いまなぜキャリア教育が必要なのかを知ることにもなる。このように自己と社会の理解の両方をとらえていくことが、エンパワーメントのソーシャルワークモデルにもあった自己選択や行動に進ませることがある。

　大学は、社会に出る前に、学生たちを鍛えられる最後の砦であると思う。そのため、学生に嫌われても、彼らが自分の将来を選択し、行動していけるように関わるようにしている。このような行動が伴ってきてから（または伴いながら）、「自分を見つめさせること」「自分を表現させること」「人と分かちあうこと」をチャレンジさせている。ティーチングの次は、アドバイスやコーチングなのである。

　大学生の中には、静かに授業を聞けと言われると反感をもつ者もいる。その逆に、よりキャリアを向上させるためにどのようなマナーが必要なのかと問う者もいる。このような場合、自分では4つのコミュニケーションのルービックキューブを思い出し（実際にはその場において瞬時に反応している）、ティーチングやコーチングなど、その場に応じたコミュニケーションを用いている。

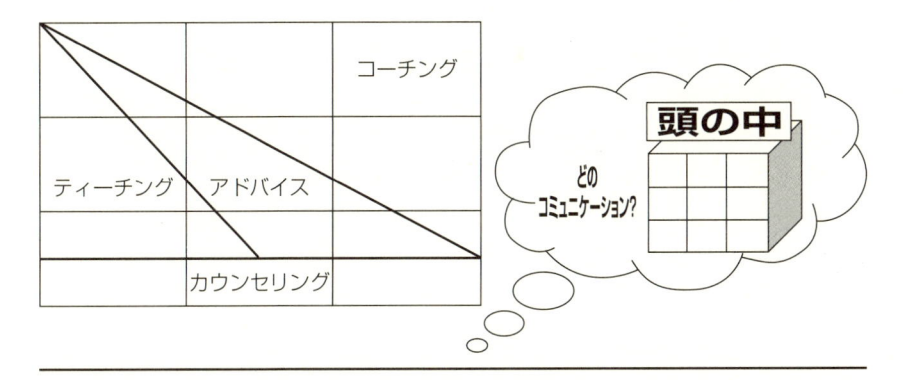

社会に出るための教育：グループ・エンパワーメント・モデル

さて、以上のことから、学生のコミュニケーション能力や基本的業務の遂行能力を育てるために、授業の90分の時間を細かく管理し、指示を与え、グループで作業をさせ、発表してもらうことを繰り返している。その一部を紹介する。

あらかじめ52枚の恥ずかしがりや、努力家、責めたがりや人情家などの内面の性格のカードを用意する。カードを並べさせ、グループ内で自己開示させる。さらに自分が大学に入って何ができるようになったかのエピソードを大勢の前で発表させ、人からそのことについての感想や気づきをフィードバックさせる。自己理解の促進をさせるためである。

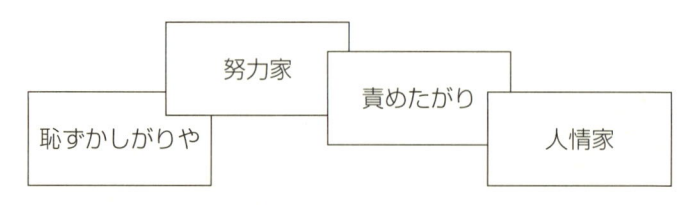

```
        ┌──────────┐
        │  努力家   │
┌───────┤       ┌──┴──────┐
│恥ずかしがりや│ │ 責めたがり │
│       │ │     ┌──┴──────┐
└───────┴─┴─────┤  人情家   │
               └─────────┘
```

また、グループにおいて、役割分担をさせ、時間内に作業を終了させる役割遂行能力の育成を行なう。グループ発表するような場を多くもつこともしている。

良い結果として、グループ内での助けあいができている学生も多い。さらに、偏った考え方や自分勝手な見方にならないように、学生側の視点と社会人からの視点など立場を変えてのディスカッション（ロールプレイ）をさせることによって、現実とのすりあわせを行なう場をもち、より客観性をもって自己理解と他者理解が促進されるようにしている。

このような体験を通して、最初は批判が多い出席カードのコメントも、「とてもためになる」「授業に取り組むだけで能力が上がっているように感じる」「いままで知らなかった知識が入ってくるのは楽しく、将来役に立つと思えば、よりいっそうやる気が出てくる」といった感想が出てくることもあった。

成長は一歩ずつでいいが待つだけではだめ

このようなことを続けていると、これまで文句を言っていた学生、授業でやる気のない素振りを見せていた学生が、自己のビジネス能力の必要性を感じ、いまの自分に危機感を感じ、動き出すことがある。自己理解から行動への流れがここにもある。何度も続けていくと、与えられた課題を達成するために、わからない点について積極的な質問も出てくる。授業だから仕方ないとやっている学生で

も、火事場の馬鹿力を出し、発表のときには震える声、震える手で懸命にチャレンジしている姿を見ると、教育の仕方によってレディネスを待つのではなく促進することの重要性を深く感じる。「難しければやらなくていい」というスタンスだけでは、このような勇気が引き出されることはないだろう。

　社会で求められている人物像は、現状維持の人物ではなく、組織人として、現状からつねにチャレンジし、成果を上げ、社内外でコミュニケーションがうまくとれる柔軟性のある人物である。もちろん業種によっては異なる場合もあるだろう。しかし、大方それが社会の現実であろう。何でも大学生の自主性や自由に任せるだけの教育では、社会に出てからそのギャップを埋めていくことは難しいだろう。

自分を理解し受容する

　社会で少しでも柔軟に対応していくためには、社会的能力の基礎になる体験が必要である。その体験においては、取り組むことが好きか嫌いかや、自分に向くか向かないかではなく、まず取り組んでみて、できるかぎり体験の幅を広げていくことが重要である。それは、体験した結果、①うまくできて嬉しい自分、②行動したけれどうまくいかず、嫌になってしまう自分、③思いがけず人に助けられて心が温かくなる自分、④よかれと思って行動したことが、受け入れられず批判されてどうしていいかわからなくなる自分、というさまざまな自分を体験することで、成功だけでなく失敗からも成長することができるという見方を養うことができるからである。

　このようなことからも、学生には喜怒哀楽のさまざまな体験をし、それを受けとめてほしいと思っている。

ストレスはほんとうに悪いものか？

　学生がさまざまな体験をしていくには、グループの力を借りたり、講師の力を借りることが必要である。途中までの環境を設定してあげることで、知らず知らずにはじめの一歩を踏み出していることがあるからだ。そして、この踏み出しのストレス（ディスエンパワーメント）の重要性を大学側に理解していただくようにしている。成長を促進するためにはある程度のストレスがともなうからである。

　そして、キャリア教育を実施していくことは大切だと思うが、学生たちの人生

の一時期としてとらえるのではなく、一生続くキャリアという物差しをもつことが大切である。授業だけのことではないからである。社会に出る前から、当たり前のことが当たり前にできることの上に立って、学生の将来にとっての助けとなる力を養わせることが重要であると思う。

つまりは、一時のディスエンパワーメントが将来のエンパワーメントに変わる可能性は大いにあるのだ。

学生だけでなく環境にもはたらきかける学校コーチング

さて、小中高のそれぞれでしつけができていないという教職員の意見を耳にすることがある。しかし、嘆く暇があれば、日常の大学生活でしっかりとしたしつけができるようにはたらきかけることが必要であろう。現に、私が講師を行なっているある大学では、これまでのあまりにひどい授業態度に対し、現状認識の報告と意見書を提出し、2年目からは担当教授陣と協力態勢をつくり、一貫して厳しく学生に接していく過程を踏んだ。環境にはたらきかけたのである。

その結果、その大学は、これまで以上に私語がなくなり、こちらの指示に従って、ワークなどにも取り組むように態勢を整えることができた。学生の中には、将来のことをじっくり考えることができるようになったと発言する者もいた。

教育の根底にあるもの

私は、愛をもって、「指示（基本と応用：ティーチングとアドバイス）を大切にすること」「自分を見つめさせること」「自分を表現させること」「人と分かちあうこと」というキャリア教育を続け、学生が社会に出たときに出会う困難を、なんなく乗り越える力を身に付けてほしいと願っている。その力こそがエンパワーメントであり、その源であるように感じる。

このような人間関係をとらえたキャリア教育を、自己に対しての感受性のアンテナ、または他者に対しての感受性のアンテナを磨いていくようなイメージでとらえている。これからの社会を担う多くの子どもたちが、さまざまな事項をとらえていくアンテナと、その事項に対処する能力を育ててほしいと願っている。もちろん、そのためには、まだまだ私自身も磨いていく必要があると感じている。

5. 学校コーチングにおける縁の下モデル

　以上、実際の教育現場での学校コーチングの事例を紹介してきました。
　さて、前述したように、学校コーチングでは、子どもたちの環境に関わるという考えをもちます。しかし、従来の学校専門職がとる環境に関わる考えとは一部異なる部分があります。図9-1は、学校コーチングにおける個人（子ども）と環境との関係性を示した学校コーチング・バックグランド・モデルです。
　この図は個と環境の支援モデルですが、援助職は子ども（クライアント）を中心とした支援をしながら、子どもを支援している専門家や周囲の環境についてもはたらきかけることを表わしています。周囲の専門家や環境が、子どもにとって最善のはたらきかけができるように関わっていくモデルです。つまり、学校コーチングを用いる援助職の支援対象者は子どもだけでなく、その子どもの健康増進や能力開発のために、子どもに関わる専門家、周囲の関係者や機関など、さまざまな対象が含まれるということです。

まずは学校文化や環境を理解する
　従来の専門職の考え方では、学校関係者（先生など）に対する対等な関係性が強調されてきました。しかし、学校コーチングでは、子どもが元気に過ごせるのであれば、対等でなく縁の下でもよいという考えがあります。とくに学校文化を

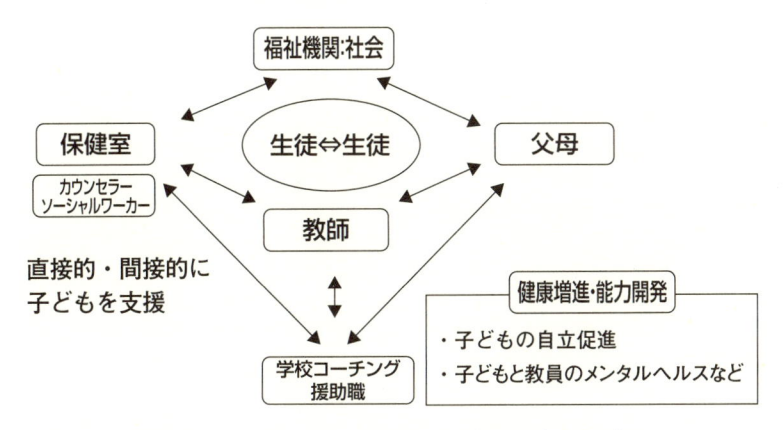

図9-1　学校コーチング・バックグランド（縁の下）・モデル

理解していない援助職が、学校に入った初回から、先生たちと対等な立場で物事を述べるということは、専門的な知識の範囲であればまだ許せるのかもしれませんが、文化や環境を理解していない時点から知識だけの意見を述べるのはあまり好ましいとはいえないでしょう。スクールカウンセラー導入期に、スクールカウンセラーが学校文化を理解していないという問題がとりあげられたことからも、この点は、謙虚に考える必要があるでしょう。

　学校コーチングでは、柔軟な考えをもち、活動することを、援助職に求めています。逆にいえば、柔軟であるために学校文化や環境を理解したときには、"ときとして"リーダーシップを発揮することも必要です。そのようなときには、図9-1の縁の下の図の上下が逆になるときもあります。援助職がトップに来るときは、リーダーシップ・モデルになります。そのため、学校コーチングの援助観をもつ場合、基本スタンスは、バック・グラウンド・モデルですが、ときにリーダーシップ・モデルになることもあります。

≪組織のメンタルヘルスへの示唆≫

1. メンタルヘルスとは何か？

　メンタルヘルスは、直訳すれば「心の健康」という意味です。もともとは「精神衛生」の意味で、精神の健康保持増進や精神障害の予防・治療の活動などを主眼に置いていました。精神衛生は精神保健という言葉でも用いられています。現在では、心の健康にストレスが関連していること、またストレスには身体的な疲労も関連していることから、メンタルヘルスの目的として「心も身体も健康を保持・増進すること」とされています。2006年3月メンタルヘルスケアへの徹底のために「労働者の心の健康の保持増進のための指針」が示されました。

　さらに労働安全衛生法の改正により、2006年3月に「過重労働による健康障害防止のための総合対策」が示され、1週間40時間以上月45時間以上の残業がないように徹底した指導を行なうとされました。また労働者の疲労蓄積度自己診断チェックリストの活用も示されました。さらに「過重労働による健康障害を防止するため事業者が講ずべき措置」では、健康障害を防ぐため、事業者の責任がより明確に定められました。このほか、年間約3万人にものぼる自殺者対策の推進として「自殺対策基本法」（2006年10月施行）による自殺の対策推進が示され、これを受けて策定された「自殺総合対策大綱」（2007年6月策定）では、スクールカウンセラーの充実などが示されています。なお学校問題における自殺者は、平成18年は91件（平成17年は71件）です（警視庁、2007年調べ）。

　＜長時間の時間外・休日労働における医師による面接指導＞（安全衛生法66条を受

けての基準）
①時間外労働が1ヵ月100時間を超える労働者で、疲労の蓄積が認められ、申し出のあった者に実施。
②時間外労働が1ヵ月80時間（労働時間が週40時間）を超える労働者で、疲労の蓄積が認められ、申し出のあった者に実施を務める。
　なお教育業、医療・福祉業では、その裁量の部分が大きいため、労働者が自己管理を行なっていくことが求められます。

2. メンタルヘルスの体制づくりについて

　職場では、毎年産業医らによる健康診断を実施し、必要な方には健康指導を実施してきました。しかし、これからの働く人の健康管理については、管理職の責任も問われるようになりました。そのため管理職には、部下の相談にのるためのスキルが必要になっているだけではなく、保健スタッフとの連携により、快適な職場づくりを行なうことが求められています（図9-2参照）。
　なお、「事業場における労働者の健康保持増進のための指針の一部を改正する指針」（2007年11月）では、各専門機関（産業医を長）による個別的な健康保持増進への指導のための健康保持増進専門委員会の設置が示されています。

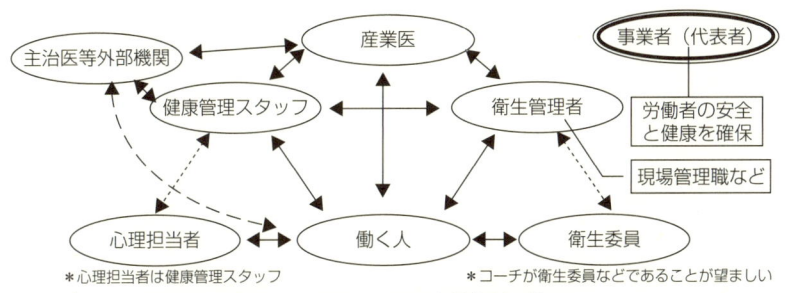

図9-2　メンタルヘルス支援体制の流れ

3. 学校コーチングだからこその関わり（管理職における活動）

①一次的関わり（環境整備）
　学校コーチングの援助職（学校コーチ）は、主として、心の充実や健康を支える役目を担います。職場の人間関係の風土や環境をより豊かにするための関係つなぎ、ネットワークリーダー的な活動が求められます。情報を得ることも含みます。
②二次的関わり（方向設定）
　職場内における心の悩みや人生の方向性の悩みについて、学校コーチは非常勤のカウンセラー以上に職員に近い存在として対処していきます。とくに上司の場合は、仕事の悩みなどについて部下を知るきっかけともなります。また病的なレベルの早期発見と、カウンセラーなどの健康管理スタッフへのつなぎ役として、もっとも重要な存在となります。
③三次的関わり（維持・向上）
　(1) 職場内のモチベーションの維持、(2) 方向性をもった部下の継続的な援助。う

つ病などで休んでいた人に対する職場復帰のための職場の雰囲気の浄化。問題を生んでいる組織自体のあり方についても言及できる体制を築いていくことが必要です。
- ■ 裁判において、仕事に関連する疾病に組織の責任が問われ、現場管理者の責任も問われるため、サービス残業は最終的に組織に害を与える。
- ■ 労災認定された自殺には、従来の時間外労働が100時間以上、精神科受診なし、仕事が達成できない、睡眠時間5時間以下などの特徴がある。
- ■ 過労死の場合、組織の損失額は1億円前後とされている。長期間のサービス残業の損失は大きい。

4. 心身の不調のサインを見逃さない
＜心身の不調を起こす出来事＞
① 日々仕事が忙しくて、長時間労働が続いたとき。
② いきなり仕事がなくなったとき。配置転換（昇進）の後など。
③ 職場での人間関係がうまくいかないとき（セクハラ・パワハラも同様）。
④ 長期間業績を伸ばせないとき。
⑤ 結婚前、結婚後、出産前、出産後、育児期間、介護期間、離婚後、別居中、喪失後、引越し後。

＜心身の不調のサイン＞
① 仕事のミスが多くなった。仕事の処理がひとりでできなくなった。約束を忘れることが多くなった。
② 呆然とすることが出てきた。テンションが低い。これらにあわせて独り言が多い。
③ 義務感や責任感がなくなる。周囲にあわせなくなる。周囲との関わりを避ける。
④ 不満ばかり口にし、周囲に反抗的になる。キレやすい。イライラしている。
⑤ けがをしがち、病気になりがちで休みがち。無断欠勤が多い。遅刻が多い。
⑥ 自信を失い自分の能力を非難することばかりを口にする。
⑦ 身だしなみや服装に気をつけなくなる。
⑧ 周りの人が自分の悪口を言うと言い出す。
⑨ お酒を飲むと人が変わる、泣き出す、感情をむき出しにする、からむ。日々酒臭い。
⑩ 食事をとらない。急激に痩せたのがわかる。

5. メンタルヘルスに関わる事項
1 うつ病
　① うつ病になりやすい傾向
　　　ひとつのことに打ち込みすぎ。やめられないまじめさ。徹底した完璧な仕事のこなし。人一倍責任感が強い。相手の顔色をうかがう。仕事を断ることができない。気が小さく争いが苦手。周囲の目を気にする。エリート意識が高すぎる。潔癖主義。無理な温かさ。顔はにこやかだが鋭い口調や目つき。

　② うつ病の3大特徴
　　1）罪責感……失敗（受験、出世、出産）や成育歴（親からの存在の否定）によ

り、自己の生きる価値のなさを大きく感じ、自分のことを責める。また自分が悪いことを周囲にも確認し、さらに罪責感を強めようとする。
2) 睡眠障害……夜眠れなかったり、朝4時前後など、通常の数時間前に起きてしまう。その分昼間にうとうとしてしまう。
3) 希死念慮……死にたい気持ちになったり、死にたいと表現する。自殺の計画をすることもある。

上記に付随して以下の症状が現われる場合もあります。
・抑うつ気分……気分が重かったり、悲しさや寂しさを感じたり、まったく物事が楽しくなくなったりする。イライラしていきなり怒鳴りだす。朝は気分が重たくても夕方には軽くなる日内変動が見られる。
・身体の倦怠感……朝起きるのがつらかったり、身体に疲労感があったり、重かったりする。疲れきった印象を与える。行動では動きが遅くなったり、逆に活動しすぎ。
・食事の過度な増減……1ヵ月の間に5kg前後の体重変化が見られるほどの過食または拒食を呈する。

2　セクシャルハラスメント
　女性労働者が増えている現在、男女平等に働くことができるような環境調整が必要視されています。男女雇用機会均等法において、女性が性的な言動により不利益や就業環境の悪化を被ることのないように示されています。さらに「事業主が職場における性的な言動に起因する問題に関して雇用管理上配慮すべき事項についての指針」（1998年労働省告示第20号）では、セクシャルハラスメントの内容を示しています。労働安全衛生法における心身の健康への配慮にも関わります。

3　パワーハラスメント
　現在、女性労働者に注目されているのが、セクシャルハラスメントのほかに、造語であるパワーハラスメントです。これは、リストラを背景に出てきた言葉です。企業都合で労働者の解雇をすると、1ヵ月分の給与支払いや労働基準監督署の調査が入り、企業にとってさまざまな負担がかかりますが、自己都合での退職であれば、企業における損失は少なくてすみます。こうして、自己都合の退職を迫る行為が、パワーハラスメントです。
　これには、仕事上の極端な対応を迫ったり、ミスを罰したりと労働者にとって心理的な負担を極度にかけていくものがあります。また仕事上で困っていると労働者が相談に来ても口だけで対応せずに、時間だけを待つ場合も、パワーハラスメントと考えられます。

第10章

エビデンス・ベースド・アプローチ
―科学的根拠を求めたコーチング―

> **エンパワーメント・モデル**
> 自己を知ることが自己の方向性を定め、行動へいたらせる。

1. エビデンス・ベースド・アプローチ

　いまや心理学や社会福祉学においては、ドグマ（創始者の教義）による関わり方（アプローチ）ではなく、科学的な根拠をもった信頼性のある関わり方が求められています。
　わが国では、コーチングによる自己啓発が、いまだにブームとなり、社会を変革するというコーチングの思想が、大小を問わず多くのコーチング団体で重要視されています。しかし、社会を変えると言いながらも自分の所属する会社を変えられずに見切りをつけ、コーチングが有効なコーチング機関に就職（出家）しているのが、コーチングを主張する人の実態であると発言する企業代表者もいます。実際の労働時間内で用いることができる実用的なコミュニケーションではないと主張する人もいます。
　わが国において、科学的根拠のある理論と技術を提唱しているコーチング団体は、まだまだ見当たりません。その技術が有効かどうかは、どのような機関からその資格が発行されているかには関係ありません。また、コーチングの理論やアプローチもさまざまで、倫理的観点を除いては世界的にも各団体のドグマに依存していることが多いでしょう。
　また企業におけるカウンセリング研修では、カウンセリングは病人に対しての

ものと人気がないため、コーチング研修と称して同様のことを実施している例もあります。このようになると、コーチングとは何かという問いに明確に答えられる人はさらに少なくなることでしょう。

健康心理学的視点を重要視した学校コーチング

学校コーチングは、社会福祉学や心理学をベースにしているとこれまでお伝えしてきました。これには、従来のコーチングそのものが非常に脆弱な理論と技術からなるという理由があげられます。学校教育での支援は、私的な理論や技術で支えられるほど簡単ではありません。だからこそ、エビデンスを重視する学校コーチングは、従来のコーチングと一線を画すものがあるといえるのです。

学校コーチングでは、なかでも能力開発や健康増進に眼を向けた健康心理学的な視点に重きを置いています。健康心理学は、「健康の維持、増進や疾病の予防、健康、疾病、機能不全に関する原因、診断の究明、およびヘルス・ケア・システム、健康政策策定の分析と改善などに対する心理学的領域の特定の教育的、科学的、専門的貢献のすべてを含むもの」(ストーンほか編『健康心理学―専門教育と活動領域―』本明寛ほか監訳、実務教育出版、1990年)とされ、臨床心理学に並ぶ応用領域の心理学です。簡単にいえば、心理学的な要因がいかに人の能力とその開発、人の健康や健康生活に関連しているかを明らかにしていく学問です。

そこで、学校コーチングにおいても、心理学的な要因がいかに人の能力的な部分に影響を与えるかというモデルを提示しています。そのひとつが、エンパワーメント理論から導き出されたエンパワーメント・モデルです。

2. エンパワーメント・モデル

学校コーチングにおいては、自己を理解すること、自己を受容することは、重要なひとつの目標です。しかし、自己受容がクライアントにどのような作用を起こすのかという点については、まだまだ明確にされていないことが多いように感じます。「受容により悩みが浄化されるのでは?」「行動的になるのではないか?」という答えもあるかもしれません。しかし「浄化されたからどうなるのか?」「多くの人がほんとうに行動的になるのか?」という問いに、心理学的観点から明確に答えられる専門家は少ないように思えます。

大きな団体や機関が自己受容が大切だと言うから、それは正しいと判断するよ

うな支援では、科学的根拠があるとはいえないでしょう。

エンパワーメントの指標としての自己受容

多くの文献が、エンパワーメントの効果について、個人における自己効力感、自尊感情、統制力、知覚された能力、自己主張を示していますが（Boehm & Staples, "The Functions of the Social Worker in Empowering: The Voice of Consumers and Professionals", *Social Work*, 47, 2002, pp. 449-460）、自己受容もその効果のひとつとしてあげられています（グティエレースほか『ソーシャルワーク実践におけるエンパワーメント—その理論と実際の論考集—』小松原源助監訳、相川書房、2000年、pp. 3-27）。

自己受容は、自己の良い面も悪い面もそのまま受け容れること（ロージァズ「カウンセリング関係における洞察の発見」『ロージァズ全集4』伊藤博編訳、岩崎学術出版社、1966年）、自己を好きになること、認めること（同「セラピィにおける方向と終極点」『ロージァズ全集4』）とされています。

自己受容の効果としては、豊かな自己理解、自己の内面的な安定性、適度な自信をもち、他者を尊重し、円滑な対人関係をとることができること（中村昭之・板津裕己「自己受容性の研究—文献的研究と文献目録—」『駒沢社会学研究』20、1988年）、また積極的に生きるさまを伴うこと（板津裕之「自己受容と生きる姿勢—Hoplessnessとの関わりについて—」『カウセリング研究』28、1995年、pp. 37-46）が報告されています。つまり自己受容が自他に対して肯定的な行動を生起させると考えられます。

このような考えをベースに構成したモデルが、図10-1のエンパワーメント・モデル（またはエンパワーメント・ソーシャルワーク・モデル）です。このモデルは、自己理解から自己受容を生じさせ、自己の方向性を定め、自己の方向性を

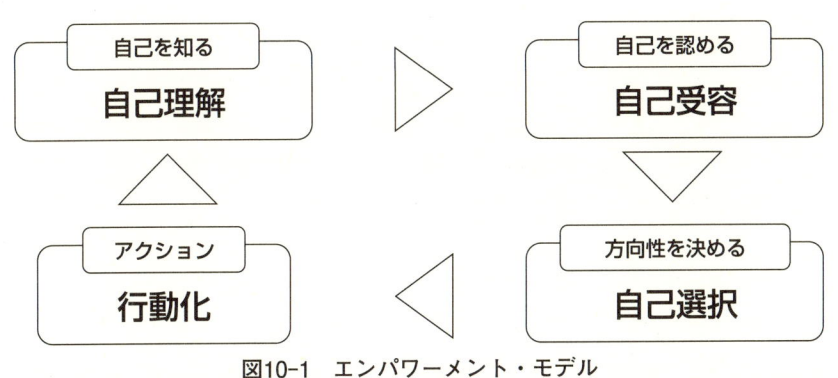

図10-1　エンパワーメント・モデル

選択し、行動へと至るプロセスを示しています。そして、その行動を通じて、さらに自己理解を促進すること、さらに他者の自己理解も促進させることを示すために、行動化から自己理解に進む流れを示しています。エンパワーメント理論には、自己の行動が変わるだけではなく、それを通じて周囲の環境にはたらきかけていくという考えがあります。

　エンパワーメント・モデルを機能させるために重要な事項として、①リレーションシップが築かれていること、②肯定的な信念がそこにあること、があげられます。本書では、共動の約束（成長の循環過程）において、リレーションシップの重要性を伝えてきましたが（第2章参照）、これは上記の事項から考えれば不可欠なものなのです。

カウンセリングの目標でもある自己受容を重視

　自己受容は、来談者中心療法の目標であり（ロージャズ前掲「セラピィにおける方向と終極点」）、カーカフのヘルピングもアイビイのマイクロカウンセリングもこのような考えを底辺に据えています（國分康孝『カウンセリングの理論』誠信書房、1980年）。さらに、A. エリスの論理療法（RET）やA. T. ベックの認知療法などでも自己受容が重視されています（中村・板津前掲論文）。ロジャーズは、自己についての新しい知覚と、そこからの新しい目標の選択に続いて、新しい目標を達成する方向へと動く自己主導的な行為が現われるというふうに、自己理解から行動までの流れを説明しています（ロージャズ前掲「セラピィにおける方向と終極点」）。

　このように、さまざまなカウンセリングにおいても、自己受容が重要視されているのです。

3. モデルの検討

　エンパワーメント・モデルを検討するために、実施された調査・介入研究の概要を紹介します。以下の研究では、行動化（アクション）を具体的な行動指標として測定するために、学校生活スキル尺度を用いました。

　この研究は、以下の2つのことを目的にしています。

＜モデル検討の調査＞
☆自己受容が、学校行動に関わる学校生活スキルに関連していることの検証。

> <介入効果検討の調査>
> ☆自己受容を高める介入をした場合、学校生活スキルが高まるかの検討。

<モデル検討の調査>
①調査対象者
1) 地域と人数

　東京都内の中学校2校の中学生313名に配布した学校生活スキル尺度および自己受容測定尺度の両方のアンケートに不備のなかった271名（有効回答率86.6%）。

2) 性別・学年

　性別では、男子168名（62.0%）、女子103名（38.0%）。学年別では、1年生87名（32.1%）、2年生95名（35.1%）、3年生89名（32.8%）。平均年齢13.26 ± .97。

②調査票の構成
1) 生活満足度

　生活満足度は「非常に満足している」から「満足していない」までの4件法のリッカート評定

2) 理解・協力者数（サポート数）

　友だち、兄弟・姉妹、父母、担任、教科担任、先輩、後輩の7階層において、「理解・協力してくれる」有無の回答を求めました。理解・協力が有の場合の理解・協力者の階層の合計数をサポート数としました。

3) 部活動などの所属　運動や文化的な活動に所属しているかどうかの有無

4) 自己受容測定尺度

　沢崎達夫が作成した尺度（沢崎達夫「自己受容に関する研究(1)―新しい自己受容測定尺度の青年期における信頼性と妥当性の検討―」『カウンセリング研究』26、1993年）で、自己受容がされているかどうかを測定します。下位尺度は「身体的自己（身体面や外見）」「精神的自己（パーソナリティに関わるもの）」「社会的自己（社会生活に関わるもの）」「役割的自己（性差や家族としての役割に関わるもの）」「全体的自己（過去から現在までの自己に関わるもの）」の5つからなります。35項目について、「それではまったくいやだ，気に入らない（1）」から「それでまったくよい，そのままでよい（5）」までの5件法で評価します。なお本調査では，対象が中学生ということもあり、質問1「職業（学生・主

婦・無職などの場合を含む）」を「生徒」に、質問12「性的能力（魅力）」を「魅力」に訂正しています。

5）学校生活スキル尺度

　石隈利紀が作成した尺度（石隈利紀「学校生活適応のための指導・援助の在り方」平成14・15年度茨城県教育研修センター）で、学校生活において必要なスキル（行動）を測定します。進路決定スキル（進路に関して情報を集めたり、考えたりするスキル）、集団活動スキル（集団で生活するための対人関係スキル）、相談スキル（悩みについて他者へ相談するスキル）、健康維持スキル（体調が悪いときに休んだり、バランスのよい栄養を摂るスキル）、自己学習スキル（家での勉強や提出物を期日までに提出する学習のスキル）、コミュニケーションスキル（対人関係に関わるスキル）の下位尺度からなる51項目で、「まったくあてはまらない（1）」から「とてもよくあてはまる（4）」までの4件法で評価します。

③ **分析方法**

　統計ソフト「SPSS Ver.14」を用いて検討しました（以下の分析も同様）。学校生活スキルと自己受容との関連性について相関分析（Pearson）を行ない、さらに、学校生活スキル（目的変数）に対する自己受容（説明変数）の影響について、重回帰分析を行ないました。このとき、サポート数、部活動などの所属、生活満足度との影響の比較を行ないました。

　相関分析は関連性を調べる分析で、重回帰分析はどのくらい自己受容が学校生活スキルに影響を与えているかを調べる分析です。なお、以下の図に示されている「r」は関連の強さを、「β」は影響の強さ、「p」はそれらが有意（意味のある効果があるといえるかどうかの指標）であるかの確率（0.05より低いと有意とされています）を示します。また「t」で表わす式は「t検定」（平均値の比較）を、「F」で表わす式は分散分析（集団間の差）を表わしています。なお、これらは統計学的な数字ですので、研究をしている方のみ参考にしてください。

第10章 エビデンス・ベースド・アプローチ

④ 結果と考察
1) 基礎統計量

学校生活スキルと自己受容の平均値と標準偏差を以下へ提示します。

表10-1 学校生活スキルと自己受容の基礎統計量

学校生活スキル			自己受容		
（得点範囲）	平均値	標準偏差	（得点範囲）	平均値	標準偏差
合　　計(51-204)	132.81	24.11	合　　計(35-175)	113.70	22.55
進路決定(12-48)	30.47	7.22	身体的自己(8-40)	25.52	5.58
相　　談(8-32)	20.34	5.63	精神的自己(15-75)	48.13	10.56
集団活動(8-32)	22.05	4.20	社会的自己(7-35)	23.98	5.42
健康維持(8-32)	20.56	4.90	役割的自己(3-15)	10.23	2.53
自己学習(8-32)	20.21	5.39	全体的自己(2-10)	5.84	2.12
コミュニケーション(7-28)	19.18	4.20			

2) 学校生活スキルと自己受容との相関

分析の結果、自己受容合計得点と学校生活スキル合計得点（r = .59, p<.001）に有意な正の相関が認められました。

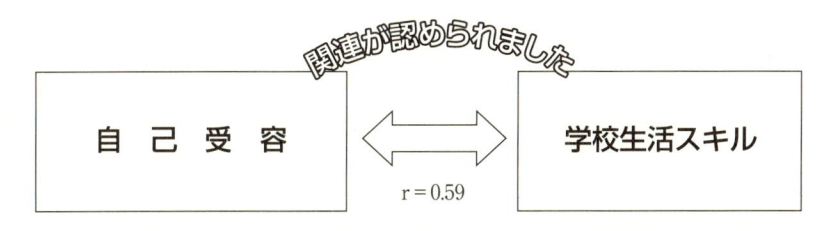

関連が認められました

自己受容 ⇔ 学校生活スキル

r = 0.59

このことは、自己受容が高まれば、学校生活スキルも高まることを示しています。

3) 各変数の学校生活スキルに対する重回帰分析

次に、自己受容が学校生活スキルを高める効果的な要因となるかどうかを判断するために、簡易的に自己受容以外の変数（要因）との比較を通して、学校生活スキルへの影響を確認しました。このときの変数として、サポート数（1.9 ± 1.30）、部活動などの所属（168名所属）、生活満足度（2.76 ± 0.80）を選択しました（これらの対象者の人数は258〜264名）。なおこれらは探索的に分析（調査の結果から判断する方法）しています。

自己受容合計得点（$\beta = 0.52$, p<.001）は、サポート数（$\beta = 0.19$, p<.001）、

213

部活動などの所属（β = 0.14, p<.01）、生活満足度（影響なし）と比べても明らかに学校生活スキルに高い影響を与えていました。このようなことからも、簡易的な尺度による比較とはいえ、自己受容を焦点に生徒を支援する意味はあると考えられます。

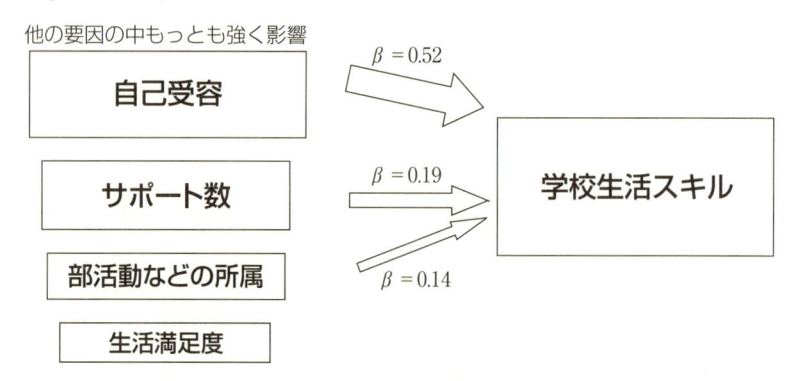

他の要因の中もっとも強く影響

自己受容	β = 0.52	
サポート数	β = 0.19	学校生活スキル
部活動などの所属	β = 0.14	
生活満足度		

そのため、自己受容に焦点を当て、自己受容の下位尺度による学校生活スキルへの影響を調べました。その結果、学校生活スキル合計得点に対して、精神的自己（β = .37, p<.001）と社会的自己（β = .26, p<.001）の受容のみが影響を与えていました。

精神的自己	β = .37	学校生活スキル
社会的自己	β = .26	

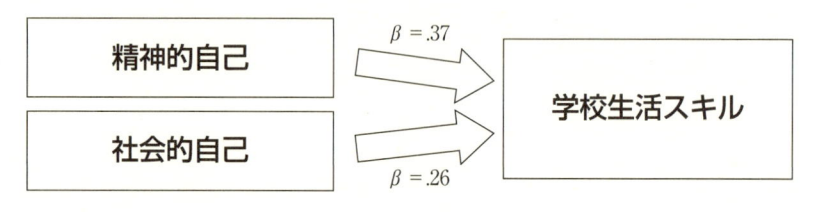

さまざまなスキルに影響を与える自己受容

さらに詳細な影響をとらえるために、精神的自己と社会的自己の受容から学校生活スキルの下位尺度に対する影響を分析しました。その結果、精神的自己は、進路決定スキル（β = .22, p<.05）、相談スキル（β = .29, p<.001）、集団活動スキル（β = .43, p<.001）、自己学習スキル（β = .27, p<.01）、コミュニケーションスキル（β = .45, p<.001）に有意な影響を与えており、健康維持スキルに対してのみ有意な影響を与えていませんでした。社会的自己は、相談スキル（β = .19, p<.05）、集団活動スキル（β = .20, p<.05）、健康維持スキル（β = .32, p<.001）と自己学習スキル（β = .24, p<.01）に有意な影響を与えており、進路決定スキ

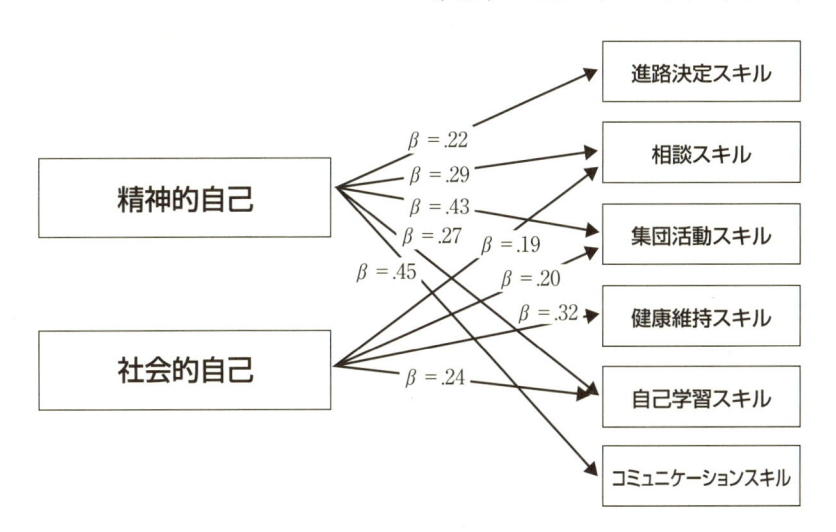

第10章　エビデンス・ベースド・アプローチ

```
精神的自己 ─┬─ β=.22 ──→ 進路決定スキル
            ├─ β=.29 ──→ 相談スキル
            ├─ β=.43 ──→ 集団活動スキル
            └─ β=.27 ──→ 健康維持スキル
         β=.45 ↘
社会的自己 ─┬─ β=.19 ──→ 相談スキル
            ├─ β=.20 ──→ 集団活動スキル
            ├─ β=.32 ──→ 自己学習スキル
            └─ β=.24 ──→ （コミュニケーションスキル）
```

ルとコミュニケーションスキルに対して有意な影響を与えていませんでした。

以上のことより、自己受容の中でも、とくに精神的自己と社会的自己の受容を焦点に促進することで、学校生活スキルを高めることができると考えられます。

しかし、いかに統計的な数値で示されても、それは示唆を与えるだけであり、エビデンス・ベースド・アプローチの確立には実際の介入にもとづいた検討を行なう必要があります。

そこで、実際の介入を行ない、モデルの有効性を確認してみたのが、次の介入効果検討の調査です。実際の介入において、モデル検討の結果と同じような結果が示されれば、エンパワーメント・モデルの有効性を証明できます。

＜介入効果検討の調査＞

自己受容が行動化へ至るというエンパワーメント・モデルの介入効果検討において、次の2つの事項を検証しました。

---
①高校生の自己受容と学校生活スキルの促進
②自己受容と学校生活スキルが促進した高校生（ピアコーチ）による中学生への介入効果検討

ここでは、エンパワーメント・モデルの有効性を証明するために、まず高校生の自己理解・自己受容をピアコーチ・プログラム（後輩を支援するコミュニケー

ション研修）を通して促進し、次に自己理解・自己受容が促進されたピアコーチである生徒が周囲の環境にはたらきかけ、その効果が出るかどうかを検討しました。ピアコーチとは、後輩の自己受容を促進させるコミュニケーション技術を学習した者のことで、後輩の学校生活などの相談（コーチングなど）を行なう高校生のことです。

　もし自己受容の促進が、さらに他者への自己受容（結果として行動生起へ）へつながるならば、自己受容を促進させる意義は高いといえます。

＜高校生の自己受容と学校生活スキルの促進＞
①**調査対象者**：東京都内私立高校で200X年から200X＋1年に行なわれたピアコーチ・プログラム（表10-2）に参加したアンケートに同意を得た34名。
②**調査内容**：プログラムの事前・事後の記名による自記式調査（調査対象者による記載）。
　1）自己受容測定尺度（沢崎前掲論文）：前述と同様。
　2）学校生活スキル尺度（石隈前掲論文）：49項目で相談スキルなし以外は、ほぼ前述と同様。
③**分析**：自己受容と学校生活スキルの事前・事後の平均値を比較（対応のあるt検定）。また自己受容と学校生活スキルの相関を分析。
④**プログラム**：全7セットに分け、合計34名に対して、毎週1回約3.5時間ずつ、3週間を1セットとして行ないました。プログラム内容は表10-2参照。先輩が後輩をエンパワーメントすることを目的に、①自他の理解・受容、②自己の生活にコミュニケーションを活かしていく方法を学習・選択、③学習・選択した

表10-2　ピアコーチ・プログラム（概要）

1W	①エンパワーメントの考え方 ②コミュニケーションの基本 　（うなづき、質問、ほめ方など） ③長所理解　　④目標選択（行動）
2W	①青年期の発達段階 ②学校生活を振り返る 　（人生の曲線：波を知る） ③目標選択（行動）
3W	①コミュニケーションの流れ ②討論　　③目標選択（行動）

個と環境にはたらきかけることを重要視しています。

第10章　エビデンス・ベースド・アプローチ

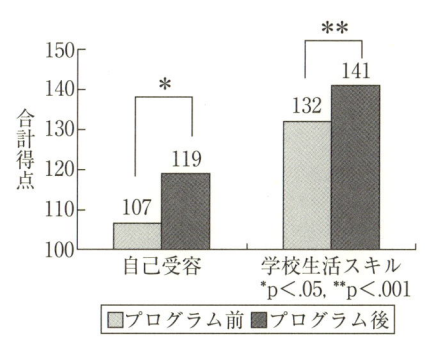

```
         **
    *   ┌─┐
  ┌─┐   141
  119   
  107  132
  自己受容  学校生活スキル
  *p<.05, **p<.001
  □プログラム前　■プログラム後
```

図10-2　プログラム前後における自己受容と学校生活スキル

ことを行動する、④行動した結果をフィードバックする、という流れを毎回もたせました。なお4週目には修了式を実施しています。

⑤**結果と考察**

自己受容合計得点の平均値について、事前 107.70 ± 23.43 で、事後 117.59 ± 19.76 であり、事後のほうが有意に高くなりました（t（33）= 2.66, p<.05）。学校生活スキル合計得点の平均値について、事前 130.44 ± 17.72 で、事後 141.53 ± 16.53 であり、事後のほうが有意に高くなりました（t（33）= 4.21, p<.001）。

また自己受容合計得点と学校生活スキル合計得点の相関については、事前（r = .62, p<.001）、事後（r = .67, p<.001）ともに有意に関連性が認められました。本プログラムが自己受容を高め、学校生活スキルも高めるプログラムであることが示されました。

なお、プログラムに参加していない者（3週間：事前25名、事後24名）に対しても同様の調査を行ないましたが、プログラム前後における自己受容と学校生活スキルの向上は認められませんでした（自己受容：事前 105.84 ± 25.38、事後 110.00 ± 32.48；学校生活スキル：事前 121.08 ± 21.20、事後 115.17 ± 30.08）。対応のないt検定による比較です。つまり、プログラムに参加した者のみが3週間後に自己受容および学校生活スキルが高まっていたことになります（参加者と参加していない者の介入前の差はありませんでした。対応なしのt検定）。また交互作用（参加した群と参加していない群の比較）において、学校生活スキルのみ交互作用（参加した群のほうが高まっていた）が認められました（F（1, 113）= 4.56, p<.05）。このことから、明らかにプログラム参加者のほうが学校生活スキルが高まったと考えられます。

なお、さらにデータを加えた詳細なプログラムが、米川和雄「高校生のピアコーチ養成プログラムの介入効果検討―学校ソーシャルワークにおける環境的アプローチの一過程―」(『学校ソーシャルワーク研究』3、2008年)にて紹介されています。

＜ピアコーチによる中学生への介入効果検討＞

以上の研究結果のみであれば、一般的なソーシャルスキルトレーニング (SST) のレベルでも確認できるものです。エンパワーメント・モデルでは、自己受容された者が行動へ至る流れがあり、その行動には周囲の人や環境にはたらきかけていく（周囲の自己理解へとつなげていく）という流れが示されていますので、プログラム修了者であるピアコーチの行動評価をしていく必要があります。

そのため、ピアコーチが周囲に影響を与えることができれば、エンパワーメント・モデルの有効性を示すことができるでしょう。いいかえれば、生徒がそのような行動力や肯定的な影響力をもつことができたならば、エンパワーメント・モデルやそのプログラムは、彼らの肯定的な生きる力を育む効果的な関わりを示すモデルであるといえるでしょう。もちろんピアコーチだけでなく、その影響先の生徒（後輩）たちの生きる力を育むことにもつながるでしょう。

①**調査対象者**：先のプログラムに参加した高校3年生12名と同様のプログラムに参加した担任1名により、支援対象となった中学1年生（以下中1）30名のうち、調査内容に不備のない者（関わり前26名・関わり後25名）を対象としました。また比較対照群（統制群）として中学2年生（以下中2）を対象としました（36名のうち、調査内容に不備のない関わり前31名・関わり後29名）。

②**調査内容**：200X年と200X年＋8ヵ月に無記名による自記式調査を行ないました。

　1) 理解・協力者（サポート）：5つの変数（担任、先輩、友だち、家族、その他）における理解・協力の有無を主観的に評価します（複数回答）。
　2) 自己受容測定尺度：前述と同様。
　3) 学校生活スキル尺度：前述と同様。

③**調査手続き**

エンパワーメント理論では、クライアントが環境にはたらきかけていけるように、専門家が一緒に関わっていくという考えがありますので、担任にはピアコー

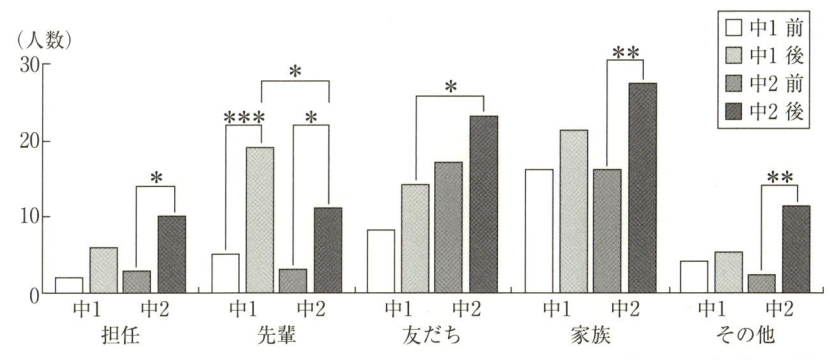

第10章　エビデンス・ベースド・アプローチ

```
（人数）
30                                                    **
                  ***                    *            ┌─┐
              ┌────────┐               ┌────┐        中1前
         *    │   *    │               │    │        中1後
20    ┌─────┐ │ ┌────┐ │               │    │        中2前
      │     │ │ │    │ │               │    │        中2後
      │  *  │ │ │    │ │               │    │    **
10    │┌───┐│ │ │    │ │               │    │  ┌────┐
      ││   ││ │ │    │ │               │    │  │    │
 0    中1 中2   中1 中2    中1 中2     中1 中2     中1 中2
       担任       先輩       友だち       家族        その他
```
　　　　　　　　　　　　　　　　　　　　*p<.05, **p<.01, ***p<.001
　　　　　　　　　　　　　　　　　　　　＊は差があったところのマークです

図10-3　関わり前後の理解・協力者数（x^2検定の結果）

チが動きやすいようにフォローすることを視野に入れていただきました。しかし、ピアコーチの自発性にできるだけ任せるようにしました。なお約8ヵ月間に及ぶピアコーチの活動は、個別的な相談、集団への相談など、さまざまでした。

　この介入効果検討では、中学2年生を比較対照群（統制群）にしています。ただし、ピアコーチには他のクラスや学年に関わってはいけないとは伝えていません。むしろ余裕があれば関わってほしいと伝えています。ここでは、ピアコーチと同様の研修を修了した教師（担任）との比較を通して、ピアコーチの有効性（エンパワーメント・モデルの有効性）を検討していきます。なお、倫理に配慮し、無記名により調査を行ないました。

④結果と考察
　1）理解・協力者（サポート）

　　中1と中2との比較（χ^2検定）において、関わり前はどの変数（担任、先輩、友だち、家族、その他）も有意な差はありませんでした。そのため両学年とも同じような状態から、先輩（1年生はピアコーチ）が関わっていったと考えられます。中1は関わり後に先輩サポートのみ増加し、中2は、担任、先輩、家族、その他のサポートが増加しました。（図10-3参照）

　2）自己受容の差

　　自己受容の値は、対応のない比較（中1と中2の関わり8ヵ月前後の比較）、交互作用（中1と中2の関わり前と後の学年比較）において、有意な差はあり

219

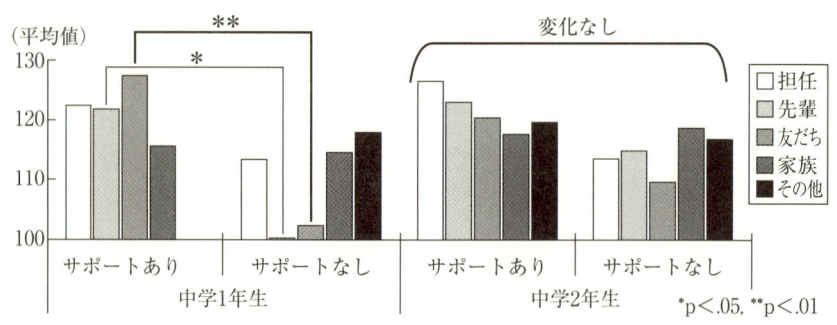

図10-4 8ヵ月後の理解・協力者の有無による自己受容の値（t検定の結果）

ませんでした（二要因分散分析）。つまりクラス全体としては、8ヵ月後に中1と中2の変化の差は起きていないということになります。

3）サポートの有無による自己受容の差

サポートについては、中1は、先輩サポートありの生徒は、サポートなしの生徒より、自己受容の値（平均値）は有意に高くなりましたが、中2においては、サポートありの生徒とサポートなしの生徒の自己受容の値は変わりませんでした（図10-4参照）。つまり、どちらの学年も先輩のサポートは増加したにもかかわらず、ピアコーチが関わった中1のみ自己受容が高まったことを示しました。また中2のほうが、さまざまなサポートが増加しているのに自己受容が高まっていない点は、いかに関わりのあり方が重要かということを証明しているのだと思います。サポートが増えればよいかといえばそうではないという見解は、さまざまなソーシャルサポートの研究においても指摘されていますので、ピアコーチがもつ生きる力が大いに示されたのかもしれません。

結果として、クラス全体へのピアコーチによる自己受容の影響は示せなかったのですが、ピアコーチがサポートした中学生においては、自己受容が高まったと考えられます。

4）サポートの有無による学校生活スキルの差

8ヵ月後、学校生活スキルが高まっていたのは先輩サポートありの中1だけでした（サポートあり:142.59 ± 17.77、サポートなし:127.86 ± 23.65; t (49) = 2.44, p<.05）。つまり、自己受容と同様に、他のサポートでは統計的な変化がなく、ピアコーチのサポートのあった中1のみ学校生活スキルが高まっていたのです（分散分析の結果も有意差なし）。

第10章　エビデンス・ベースド・アプローチ

エンパワー

中2　　　　　　　　中1

5）ピアコーチの重要性

　なお、今回の研究では、ピアコーチと同様のプログラムに中1の担任にも参加していただきました。結果より、教師よりもピアコーチのほうが理解・協力が増加し、さらに自己受容および学校生活スキルの向上へ寄与していました。

　このことから、教師ら大人よりも先輩のような生徒に近い存在である人のほうが、サポートとしてより評価しやすく、自己受容を促進させる関わりができると推測されます。なお結果では、中1のみ友だちのサポートがあるほうが自己受容を高めていましたが、中1担任はクラス内での相互理解に努めていたと事後の報告があったことから、それが友だちのサポート効果に関連したと推測されます。

　つまり、ピアコーチと担任のクラスづくりの相乗効果が、今回の結果を示したとも考えられます。

＜課題と提起＞

　以上より、エンパワーメント・モデルの検証を行なった結果、①自己受容と学校生活スキルの関連性が示され、学校生活スキルに対する自己受容の影響が認められました。そして、エンパワーメント・モデルをベースにしたピアコーチ・プログラム（後輩を支援するコミュニケーション研修）が、②高校生の自己受容と学校生活スキルの促進をさせることがある程度できました。さらに、③プログラ

ムを修了したピアコーチによる中学生への介入効果が認められました。このことから、エンパワーメント・モデルを根幹的なアプローチ方法としてもつ学校コーチングの有効性が、一部認められたと考えられます。

　また教師よりも先輩のほうがサポートとしての意義を示せるのであれば、そのようなクラスや学校体制を築いていくことが求められるでしょう。このような結論も、単に子ども個人を対象として援助するだけではとらえられない視点です。

　しかし、今回の調査から、ピアコーチの有効性を完全に証明することはできませんので、今後さらなる精査をしていく必要があります。とはいえ、このような実際の効果検討を行なっているコーチング機関は、わが国には見当たらないことから、児童支援や学校援助技術に大きな示唆を与えるものとなることでしょう。

　今回の結果は、いかに教師や父母の信頼が高くても生徒を成長させられることとはかならずしも関係しないということを提起してもいます。現在では教師に対する社会的な批判が高まるなかで、学生サービスとして、生徒・学生の満足度の高さを教職員の評価としている教育機関もあります。しかし、それが生徒・学生の成長とは関連がない可能性があることをおさえておく必要があるでしょう。

　とくに教育における成長には、いくらかのストレスが伴うもので、そのストレスを越えることで、これまでにない生きる力を育めることが多くあるように思います。生徒の評判の良さだけではなく、生徒の成長も大切にするという視点が、教育に重要なのだと思います。ただし、ストレス耐性のない子どもに対しては、スモールステップの成長（ストレス）の関わりを考えていくことが求められるでしょう。

4. 成長を高める要因

　自己理解・自己受容が行動を生起させるというモデルは、たしかに重要なモデルですが、それによって本人が成長感を感じるかは、また別のことといえるでしょう。もし、エンパワーメント・モデルの関わり方が成長を促進させるのであれば、子ども自身が、その成長感を感じているということが考えられます。そのようなことを示すことができれば、エンパワーメント・ベースド・アプローチ（エンパワーメント・モデル）が、本人の自覚を伴う成長に寄与するアプローチ（またはモデル）であることが示されることになるでしょう。

　そこで次に、エンパワーメントにおいて重要なキーでもある長所理解（ストレ

ングス理解)をとらえることも含めた成長感の検討を行ないました。

アメリカでは、エンパワーメントの中でストレングスを理解していくという方法があり (Rappaport, J., "The Power of Empowerment Language", *Social Policy*, 16, 1985)、エンパワーメントのプロセスにおいて、ストレングスの特定が重要なキーにもなっています (Miley, O'Melia & DuBois, *Generalist Social Work Practice An Empowering Approach*, Allyn & Bacon, 1999)。このようにストレングスを特定していくことの理由には、誰もがストレングスをもっているという考えがあげられます (Saleebey, D. ed., *The Strengths Perspective in Social Work Practice*, 4th ed., Allyn & Bacon, 2006)。 さらにストレングスは、エンパワーメントの燃料 (Cowger, C. D., "Assessing Client Strengths: Clinical Assessment for Client Empowerment", *Social Work*, 39, 1994) であったり、それを増進させるという視点があり (ラップ『精神障害者のためのケースマネジメント 第3版』江畑敬介監訳、金剛出版、2001年)、エンパワーメントにとってのエネルギー源と考えられます。ストレングスがエンパワーメントの重要な資源となるならば、エンパワーメントのモデル構築において、ストレングスをとらえていく必要があるでしょう。

ストレングスとは、長所やその人にしかない才能、可能性、強さのことです。ここではストレングスを長所とし、調査対象者に長所を理解しているかを尋ねました。さらに1年間を振り返り、成長したと思うかを確認することで、成長度をとらえました。その他の調査指標は前述までとほぼ同様(健康状態もくわえました)のものを扱っています。学校生活スキル尺度は中学生用51項目、高校生用49項目でしたので、合計得点/項目数の平均値を扱いました。また自己受容は、

■対象　東京都内中高生170名（中1から高3の6学年）

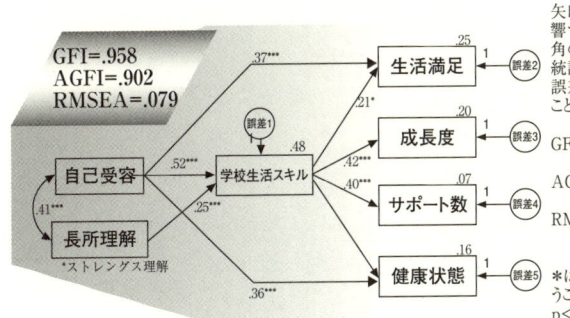

図10-5　生きる力を育む成長モデル

精神的自己と社会的自己の合計得点です。以上をあわせた「生きる力を育む成長モデル」として検討したのが図10-5です。

　結果として、自己受容と長所理解が学校生活スキルを高め、成長を含めたさまざまな要因に肯定的な効果を与えることが示されました。自己受容は、直接的にも健康状態や生活満足度に影響を与えていました。健康状態だけは、学校生活スキルよりも自己受容のほうが影響を与えていると示されました。

　このような結果より、自己受容や長所理解（ストレングスの理解）は、子どもたちの生きる力を育むことに貢献すると考えられます。つまり、自己を肯定的に受けとめることや自己の長所を理解していくことが、子どもの心身の状態や学校生活における行動に肯定的な作用を及ぼすと考えられるのです。

　ストレングスの理解も最終的には、それを肯定的に受けとめれば、自己受容という要素になることでしょう。ここでは、意図的に長所として示すことで、ストレングス理解の重要性を示しました。

　実際に、本章で示されたピアコーチ・プログラムを実施している学校においては、学校そのものの肯定的な変化が認められてきています。このような学校システム構築においては、1年や2年でできるものではありませんが、長期的な展望をもって学校援助を行なうことが、学校援助職には求められるでしょう。

　つまり学校コーチングが求めるものは、個別的な援助を主体とするスクールカウンセラー的な技術であり、かつ環境にはたらきかけるスクールソーシャルワーカー的な技術であるといえるでしょう。

有志のメンバーと著者

第 10 章　エビデンス・ベースド・アプローチ

　なお、ピアコーチとして活動してくれた生徒は、学校が終わった後に残り、研修に参加し、学校環境の改善に取り組んでくれた志のある生徒ばかりです。現在では、有志のメンバーが後輩を支援するだけではなく、彼らが主体となって、コミュニケーションの大切さを伝える研修を実施するという段階に来ており、今後のさらなる歩みが求められています。

　ピアコーチと著者が、一緒に撮影した写真を掲載します。読者の皆様も一歩ずつでもこのような有志と活動できることを期待しています。

≪看護とビジネスのためのエンパワーコーチング≫

　筆者は、本章で紹介したエンパワーメント・モデルをベースにしたエンパワーメントコミュニケーションプログラム（エンパワーコーチング）を、看護師管理職、企業管理職に対しても実施してきました。プログラム内容は基本を除き、より管理職向けの高度な内容となっています。また2日間の研修のうち、初日はどちらかといえばソーシャルスキルを、2日目は自己理解・自己受容を主体にしていますが、エンパワーメント・モデルを両日ともに適用しています。

　その結果は、どれもソーシャルスキルを高める効果を示しています。以下のように対象者は、さまざまな地域から参加しており、看護師管理職では看護の分野もさまざまです。

調査対象者：
　＜看護師管理職＞18名（女性：平均年齢43 ± 7.5歳）、関東の1都3県の異なる13の職場に勤務しています。
　＜企業管理職＞17名（男性：平均年齢50 ± 4.92歳）、東北から中部の1都5県の異なる7の職場に勤務しています。

調査内容：①成人用ソーシャルスキル自己評定尺度：コミュニケーションスキル（記号化・解読・感情統制）と対人スキル（関係開始、関係維持、主張性）の下位尺度からなる35項目4件法の尺度です（相川充・藤田正美「成人用ソーシャルスキル自己

管理職用コミュニケーションプログラム

1日目	①コミュニケーションの意義・約束 ②エンパワーメントの考え方 ③コミュニケーションの分布 ④コミュニケーションの基本（うなずき、質問、ほめ方など） ⑤4つのコミュニケーションの基本フロー 　カウンセリング／コーチング／アドバイス／ティーチング ⑥目標選択と振り返り
2日目	①リーダーシップ　②長所理解 ③目標選択と振り返り

225

評定尺度の構成」『東京学芸大学紀要』56、2005年)。なお、感情統制は尺度上、合計得点に算出することができません。
②自己受容測定尺度：身体的自己、精神的自己、社会的自己、役割的自己、全体的自己からなる35項目で、5件法で評価する尺度です（沢崎前掲論文）。

研修内容の特徴：
　＜看護師管理職＞2日間研修を実施し、その後、モデル病院の介入を行なった。研修参加者には後にフォローアップ研修を行なった。
　＜企業管理職＞1日間研修（プログラムの1日目のみ）。

結果：
　＜看護師管理職＞全体的な平均において自己受容およびソーシャルスキルが高まった。
　＜企業管理職＞参加が1日だけということもあり、もともとソーシャルスキルが全体平均値より高い者7名以外においてソーシャルスキルが高まりました。ソーシャルスキルが高い者にプログラム効果がなかったものの、参加者すべてが下の図のようにコミュニケーションの理解、職場への活用、研修の意義を支持していました。ソーシャルスキルが高い者は、自己のコミュニケーションの確認を行なっていたと思われます。

　以上より、学校コーチングのひとつのモデルであるエンパワーメント・モデルが医療領域・ビジネス領域においても効果があるならば、父母のみなさまは子育てだけでなく、みずからの仕事においても学校コーチングを活用することができることがわかるでしょう。学校コーチングの技術は、家庭や職場をほんの少し温かくする一助になると思われます。

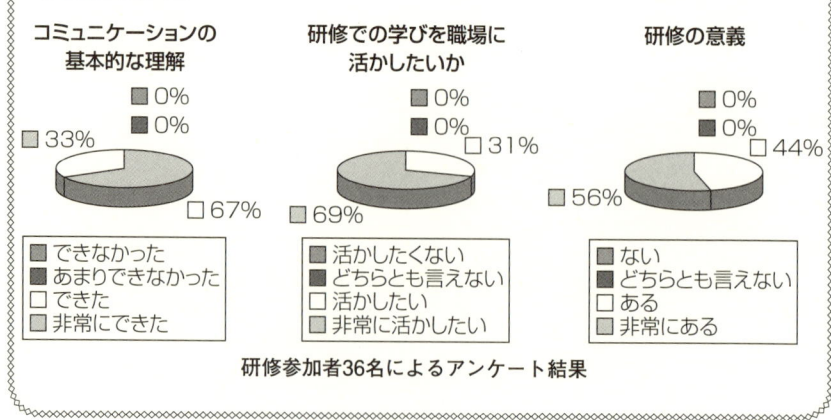

コミュニケーションの基本的な理解	研修での学びを職場に活かしたいか	研修の意義
0% / 0% / 33% / 67%	0% / 0% / 31% / 69%	0% / 0% / 44% / 56%
■できなかった ■あまりできなかった □できた □非常にできた	■活かしたくない ■どちらとも言えない □活かしたい □非常に活かしたい	■ない ■どちらとも言えない □ある □非常にある

研修参加者36名によるアンケート結果

第 11 章

福祉と心理の専門職スクールソーシャルワーカー
―スクールカウンセラーとの比較―

> **スクールソーシャルワーカー**
>
> 学校の目標達成への貢献として、子どもたちの未来を築くために教育と福祉を結び、子どもたちとその環境の援助を行なう専門職

　学校コーチングは、心理学や社会福祉学を基盤とし、健康増進や能力開発を目標とした予防・開発的な援助技術です。学校で活動するスクールカウンセラー（SC）やスクールソーシャルワーカー（SSWr）にも活用が期待されます。そこで本章では、SC と SSWr について、紹介していきます。とくに 2008 年度から学校に導入された SSWr について、より詳しく紹介し、SC との比較をしていきます。

1. 学校専門職の導入

スクールカウンセラーの導入

　1995 年度の「スクールカウンセラー活用調査研究委託事業」により、学校における専門職として、SC が導入されました。その背景には、不登校、暴力行為やいじめなどに対処するための教育相談体制の充実がありました。
　SC は臨床心理学を基盤とする心理学的な支援の専門家です。2001 年度からは「スクールカウンセラー活用事業補助（5ヵ年計画）」として、国と地方とが 2 分の 1 ずつの財政負担を行ない、全国的な配置を目指しました。結果として、2006 年以降では、全国の公立中学校 1 万校への配置がほぼ進み、今後は小学校への配置が、より進められることになります。

このほか、学校心理学を基盤とする学校心理士や発達心理学を基盤とする臨床発達心理士などが、SCや特別支援教育コーディネーター（発達障害児をはじめ、発達的な支援が必要な子どもを支援する専門家）として活動しているケースもあります。どちらも学校環境や子どもの発達促進をとらえる専門職です。今後の健康増進を見据えた予防的活動を考えれば、子どもの健康の維持・増進のシステム構築までをとらえる健康心理学を基盤とした、健康心理士との連携が効果的かもしれません。少なくとも学校に配置された専門職は、これら各心理学の基本をおさえておく必要があるでしょう。

スクールソーシャルワーカーの導入

2007年度の「問題を抱える子ども等の自立支援事業」では、不登校、暴力行為に対する事後の対応だけでなく、関係機関との連携による未然防止、早期発見、早期対応が求められ、SSWrの導入が一部でなされました。また2008年度の「スクールソーシャルワーカー活用事業」により、全国141地域でSSWrの配置が進められました。それまでは、兵庫県赤穂市（2000年）、香川県（2001年）、茨城県結城市（2002年）、大阪府（2005年）などの教育委員会で活動が進められており、それらの結果を受けての事業導入と考えられます。なお東京都内では、私立の自由学園（2005年）にSSWrが導入されており、これが都内ではじめての配置型のSSWrと思われます。その後、杉並区（2007年）などでも導入されていきました。

SSWrは、社会福祉学を学問基盤とする福祉的な支援の専門家です。

スクールソーシャルワーカーのメリット

文科省の報告書「学校等における児童虐待防止に向けた取組について」は、子どもが抱える課題対応策の可能性として、SSWrについて言及しています。その

【コーチング豆知識(4)】

福岡県教育委員会の「スクールソーシャルワーカーの活用について Q&A（2008年度）」は、SCは心理検査や心理療法にもとづいて心の問題を改善・解決していく心理の専門家とし、SSWrは子どもに影響を及ぼしている家庭・学校・地域環境の改善に向けて、それらの支援ネットワークを築く福祉の専門家としています。とくに、SSWrは環境にはたらきかけること、内部チームや外部機関とのネットワーク（ケース会議）を築くことが強調されています。

一部をまとめたものを以下に紹介します。

＜スクールソーシャルワークの視点＞
①これまでの「無力あるいは非力な子どもを大人が指導、教育する」という関係性でなく、職業的価値観である「人間尊重の理念」のもとに、「問題解決は、児童子ども、あるいは保護者、学校関係者との協働によって図られる」という関係性をとる。
②問題解決を代行する者ではなく、子どもの可能性を引き出し、みずからの力によって解決できるような条件づくりに参加する。
③問題を個人の病理としてとらえるのではなく、人から社会システム、さらには自然までも含んだ「環境との不適合状態」としてとらえ、「個人が不適合状態に対処できるよう力量を高めるように支援する」、あるいは「環境が個人のニーズに応えることができるように調整をする」という、「個人と環境の双方にはたらきかける」（エコロジカルな視点）という特徴をもつ。環境にはたらきかけるプロセスにおいては、連携、仲介、調整などの機能が不可欠であり、それらの機能を発揮させることがソーシャルワーカーの特性であり、役割でもある。

＜スクールソーシャルワーカーのメリット＞
①これまでのように大人の視点で子どもの問題を論じるのとは異なり、「児童生徒が、みずから人間として有する潜在力を信じ、自発的に問題解決に協力する」というSSWrのスタンスは、現在の学校現場に新たな見方をインプットすることができる。
②エコロジカルな視点は、学校教育制度の中で取り組まれてきた従来の方法を否定するものではなく、むしろ強化するはたらきを期待することができる。
③学校現場のさまざまな施策は、特定の問題に焦点を当てた関わりとして期待され、領域にかかわらずに包括的に介入するものではないが、SSWrは問題に対して特定の領域や対象にかぎることなく、包括的な活動スタイルを有する
④SSWrのアプローチは、個人やグループ（子ども・保護者・教師など）に対するカウンセリングや、学校関係者に対するコンサルテーションから、多様なかたちの研修機会をとらえ、具体的対応のみならず、予防的な活動も意識してなされる。

⑤教員の多大な精神的負担の支援者になる。

　SSWrには、事後処理的な活動だけではなく、問題を未然に防ぐ予防活動が求められているのがわかります。予防活動はSCにも求められてきましたが、実際の現場では問題対処に追われ、予防への取り組みが難しいという現状があります。そのような現状から、SSWrにその役割が期待されているとも考えられます。社会福祉学と心理学を基盤とする学校コーチングは、SCやSSWrにとって、予防的援助技術の一助となることでしょう。

2. スクールソーシャルワーカーとスクールカウンセラーの背景 ─

　アメリカにおけるこれら専門職の現状と歴史を表11-1に示しました。それぞれの専門職について歴史の古いアメリカの情報は、今後わが国における専門職が、どのような点を考慮していけばいいかを示唆するものといえるでしょう。なお、アメリカにはスクールサイコロジストも存在しており、比較のために表にくわえています。

　学校における専門職が、どれも問題対処と予防的活動を実践している点は、わが国の学校専門職が見習う点だと思います。

　このほか、日本の専門職は、アメリカとは異なって法的に定められているわけではないため、専門的助言者としての立場にすぎず、最終決定権は教師や学校管理者の側にあると指摘されており（宮本義信「コネチカット州ハートフォード市におけるスクールソーシャルワーク実践の一断面─実地踏査から考えること─」『同志社社会福祉学』16、2002年）、わが国における学校専門職の権限は制度的にアメリカよ

【コーチング豆知識(5)】

　心理学（Psychology）は、ギリシャ語で、心、考え、魂である"Psyche"（プシュケー）と、科学、研究である"Logos"（ロゴス）からなり、「心の科学」ともいわれています。これは、目に見えないものを目に見えるものにしようとする学問です。たとえば、心理的結果である行動を測定し、どのような心理が、どのような行動に影響を与えるかを解明していきます。目的は人の幸福や健康にあるといえるでしょう。

　社会福祉学（Social Welfare）は、幸せ（福）と幸せ（祉）または、幸福の"Well"と暮らしの"Fare"からなり、「幸福な生活・状態」を意味しています。社会福祉は、①現実的な事項（社会的な幸福の状態など）、②施策的な事項（社会福祉の制度や政策とその理想や目標）、③実践的な事項（サービスや活動）として扱われます。

第 11 章　福祉と心理の専門職スクールソーシャルワーカー

表 11-1　アメリカの学校専門職の比較

専門職	スクールカウンセラー	スクールサイコロジスト	スクールソーシャルワーカー
男：女比率	1：5.5	1：2	1：4
学問基盤 学　位	カウンセリング心理学 　修士　89.6% 　博士　2.2%	学校心理学 　修士　64.2% 　博士　35.8%	社会福祉学 　修士　92.8% 　博士　6.1%
	＊それぞれに学士や他学位と学校援助職としての専門的トレーニングを受けた者が準じて行なっている。			
就業地域	都市 39.2% 郊外 31.5% 田舎 29.3%	都市 29.6% 郊外 48.9% 田舎 21.5%	都市 16.8% 郊外 37.3% 田舎 46.0%
	1）キャリア支援 2）学習支援 3）発達支援	1）知能的、社会的、環境的な子どもの発達のアセスメント 2）プログラム開発・修正 3）コンサルテーション	1）家族ー学校のリエゾン（訪問） 2）臨床活動 3）システム構築（学校・地域）
業務の特色	業務としては、どの職種も各職種にまたがった業務を実施していることもあり、予防と問題対処、個と環境に関わっている。ただし、SCはキャリア支援、スクールサイコロジストは心理学的なアセスメント（知能測定など）による支援、SSWrは、環境的・生活的支援（福祉的支援）という点からの活動に特徴がある。このことは、以下の主要な仕事にも反映されているが、SCとSSWの主たる実務は近似している。また職種によって業務が決定するというよりは、どのような学習をしてきたか、または業務ができるかによって業務決定がなされる部分が多いようである。なお「芝生争い」はないという報告もあり、学校目標に貢献するという共通の認識（チーム意識）が関係しているようである。それぞれ小学校は30%以上、中学校は45%前後、高校は20%前後の配置である。			
仕事順位 (%は配分)	〈Best〉 個人カウンセリング 　　　　　　19.67% コンサルテーション 　　　　　　8.03% グループカウンセリング 　　　　　　7.98% 〈Worst〉 精神測定　　0.41% 研究　　　　0.77% 地域アウトリーチ0.90% 〈比較〉 学業スケジュール7.23% カレッジアドバイス 　　　　　　4.65% レポートライティング 　　　　　　2.30% 職業テスト　1.10%	〈Best〉 精神測定　　　24.83% レポートライティング 　　　　　　15.70% コンサルテーション 　　　　　　10.73 〈Worst〉 職業テスト　　0.22% カレッジアドバイス 0.33% 学業スケジュール計画 0.38% 〈比較〉 地域アウトリーチ 0.84% 個人カウンセリング 7.38%	〈Best〉 個人カウンセリング 　　　　　　17.4% コンサルテーション 　　　　　　11.26% グループカウンセリング 　　　　　　10.28% 〈Worst〉 職業テスト　　0.24% 学業スケジュール計画0.24% 研究（Research）0.81% 精神測定　　　0.93% 〈比較〉 レポートライティング 　　　　　　8.06% 地域アウトリーチ7.69% カレッジアドバイス 　　　　　　0.91%

231

起　源	1905年、F. パーソンズのボストン職業事務所が、仕事に満足をしていなかったり、仕事の準備をしていない若者（学生）に対する進路相談（ガイダンス・プログラム、ガイダンス・カウンセリング）を開始したことから始まる。 今日では、ガイダンス・トレーニングとして、学校システムにおける教育的・職業的な情報やテストや測定、ガイダンス・カウンセリングの技術、学校での実践的・フィールド的な活動が、一般的にそのトレーニングコースに含まれる。 就職のためには、学業が大切な要素であり、学業の成果を上げるためには、精神的に安定していることが必要であることから、学業・進路・発達的な支援という柱が出てきた。 SCが扱うのは、治療のために精神科へやってくる患者ではなく、一般的な子どもであるため、習得に時間のかかるフロイトやユングのサイコセラピーではなく、ロジャーズの来談者中心療法が広まった。 カウンセリング心理学は、理論を構築したり、純粋な科学として人間の心理を追求したりする一般の「心理学」とは異なり、経験を通して、実際に役に立つ要素や技術を科学的に抽出したり、カウンセラーが技術を身に付けていくための方法を考えるという学問。ガイダンスカウンセラーとも呼ばれる。	1896年にペンシルベニア大学の心理相談室で、ウィットマーが、学習に困難を示す子どもへの特別クラスにおける支援を行なったことが、その始まりといわれている。そのためスクールカウンセラーよりも特殊教育に対する支援者とされているようである。 1916年には、L. M. ターマンがビネーシモン知能検査を改定し広めたことが、スクールサイコロジストに影響を与えることになる。スクールサイコロジストは心理測定者として徐々に広まっていった。またスクールサイコロジーは、1949年のボルダー会議で、科学的な視点をもつ専門職としての地位を示したという。 スクールサイコロジストは、特別な指導により利益を得ることができる個人を同定することができる。学習困難性・行動的社会的問題・心理教育的な評価（アセスメント）が、もっとも重要な内容である。 現在では、スクールサイコロジストの援助は、個々の子どもに対して、その環境に適応できるように発達を促進させるだけでなく、その環境が子どもたちの発達を促進するような改善を行なっていく方向に向けられている。問題の同定だけではなく、学習と教育のための肯定的な風土づくりなど、予防・開発的な支援を行なっている。	1906～1907年に市民組織として、ニューヨーク（セツルメントハウスのワーカーが学校と家庭を訪問）、ボストン（教育効果の向上を求めて学校と家庭間の調和のために女性教育協会が学校に訪問教師を配置）とハートフォード（精神科クリニックのディレクターが訪問教師プログラムを実施）の3つの場所から独立して始まった。学校では、1913年にニューヨークのロチェスターから始まった。教育委員会が「訪問教師プログラム」を導入し、後に全米訪問教師会への発展へとつながった。1920年代には精神衛生、思春期の非行の予防が注目され、初期の学校と家庭間のリエゾンの効果が認められなかったことから、ケースワーク（治療的行為）へ移行していく。これが不登校の専門家の役割を果たしていた。結果として、1940～1950年代は、ケースワークが継続されていた。1960年代には、貧困や人種差別に対して、個人の要因だけが問題なのではなく、環境的な要因が問題であるという指摘がなされ、学校もそのような問題に関係していると非難されるようになった。このような社会的な変動と不満の波に反応し、子どもの問題の発展を予防し、現在の問題を減少させるために、より大きいシステムレベル（小集団、学校、地域）への介入が強調された。これがエコロジカル・モデルへと進ませ、SSWrの新しい役割が定着していった。 なお、世界的にSSWrの目的が「公的な教育機関の使命」と「学校の普遍的な目標」の達成にあることが明言されている。
子ども比率 勤務形態	推奨1：250 学校配置	推奨1：1000 地区担当	推奨1：800 学校配置／地区担当
	それぞれの比率は、地域の実情により、変動する。SSWrは、貧困地域や特殊教育が必要な子どものいる地域に多く配置される（例：貧困を集中課題／1：1500、特殊教育を集中課題／1：1000、両方を集中課題／1：800、少数民族も加えた集中課題／1：500）。各専門職の比率や勤務形態は地域の情勢により変動するが、勤務は常勤がふつうのようである。		

Allen-Meares (1994)、Allen-Meares, Washington & Welsh (2000)、Agresta (2004)、APA (1981)、Freeman (1995)、宮本 (2002)、Monroe (1979)、NASW (1992)、Radin & Welsh (1984) を参考に表を作成。

りも弱いと考えられます。また先駆的に SSW に取り組んでいるアメリカ、イギリス、カナダ、韓国など以外の国（オーストラリア、香港、フィンランド、スウェーデンなど）では、SSWr の学位は学士レベルとの報告もあります（日本スクールソーシャルワーク協会「世界のスクールソーシャルワーク調査報告」2004 年）。

心理学から社会福祉学を再認識したスクールソーシャルワーカー

　アメリカではかつて、SSWr が、その専門性の不備から効果が認められずに、心理学に影響を受け、精神分析などの心理療法（個別援助：ケースワーク）に傾倒した時期がありました。しかし結果として、個人に目を向けすぎ、教師や家庭との連携をとらず、社会的な状況をとらえず、貧困や差別などの社会的問題が大きくなったことから、環境や社会へ目を向ける社会福祉学の重要性を再認識するに至りました。

　このような点から、SSWr は、学校の目標達成への貢献として、子どもたちの未来を築くために、教育と福祉を結び、子どもたちとその環境の援助を行なう専門職としてのあり方を確立させていったといえます。アメリカの SSWr の歴史から、わが国において、心理学を学問基盤とする SC にくわえ、社会福祉学を基盤にする SSWr が導入されることは予測できたことでしょう。

　なお、SSWr は心理学から社会福祉学へ再度向かったとはいえ、現在も心理学の重要性を認識し、学問基盤のひとつとしてとらえています。表 11-1 の仕事順位で、SC と同様にカウンセリングがトップにきているのは、そのゆえんとも考えられます。そのため SSWr は、福祉と心理の専門職であるといえるでしょう。

学校における問題

　SSWr の関わる問題を以下に示しましょう。鈴木庸裕は、問題を、①個人的問題、②家族の問題、③地域の問題の３つに分けています（鈴木庸裕「専門的実践

【コーチング豆知識(6)】

　アメリカの先行研究では、SSWr にもっともケースを紹介するのは SC であり、その紹介関係のよさが指摘されています。また他機関から SSWr に紹介される理由として、家族問題 39.4％、欠席の問題 38.0％、学業困難 27.8％とされています。また、紹介される 35％が、３つ以上の問題を抱えているとして、SSWr が関わるケースの問題の困難性が指摘されています（Jonson-Reid et al.,"School Social Work, Case Characteristics, Services, and Dispositions: Year One Results", *Children & Schools*, 26 (1), 2004.）。

領域としての学校ソーシャルワーク」『福島大学総合教育研究センター紀要』1、2006年)。一方で、問題に対する予防活動の必要もあり、SSWrの職務範囲の広さがうかがえます。なお、このほか、学校の問題として、教職員のメンタルヘルスの問題・過重労働の問題なども入ることでしょう。

＜スクールソーシャルワーカーの関わる問題＞
①個人的問題
　学習・学力の問題、非行・問題行動（衝動性・暴力）、いじめ（加害）、社会性の欠如（乏しい友人関係）、登校渋り（低出席）・不登校、健康（摂食障害など）やメンタルヘルス（リストカットなど）の問題、十代の妊娠（性感染症）、薬物濫用、障害における服薬の管理不備。

②家族の問題
　家庭内暴力・ドメスティックバイオレンス、児童虐待、病気・障害による家族内の関係性困難、ホームレス、劣悪な住環境、育児困難、経済的困難（失業・離婚）。

③地域の問題
　暴力・犯罪、劣悪な地域の住環境、異文化への理解不足、貧困、地域サービス・地域資源（インフラ）の不足。

＊鈴木前掲論文を一部改訂しました

スクールソーシャルワーカー養成機関の拡充の課題
　わが国におけるSSWrの主たる資格は、社会福祉士か精神保健福祉士という国家資格ですが、学校援助のための学習体系は未確立であり、その確立が早急に求められます。アメリカにおける各学校専門職の養成には、大学院において週2日間、2年間程度のインターンが求められるとされています（Radin and Welsh, "Social Work, Psychology, and Counseling in the Schools", *Social Work*, 29 (1), 1984)。また前述したように、SSWrの主たる実務としてはカウンセリングが一般的であり、心理学的援助技術は必須といえます。わが国においては、この点もまた、SSWr養成において拡充すべき点といえるでしょう。なお、SSWr養成講座を実施している機関の情報を巻末に掲載しましたので、参考にしてください。2009年度より、社会福祉士養成校協会におけるSSWr教育課程のカリキュラムがいくつかの養成校で実施される予定です。

将来的には、わが国でもSCとSSWrの双方が近似性をもち、アメリカのように区別の少ない専門職どうしになると思われます。一見すれば2つの専門職が同様のことをしているのは意味のないことのように思えるかもしれませんが、相互に切磋琢磨し、専門性を向上させていくためには必要なことであるともいえます。

またSCには、スクールサイコロジストのように高度の心理学的アセスメントを実施したり、予防・問題対処のプログラムを開発したりすることで、より心理学の専門家としての特殊性を示していくことも求められるでしょう。

3. 環境のとらえ方

エコロジカル・モデル

スクールソーシャルワークでは、個と環境の相互作用に注目するというエコロジカル（生態学）な考え（エコロジカル・モデルやエコロジカル・システムといわれる）を重要視しています。本書では、エコロジカルの考え方について、スクールソーシャルワークの援助技術体系にあわせ、以下のようにまとめてみました（Bronfenbrenner, U., "Ecological models of human development", in Husen, T. & Postlethwaite, T. N. eds., *The International Encyclopedia of Education*, 2nd ed., Elsevier Science, 1994 を参考にしました）。

＜スクールソーシャルワーク・エコロジカル・モデル＞
1）**ミクロ作用**…個と個：個人とその環境の個人（友だち・親・教師など）との相互作用

【コーチング豆知識(7)】

アメリカのSCがキャリアカウンセリングなどのキャリア支援を行なっているように、わが国においても、フリーターやニートの社会問題化から、小学生の頃からのキャリア支援が求められています。文部科学省の「小学校・中学校・高等学校 キャリア教育推進の手引―児童生徒一人一人の勤労観、職業観を育てるために―」では、過去、現在、将来の自分を考えて社会の中で果たす役割や生き方を展望し、実現することが、キャリア発達の過程としています。また、児童生徒に求められる能力として、人間関係形成能力（自他理解・コミュニケーション）、情報活用能力（情報収集・探索・職業理解）、将来設計能力（役割把握・認識・計画実行）、意思決定能力（選択・課題解決）をあげています。自己理解から行動を促進させるという学校コーチングのエンパワーメント・モデルやTARGETモデルは、企業管理職の部下育成のコミュニケーションモデルとして扱われていることもあり、キャリア支援にも用いられています。

2）**メゾ作用**…個と集団：個人とその環境集団（クラス・家族・学校など）との相互作用
3）**エグゾ作用**…集団と集団：環境集団（クラス・家族・学校）と環境集団（クラス・家族・学校など）との相互作用で、個に対する間接的な影響を及ぼす。個人が入らないときもある。環境集団は、親が勤める会社、地域機関など、個人に直接的に関わらない組織的な集団も含まれる。
4）**マクロ作用**…地域と社会：個人、環境集団（クラス・家族・学校など）の生活を規定する地域における慣習や制度、また社会における法律で、個人、環境集団（組織）に対する直接的・間接的な影響を及ぼす。個人や環境集団が地域や社会との相互作用を起こすという視点では、ミクロからエグゾの作用も含まれる。

なおここでの相互作用とは、双方向性のある相互の作用である。

学校心理学の心理教育的援助

一方、学校心理学では、問題の予防や対処を含めた3段階の心理教育的援助サービスを提示しています（石隈利紀『学校心理学—教師・スクールカウンセラー・保護者のチームによる心理教育的援助サービス—』誠信書房、1999年）。

一次的援助サービスとは、すべての子どもを対象とし、一般の発達過程に起こりうる問題への対処能力の向上を援助する予防的・促進的援助サービスです。二次的援助サービスとは、問題を抱え始めている子どもを早期発見し、早期介入を目指す援助サービスです。三次的援助サービスとは、不登校や学習困難等の問題を抱える子どもを対象とし、個別の教育計画を立て、チームによる援助を行なうサービスです。

【コーチング豆知識(8)】

エコロジカル・モデルの考えを提案したU.ブロンフェンブレンナーは、①ミクロシステム（個と環境：個人と家や学校など）、②メゾシステム（個と2つ以上の環境：個人とそれをとりまく家庭と学校など）、③エグゾシステム（2つ以上の環境で個人が含まれない環境があり、個人は間接的な影響を受ける）、④マクロシステム（各システムを包含する習慣、文化などの社会的構造）、⑤クロノシステム（時間的側面：その時々の家族構成、経済状態、居住地など）という5つのシステムを提唱しました。さらに個人要因と環境要因をあわせたバイオエコロジカルモデルも提案しています。スクールソーシャルワークのエコロジカル・モデルは、より援助技術体系をとらえたモデルです。

エコロジカルな考え方と学校心理学的な考えをわかりやすくするために図1にその領域を示しました。

　図11-1にあるように、学校心理学では、法的制度を根拠にしてきた社会福祉学とは異なり、マクロ的な視点はあまり確立されていないといえるでしょう。ただし、ミクロの視点では、より緻密なエビデンスを確立してきている点（たとえば発達障害児の行動療法的支援）で、心理学から学ぶことは多いでしょう。

【コーチング豆知識(9)】

　予防的な観点では、精神医学においても三段階の予防が示されています（カプラン『予防精神医学』新福尚武訳、朝倉書店、1970年）。第一次予防とは、地域社会において、あらゆる型の精神疾患の発生を減らすこと、第二次予防とは、それでもなお起こる精神異常のうち、多くのものの罹患期間を短縮すること、第三次予防とは、それらの精神異常から生ずる障害を軽減することとされています。
　つまり、精神保健福祉の観点では、より地域レベルでの予防活動がなされており、ソーシャルワーカーには、個別援助から地域援助までのより広範囲な活動が求められています。

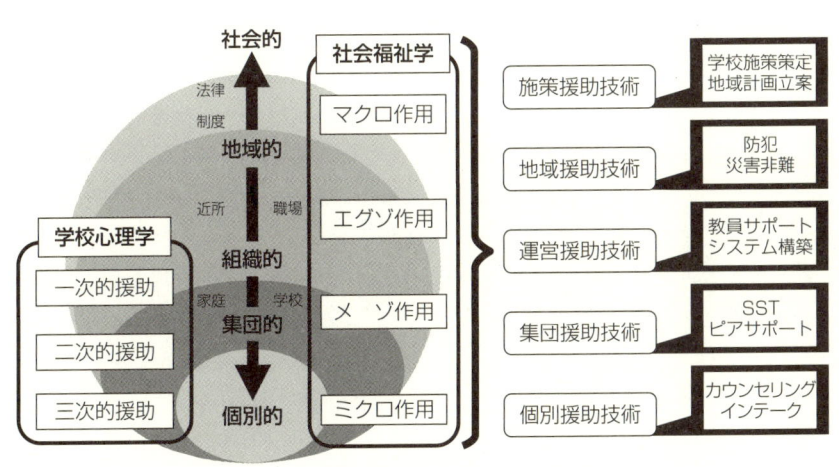

図11-1　心理学と社会福祉学の領域、援助技術体系とサービス

学校専門職支援体制

学校支援体制の心得

- 家庭だけで抱え込まない体制
- 教師がひとりで抱え込まない体制
- 学校専門職だけで抱え込まない体制
- 学校だけで抱え込まない体制

　学校における学校専門職の支援体制図を図11-2に示しました。SSWrは、配置型であれば、カウンセラーなどと同様の立場にもなります。地区担当型であれば、図のようにさまざまな機関における関わりをもつことでしょう。このとき同じ地区で活動する長所としては、支援が必要な子どもを長期にわたり関わることができるという点があげられます。

　なお、大学や専門学校は児童福祉の対象ではないため、SSWrは福祉的な連携支援をあまりできないかもしれませんが、コンサルテーションや支援計画を立てていくことはできるでしょう。また発達障害の青年に対して、就労支援としてジョブコーチの紹介などもできるでしょう。

　学校専門職に必要なのは、家庭だけで問題を抱え込まない体制をつくること、教師がひとりで抱え込まない体制をつくること、学校専門職だけで抱え込まない体制をつくること、そして学校だけで抱え込まない体制をつくることです。ただし、連携のあり方を間違えると余計な時間がかかったり、問題対処に逆効果となったりすることがあります。この点も、学校専門職に求められるコーディネート機能といえます。コーディネート機能には、周囲の専門職が足並みをそろえられるように情報を共有していくことも含まれます。

　なお学校コーチングの技術は、図に示されているすべての専門職や機関において活用することができるでしょう。

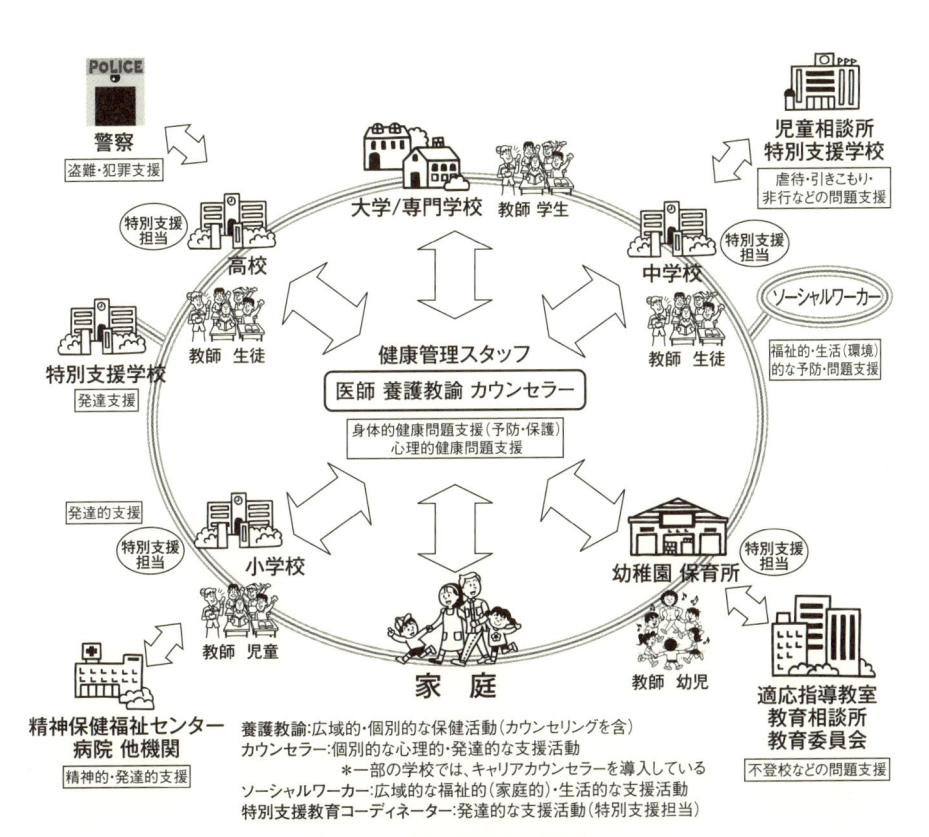

第11章 福祉と心理の専門職スクールソーシャルワーカー

```
          警察                                    児童相談所
       盗難・犯罪支援                              特別支援学校
                                            虐待・引きこもり・
    特別支援                    大学/専門学校    非行などの問題支援
     担当         高校        教師 学生    中学校   特別支援
                                              担当      ソーシャルワーカー
   特別支援学校   教師 生徒              教師 生徒
    発達支援                健康管理スタッフ           福祉的・生活（環境）
                          医師 養護教諭 カウンセラー    的な予防・問題支援
                        身体的健康問題支援（予防・保護）
    発達的支援           心理的健康問題支援
          特別支援                           特別支援
           担当   小学校              幼稚園 保育所   担当
                 教師 児童                教師 幼児
                                                  適応指導教室
   精神保健福祉センター       家 庭                 教育相談所
    病院 他機関                                    教育委員会
    精神的・発達的支援                               不登校などの問題支援
```

養護教諭：広域的・個別的な保健活動（カウンセリングを含）
カウンセラー：個別的な心理的・発達的な支援活動
　　　　＊一部の学校では、キャリアカウンセラーを導入している
ソーシャルワーカー：広域的な福祉的（家庭的）・生活的な支援活動
特別支援教育コーディネーター：発達的な支援活動（特別支援担当）

図11-2　学校専門職支援体制

資料1
児童の現状

　現在、学校では、非行、校内暴力、いじめ、学級崩壊、不登校など、さまざまな問題への対応が求められています。子どもたちをとりまく諸問題を理解することで、自分の関わる学校や地域との比較ができることでしょう。

①非行・校内暴力

　さまざまな犯罪の低年齢化が進んでおり、2000年には少年法が改正（「少年法等の一部を改正する法律」13年4月から施行）されました。この法律では、これまでは犯行時16歳以上で問われた刑事責任が、14歳以上であれば問えることになりました（刑法適用年齢の引き下げ）。警察庁「少年非行等の概要」（2005, 2007年1月〜12月）は、2005年度の刑法犯少年は12万3715人で刑法犯総検挙人員の32.0％、1974年（31.8％）以来31年ぶりの低い割合となった一方で（2007年度も28.2％〔10万3224人〕で維持）、家庭内における殺人、児童虐待、児童ポルノ事件の被害が高水準で推移すると報告しています。

　さらに14歳未満の窃盗犯・粗暴犯・凶悪犯などの触法少年（刑法）が減少する一方で、軽犯罪法（騒音、虚偽申告、刃物等携帯、覗き）などの触法少年（特別法）の推移については、これまでと比べても高い水準に上昇していると報告しています。触法少年の推移を図1、図2に示しました。また、喫煙（約60万人）や深夜はいかい（約79.5万人）の不良行為少年の推移も、継続して高いと報告されています。

　なお、2007年5月に成立した「少年法等の一部を改正する法律」では、おおむね12歳以上の少年について、家庭裁判所がとくに必要と認める場合には少年院送致の保護処分をすることができることとされました（内閣府「平成19年版　青少年白書」）。

　図3は、小中高の校内暴力の推移を示したものです（文部科学省「平成19年度　学

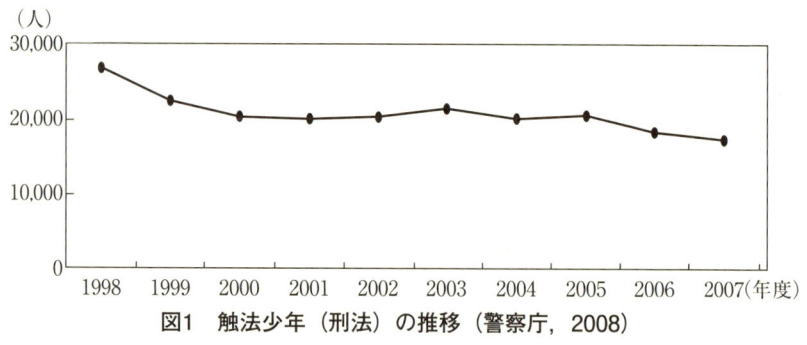

図1 触法少年（刑法）の推移（警察庁, 2008）

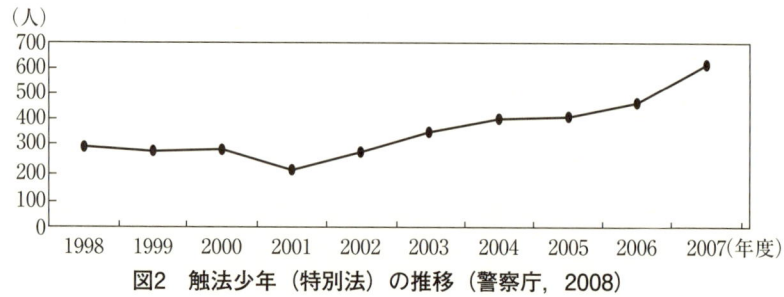

図2 触法少年（特別法）の推移（警察庁, 2008）

校基本調査」)。とくに中学校で多発していることがわかるでしょう。また1997年度以降の発生件数は非常に高い値で推移しています。そして、2006年度の学校内で発生した暴力行為は、小学校では1130校、3494件（全学校の4.9%）、中学校では3981校、2万7540件（全学校の36.1%）、高等学校では2600校、8985件（全学校の48.0%）と報告しています。なお、前年の調査によると、加害児童生徒は男子が9割とのことです（文部科学省「平成18年度 児童生徒の問題行動等生徒指導上の諸問題に関する調査」）。

【コーチング豆知識（10）】

　警察庁「少年非行等の概要」（2007年1〜12月）によれば、非行少年とは、犯罪少年、触法少年、ぐ犯少年などのことをいい、犯罪少年は罪を犯した14歳以上20歳未満の少年、触法少年は刑罰法令に触れる行為をした14歳未満の少年、ぐ犯少年は保護者の正当な監督に服しない性癖があるなど、一定の事由があって、その性格または環境から判断して、将来、罪を犯し、または刑罰法令に触れる行為をするおそれのある少年をいうとされています。

　刑法犯の罪種別分類は、凶悪犯（殺人、強盗、放火、強姦）、粗暴犯（凶器準備集合、暴行、傷害、脅迫、恐喝）、窃盗犯、知能犯（詐欺、横領、偽造、汚職、あっせん利得処罰法、背任）、風俗犯（賭博、わいせつ）、その他、からなります。

資料1　児童の現状

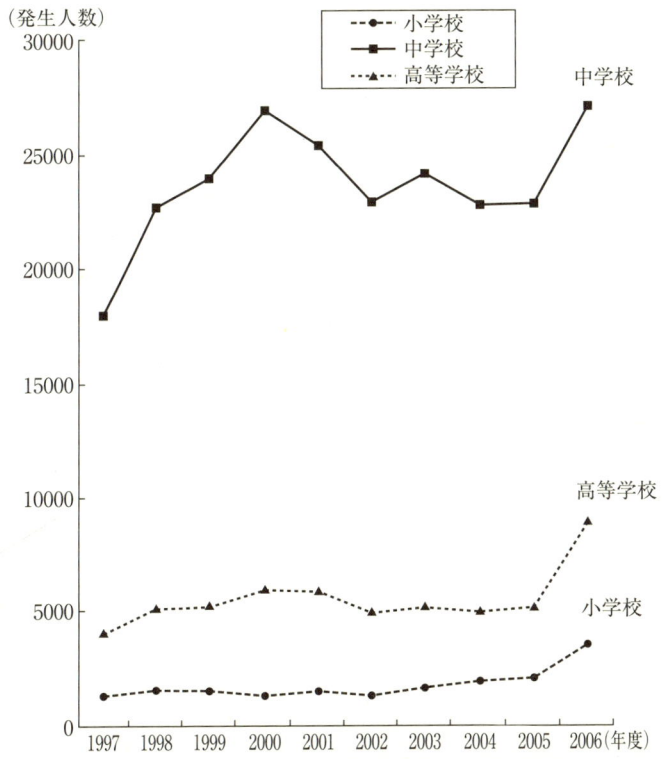

図3　学校内における暴力行為発生件数の推移（文部科学省，2007b）

【コーチング豆知識（11）】

　文部科学省「平成18年度　児童生徒の問題行動等生徒指導上の諸問題に関する調査」は、暴力行為として以下を対象としています。
　「対教師暴力」の例：①教師の胸ぐらをつかんだ、②教師めがけて椅子を投げつけた、③教師に故意に怪我を負わせた。
　「生徒間暴力」の例：①中学3年の生徒と同じ中学校の1年の生徒がささいなことでけんかとなり、一方がけがをした、②高校1年の生徒が、中学校時代の部活の後輩である中学3年の生徒に対して計画的に暴行をくわえた。
　「対人暴力」の例：①偶然通りかかった他校の見知らぬ生徒と口論になり、殴打の末けがを負わせた、②金品を奪うことを計画し、通行人にけがを負わせた、③卒業式で来賓を足蹴りにした。
　「器物損壊」の例：①トイレのドアを故意に損傷させた、②補修を要する落書きをした、③学校で飼育している動物を故意に傷つけた。

②いじめ

　平成19年1月、文部科学省の「生徒指導上の諸問題に関する調査の見直しについて」において、新しいいじめの定義として、「『いじめ』とは、『当該児童生徒が、一定の人間関係のある者から、心理的・物理的な攻撃を受けたことにより、精神的な苦痛を感じているもの』」とされています。また、2006年度より、いじめの発生件数ではなく、認知件数とされるようになりました（文部科学省「平成18年度　児童生徒の問題行動等生徒指導上の諸問題に関する調査」）。2006年度は、小学校1万982校（全体の48.0％）で、6万897件（1校あたり2.7件）、中学校7829校（全体の71.1％）で、5万1310件（1校あたり4.7件）、高校3197校（全体の59.1％）で、1万2307件（1校あたり2.3件）、特殊教育151校（全体の15.0％）で、384件（1校あたり0.4件）と報告しています。

　いじめの態様について、もっとも多いのは「冷やかし・からかい、悪口や脅し文句、嫌なことを言われる」（小学校の構成比67.9％、中学校の構成比66.9％、

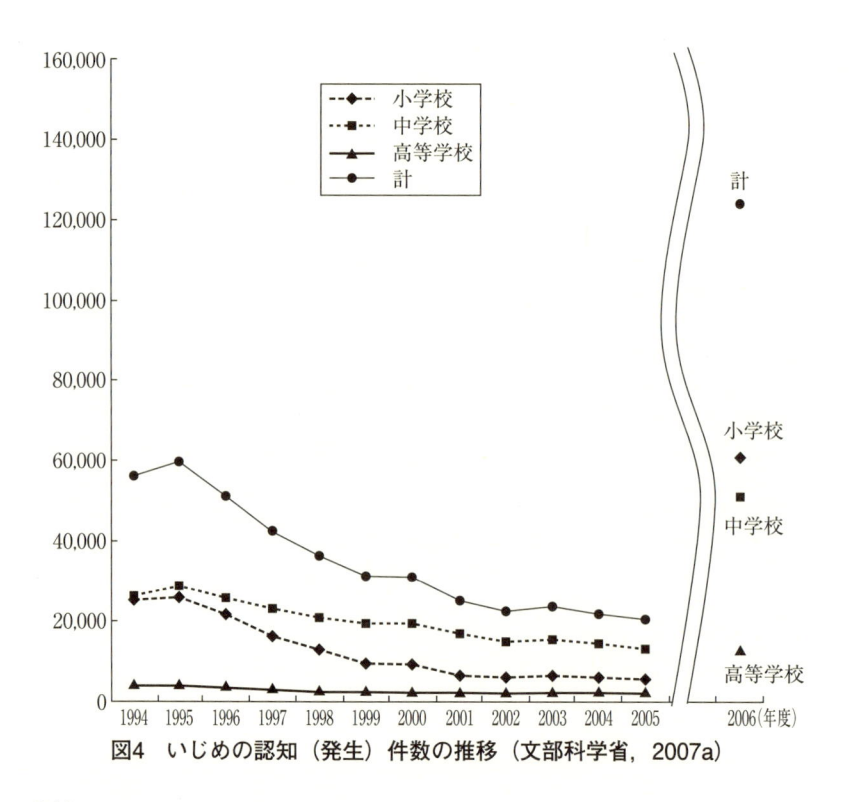

図4　いじめの認知（発生）件数の推移（文部科学省, 2007a）

高等学校の構成比56.6％, 特殊教育諸学校64.8％)、「仲間はずれ、集団による無視をされる」(小学校の構成比27.4％、中学校の構成比24.3％、高等学校の構成比19.6％、特殊教育諸学校19.0％)、「軽くぶつかられたり、遊ぶふりして叩かれたり、蹴られたりする」(小学校の構成比19.2％、中学校の構成比17.2％、高等学校の構成比17.6％、特殊教育諸学校23.4％) であると報告しています。なお、起こった場所は学校の内外を問わないとしています。性別では男子53％、女子47％です。対応の中心となるのは学級担任で90％前後となっています。

いじめの把握は担任の先生や親にとってもわかりにくく、今日では被害者が加害者になるケースもあり、コミュニケーションの害(ディスエンパワーメント)が大人の気づかないところで発生していることが考えられます。心理的・物理的攻撃には、仲間はずれ、集団による無視、身体的な攻撃、金品をたかられたり隠されたりするなどがあります。

また全国統一の「24時間いじめ相談ダイヤル」(TEL:050-0-78310) が教育委員会の相談機関により設置されました。

【コーチング豆知識(12)】

警察庁「少年非行等の概要」(2007年1〜12月) によるいじめの定義は、「単独又は複数で、単数又は複数の特定人に対し、身体に対する物理的攻撃又は言動による脅し、いやがらせ、無視等の心理的圧迫を一方的に反復継続して加えることにより苦痛を与えることをいい、暴走族等非行集団間における対立抗争に起因する事件を含まない」となっています。なお2007年度の「いじめによる事件」は195件、「いじめによる仕返しによる事件」は6件とされ、小学生26件、中学生349件、高校生82件と報告されています。

---

③不登校

文部科学省「平成17年度　生徒指導上の諸問題の現状について(概要)」は、不登校とは、何らかの心理的、情緒的、身体的、あるいは社会的要因・背景により、児童生徒が登校しないあるいはしたくともできない状況にあるもの(ただし、病気や経済的な理由によるものを除く) と定義しています。図5は不登校の推移です。

「平成20年度　学校基本調査」では、2007(平成19)年度間に30日以上学校を欠席した不登校児童生徒数は、12万9000人で、小学生2万4000人、中学生10万5000人で、前年度間に比べ、増加が報告されています。また、2000年

度と 1992 年度の不登校比率については、この間の小中学生の数は 200 万人以上減っているにもかかわらず、児童・生徒全体に対する不登校者の比率の上昇は著しいという指摘もあります（山下英三郎著／日本スクールソーシャルワーク協会編『スクールソーシャルワーク―学校における新たな子ども支援システム―』学苑社、2003 年）。なお、高等学校における不登校生徒数は 5 万 7544 人（在籍者に占める割合は 1.6％）です（文部科学省「平成 18 年度 児童生徒の問題行動等生徒指導上の諸問題に関する調査」）。

＜小中学校＞

　文部科学省「平成 19 年度 児童生徒の問題行動等生徒指導上の諸問題に関する調査（小中不登校）について（8 月速報）」は、小中学校での不登校のきっかけとして、「学校生活に起因するもの」では、「いじめを除く友人関係をめぐる問題」（18.4％）、「学業の不振」（9.6％）、「いじめ」（3.5％）、「教職員との関係をめぐる問題」（1.9％）など、となっており、友人関係の問題がもっとも多いと報告しています。「家庭生活に起因するもの」では、「親子関係をめぐる問題」（11.1％）がもっとも多く（「家庭内の生活環境の急激な変化」〔6.1％〕が 2 番目）、「本人の問題に起因するもの」では、病気以外の「本人に関わる問題」（38.8％）がもっとも多い（「病気」〔7.5％〕が 2 番目）と報告しています。

　小学生では「本人に関わる問題」（39.5％）、「親子関係をめぐる問題」（18.8％）、「いじめを除く友人関係をめぐる問題」（12.8％）の順で多く、中学生では「本人に関わる問題」（38.6％）、「いじめを除く友人関係をめぐる問題」（19.8％）、「学業の不振」（10.4％）の順で多いと報告されています（「親子関係をめぐる問題」〔9.3％〕は 4 番目）。

　不登校状態が継続している理由としては、「不安など情緒的混乱」（35.0％）がもっとも多く、次いで「無気力」（28.6％）、「いじめを除く他の児童生徒との関係」（13.1％）、「あそび・非行」（9.1％）、「いじめ」（1.1％）などを報告しています。

＜高等学校＞

　高等学校での不登校について、文部科学省「平成 18 年度 児童生徒の問題行動等生徒指導上の諸問題に関する調査」は、学校生活（48.6％）・家庭生活（13.9％）・本人の問題（42.8％）に起因するきっかけがあり、「学校生活に起因するもの」の内訳としては、「学業の不振」（13.9％）、「いじめを除く友人関係をめ

資料1　児童の現状

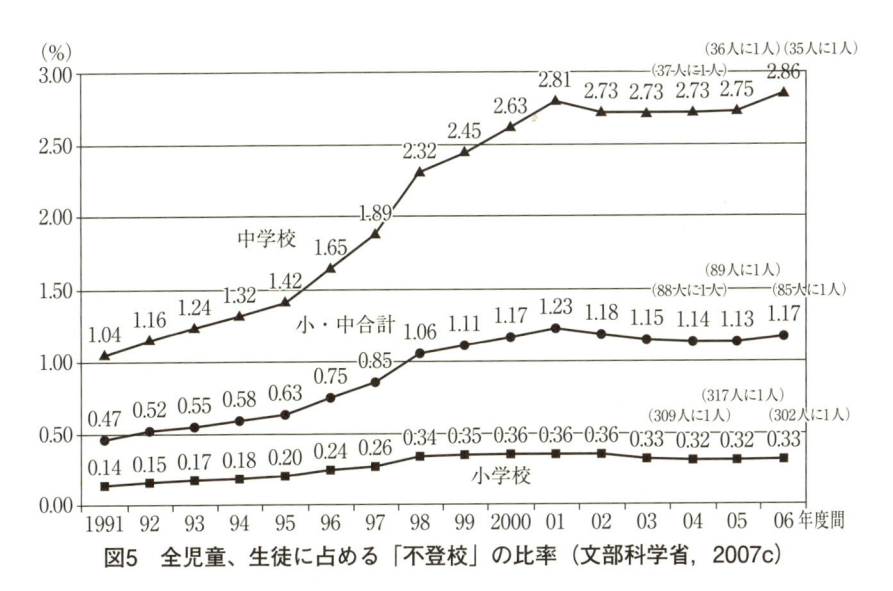

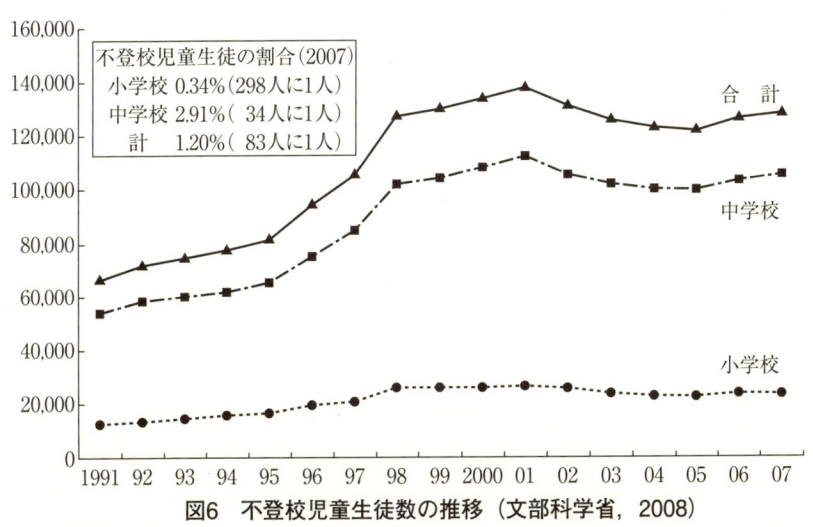

図5　全児童、生徒に占める「不登校」の比率（文部科学省，2007c）

図6　不登校児童生徒数の推移（文部科学省，2008）

ぐる問題」(13.1%)、「入学、転編入学、進級時の不適応」(8.5%) の順で多く、「家庭生活に起因するもの」の内訳としては「親子関係をめぐる問題」(5.9%)、「家庭の生活環境の急激な変化」(3.6%)、「家庭内の不和」(3.4%) の順で多く、「本人の問題に起因するもの」の内訳としては「病気以外の本人にかかわる問題」(34.6%)、「病気による欠席 (8.2%)」がもっとも多いと報告しています。

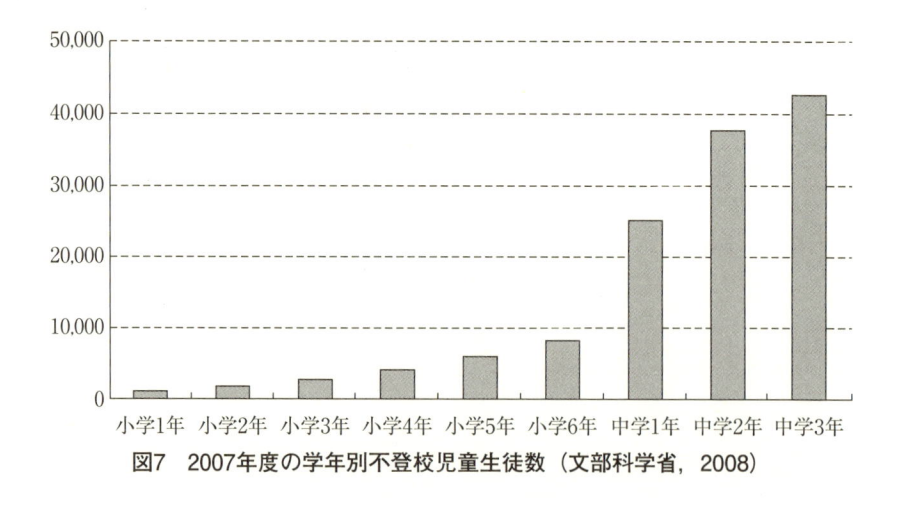

図7　2007年度の学年別不登校児童生徒数（文部科学省，2008）

　不登校状態が継続している理由としては、「無気力」（26.5％）がもっとも多く、次いで「不安など情緒的混乱」（24.2％）、「あそび・非行」（10.9％）、「授業や試験以外の学校生活上の影響」（10.6％）、「いじめを除く他の児童生徒との関係」（10.1％）、「いじめ」（0.6％％）などを報告しています。

　小中高とも本人の病気以外の問題に起因するものが多く、その他は学校・家庭での人間関係のトラブルに関連しているととらえることができます。

④キャリア
　厚生労働省「諸外国における若年者雇用・能力開発対策　2004～2005年　海外情勢報告」は、近年、フリーターや、働いておらず教育も訓練も受けていないいわゆるニートと呼ばれる若年無業者が増加しており、このような状況が続けば、若者の職業能力の蓄積がなされず、中長期的な競争力・生産性の低下といった経済基盤の崩壊はもとより、不安定就労の増大や生活基盤の欠如による所得格差の拡大、社会保障システムの脆弱化、ひいては社会不安の増大、少子化の一層の進行など、深刻な社会問題を惹起しかねないと報告しました。図8と図9は、フリーターとニートの推移を示しています。
　フリーターとは、15～34歳の卒業者（学校）であり、女性については未婚であり、①現在就業している者については、勤め先における呼称が「アルバイト」または「パート」である雇用者で、②現在無業の者については、家事も通学もし

ておらず「アルバイト・パート」の仕事を希望する者と定義しています（厚生労働省「平成18年度　労働経済の分析」）。

　ニートとは、「通学も仕事もしておらず職業訓練も受けていない人々（Not in Education, Employment or Training = NEET）」を指し、具体的には、年齢15～34歳、非労働力人口のうち家事も通学もしていない者と定義されています（同上）。

　このようななか、15～24歳の完全失業率も、男女ともに低下してはいるものの、2005年平均では男性9.9％、女性7.4％と依然高い水準にあると報告されています（厚生労働省「平成18年版　厚生労働白書」）。

　また、1992年の約167万人から2005年の約26万人と求職者数の大幅な減少によって、高校新卒者求人倍率は1倍程度となってしまったという報告があります（同上）。

　そして、入社3年以内の離職率については、90年代後半以降、ほぼ横ばいで推移しており、2002年の3年以内の離職率は高校卒業者48.6％、大学卒業者

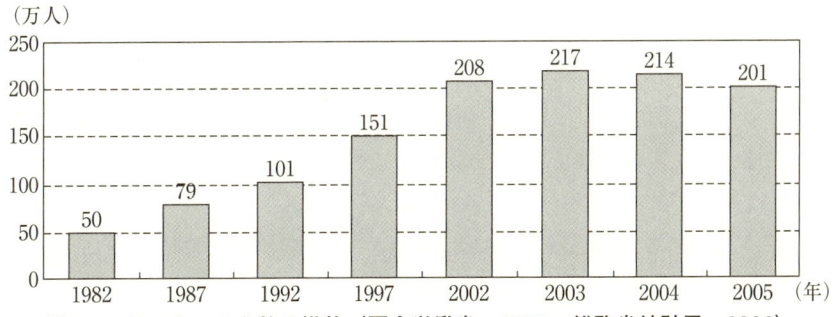

図8　フリーターの人数の推移（厚生労働省，2005；総務省統計局，2006）

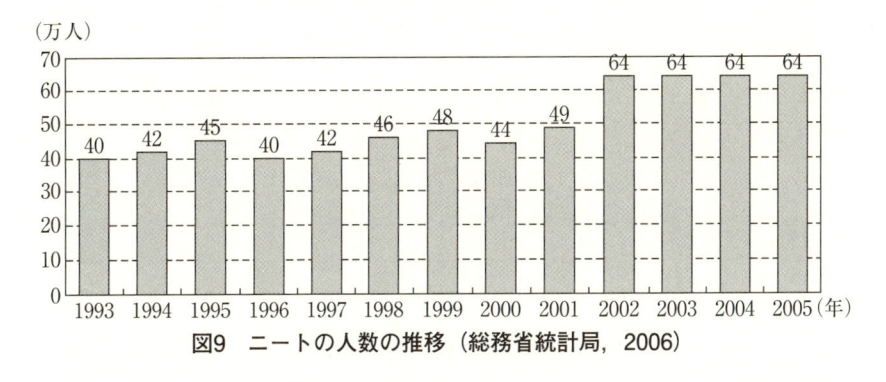

図9　ニートの人数の推移（総務省統計局，2006）

34.7％と高水準であり、入職時のミスマッチや「就社」から「就職」へと変化する若者の就業意識が指摘されています（同上）。中卒7割、高卒5割、大卒3割ということから7-5-3傾向とされています。

2003年6月より「若者自立・挑戦プラン」（内閣府・厚生労働省・文部科学省・経済産業省にて推進）が、2004年12月には同プランの実効性・効率性を高めるための「若者の自立・挑戦のためのアクションプラン」となり、そして2006年には改善が遅れている年長フリーターの支援などの「再チャレンジ支援総合プラン」が相次いで策定され、若年失業者らの増加傾向を転換させるべく積極的な取り組みが行われています（『平成20年版　厚生労働白書』）。若者の自立・挑戦のためのアクションプランでは、学校段階からのキャリア教育を推進し、その効果的な実施のため地域レベルにおける連携を強化することを掲げ、小学生からのキャリア教育を推進するとしています。また中学校では、5日間以上の職場体験の実施などを行なっています（同上）。

社会経済生産性本部「ニートの状態にある若者の実態及び支援策に関する調査研究」の、ニートの状態にある者に対するアンケート結果（409名のニート状態にある若者）では、高校進学93.5％（中退12.0％）、短大・大学進学43.5％（中退12.0％）、専門学校・各種学校進学26.1％（中退7.7％）と、高校進学以上の者が多くなっています。ニート期間は、1年以下41.1％、1〜2年13.2％、2〜3年7.7％、3〜5年6.5％、5年超11.5％と、1年以下がもっとも多く、次いで5年超え以上となっています。

そして、これまでの生活経験では、学校でいじめられた者が55％、不登校（病気・けが以外で連続1ヵ月以上学校を休む）35.9％、ひきこもり49.5％、精神

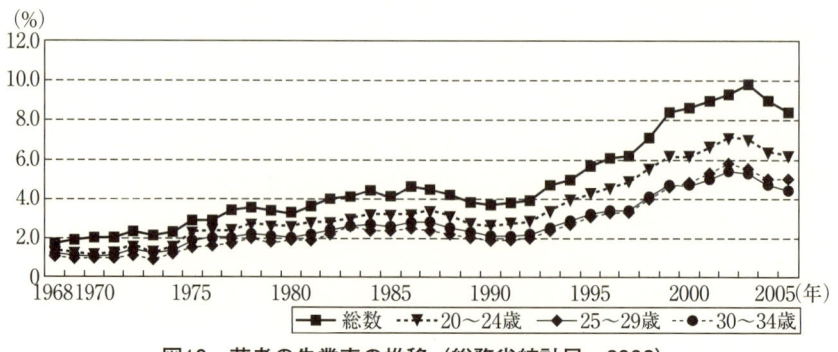

図10　若者の失業率の推移（総務省統計局，2006）

科または心療内科で治療を受けたが 49.5％、職場の人間関係でトラブルがあったが 41.4％と、学校に起因する問題や本人に起因する問題が見受けられます。さらに苦手意識では、「人に話す」64.4％、「職場で友達をつくる」64.6％があり、「仕事をしていくうえで人間関係に不安がある」80.9％と、基本的な対面コミュニケーションの困難性がうかがえます。しかし、生活訓練や職業訓練では、半数以上に積極性があることについて、今後の方向性が少しあるようにも感じます。とはいえ、90 年代には高所得世帯に多かったニートが、2002 年には経済状況の低い世帯で低学歴なほどニートになる可能性が示唆されています。

⑤ さまざまな児童の支援
(1) 特別支援教育と学級崩壊

　2007 年度より、特別支援教育が学校教育における制度として施行され、これまで直接的な対象でなかった LD、ADHD、高機能自閉症などの発達障害児への支援が始まりました。文部科学省は、特別支援教育とは、障害のある幼児児童生徒の自立や社会参加に向けた主体的な取り組みを支援するという視点に立ち、幼児児童生徒一人ひとりの教育的ニーズを把握し、その持てる力を高め、生活や学習上の困難を改善または克服するため、適切な指導および必要な支援を行なうものであるとしています。このような発達障害をもつ児童への支援の背景として、LD、ADHD、高機能自閉症により、学習や生活の面で特別な教育的支援を必要としている児童生徒が、約 6.3％程度の割合で存在する可能性が示されたことがあげられています（文部科学省「特別支援教育を推進するための制度の在り方について」）。

　学級崩壊に関連する事項として、学級経営研究会「学級経営をめぐる問題の現状とその対応—関係者間の信頼と連携による魅力ある学級づくり　学級経営の充実に関する調査研究（最終報告書）」は、学級がうまく機能しない状況において、教師の柔軟性が求められていると指摘しています。水野薫「教室の中での軽度発達障害児への対応と援助」（降旗志郎編『軽度発達障害児の理解と支援』金剛出版、2004 年）は、先生に反抗的な子、友だちとうまくかかわれない子、勉強が苦手な子、学校や幼稚園を休みがちな子、とてもまじめで融通がきかない子、とてもおとなしくて目立たない子、いつもにこにこと友だちの後をついてまわる子、消極的で物静かな子などのなかにも軽度発達障害の子がおり、教師の対応として、子どもの実態を的確に把握すること、将来を見通した目標設定をすることを指摘し

ています。実際の学校現場では、クラスの 30％以上が何らかの特別な支援を必要とする生徒であるような場合もあり、単に教師の活動の柔軟性が求められるのではなく、多くの支援ネットワークをつくれるような教師の柔軟性が求められることでしょう。

【コーチング豆知識(13)】

　障害者の雇用の促進等に関する法律では、事業主（56 人以上規模の企業）は、その法定雇用率（民間企業1.8％、国・公共団体2.1％）に相当する数以上の身体障害者、知的障害者を雇用しなければならないとしています（精神障害者については、精神障害者保健福祉手帳所持者を雇用率に入れることが可能）。民間企業の障害者の実雇用率は、1.55％（約30万3千人）で、法定雇用率達成企業の割合は、43.8％です。法定雇用率未達成企業の63.4％が1人も雇用していない企業です。中小企業ほど実雇用率は下がります。

(2) 自殺と虐待

　文部科学省「平成18年度　児童生徒の問題行動等生徒指導上の諸問題に関する調査」では、小・中・高等学校の児童生徒の自殺者は171人（小2名、中41名、高128名）で、中高では男女で2：1と男性のほうが多く、学年が上がるほど多くなると報告しています。自殺した児童生徒の状況としては、「進路問題」(15.2％)、「精神障害」(10.5％)、「厭世」(8.2％)、「父母等の叱責」(4.1％)、「いじめ問題」(3.5％)、「友人関係」「異性問題」「病弱による悲観」が、それぞれ4.7％とのことです。

　自殺対策関係省庁連絡会議で示された「自殺予防に向けての政府の総合的な対策について」（2005年）では、スクールカウンセラーなどの配置を進め、自殺対策基本法（2006年）では、自殺防止へのさまざまな研究などがされているようです。児童の抑うつ傾向が自殺リスクを高めるなど、自殺願望者の多さが指摘される現在においては、今後も自殺予防は重要な課題となることでしょう。

　児童虐待では、児童相談所への児童虐待相談処理件数が3万3408件（児童虐待防止法施行前に比べ約3倍に増加）と、児童虐待については引き続き予断を許さない状況が続いていると報告されています（文部科学省「学校等における児童虐待防止に向けた取組について」）。また主たる虐待者は実父母が83％（実母62.4％、実父20.9％）とされ、学校などでの保護者への対応の困難性が指摘されています。

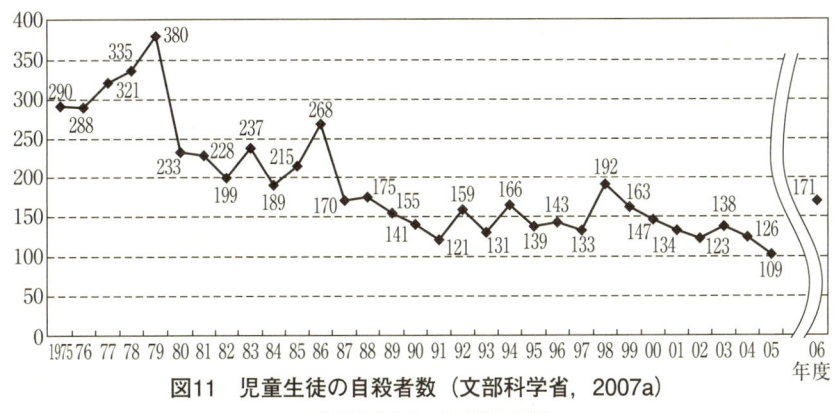

図11 児童生徒の自殺者数（文部科学省，2007a）
＊2006年度より国・私立学校も調査

児童虐待の相談経路として、家族15.9％、学校など15.2％と、児童虐待防止法にもとづく早期発見・早期通告の趣旨が学校にも浸透してきているようです。

虐待内容では、身体的虐待（44.6％）、ネグレクト（36.7％）、心理的虐待（15.6％）、性的虐待（3.1％）となっています。さらに、心理的虐待が増加傾向にあり、専門家でなくては発見しにくいと指摘されています。

その他

以上、子どもをとりまく諸問題を確認してきました。

これらに関連するものとして、ストレスという視点があります。子どもたちのさまざまな問題に関しては、さまざまなストレスが絡み合い、それらがより大きなストレスを生むことが考えられます。学業ストレスが、自己嫌悪や自信の低下を生み、無気力になったり、うつ傾向になったりと、さまざまなストレス反応を助長させることがあります。

また、このような諸問題やストレスを抱える子どもを支援する教職員に対するメンタルヘルスという視点も忘れてはなりません。教職員は、子どもたち（家庭）から直接的・間接的に諸問題にさらされていると考えられます。教師も多くのストレスにさらされているのです。これが学校コーチングでは教職員への援助も視野に入れていることの理由です。

≪児童福祉における児童養護≫

　児童支援を行なう専門職には、対人援助技術だけではなく、社会的なサービスとの関わりも視野に入れた社会福祉援助技術も用いることが求められます。社会福祉関係の学習をしていない方には、この点を大切にしていただきたいと思います。

子どもの人生を支援するために環境をとらえる

　子どもにとっては、援助職との関係を構築する以上に社会関係を構築することのほうが有用である場合もあります。

　たとえば、日々食べるものに困窮している子どもに「あなたは将来についてどんな夢をもっていますか？」と問うことよりも、まずは食事できる環境を整えることのほうが重要です。援助職のレベル（本書第6章参照）でのLEVEL1において、最低限の生活基盤が求められているのは、このような重要性を認めているからです。一過性の貧困か、慢性的な貧困なのかによっても違いますが、どちらにしろ援助職が、対話的援助だけしかできないのであれば、それは子どもを全体として支援するとはいえないでしょう。

日本国憲法や児童福祉法が児童を養護する

　わが国においては、日本国憲法により、健康で文化的な最低限度の生活を営む権利や教育を受ける権利が保障されています。そして、児童福祉法においては、国などが保護者とともに児童を心身ともに健やかに育成する責任を負っています。このような点から児童養護の重要性が理解できるでしょう。

2つの児童養護

　児童養護には、家庭養護と社会的養護があります。家庭養護とは、家族が行なう養護です。社会的養護とは、社会が責任をもって行なう養護です。社会的養護には、家庭的養護と施設養護があります。家庭的養護は、より家庭に近い状態で行なう養護で、里親さんによる養護、養子縁組による養護、里親さんの自宅を用いるようなファミリーグループホームなどがあります。施設養護は、宿泊できる入所施設や日々通える通所施設、行きたいときに遊びに行ける児童館などの利用型施設があります（図参照）。

児童の定義は18歳まで

　児童福祉法において、児童とは満18歳未満の者を指し、乳児（満1歳未満）、幼児（小学校就学の始期まで）、そして少年（満18歳未満）に分類されており、それぞれにあった施設が設けられています。全国に数は少ないですが、情緒・行動面に問題（自傷行為や不登校など）のある児童のための治療の場として、情緒障害児短期治療施設があります。問題があれば医療機関ばかりでなく、このような児童福祉機関の連携先もあることを知っておくといいでしょう。

　このほか、各市区町村役所には、児童の健全育成に関わる課があり、都道府県には、虐待などの相談を行なう児童相談所があります。

　なお、教育業界においては、小学生は児童、中高生は生徒、大学生は学生と呼ばれ

ています。本書では児童福祉法にならい18歳までの子どもを児童としています。

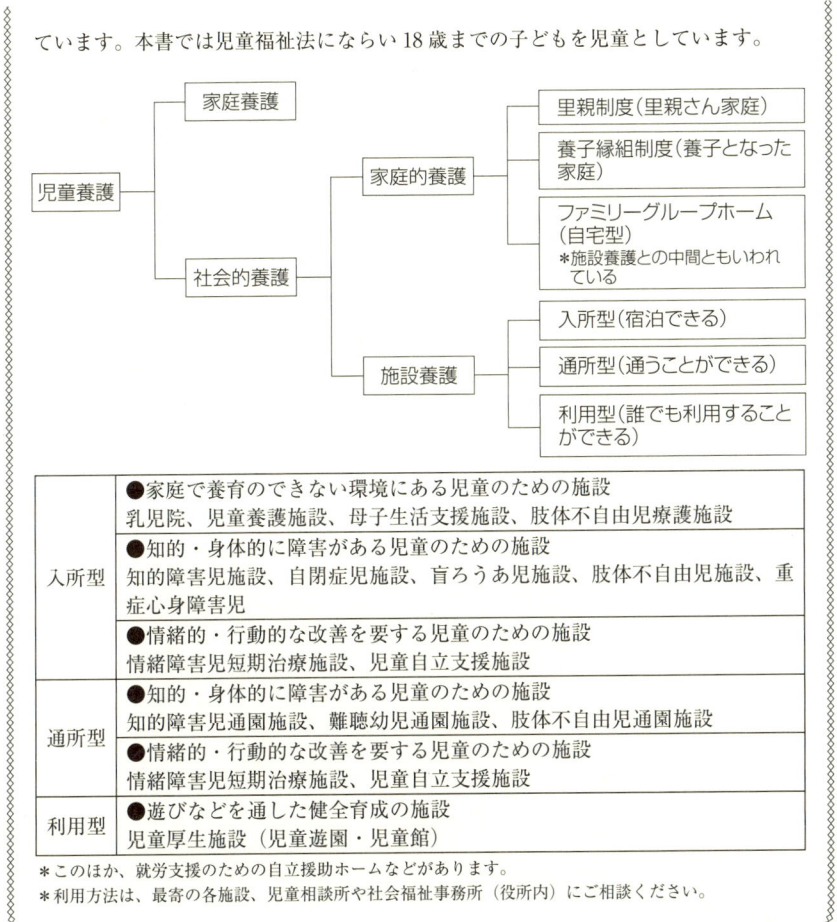

```
児童養護 ─┬─ 家庭養護
          └─ 社会的養護 ─┬─ 家庭的養護 ─┬─ 里親制度（里親さん家庭）
                          │               ├─ 養子縁組制度（養子となった家庭）
                          │               └─ ファミリーグループホーム（自宅型）
                          │                   ＊施設養護との中間ともいわれている
                          └─ 施設養護 ─┬─ 入所型（宿泊できる）
                                        ├─ 通所型（通うことができる）
                                        └─ 利用型（誰でも利用することができる）
```

入所型	●家庭で養育のできない環境にある児童のための施設 乳児院、児童養護施設、母子生活支援施設、肢体不自由児療護施設
	●知的・身体的に障害がある児童のための施設 知的障害児施設、自閉症児施設、盲ろうあ児施設、肢体不自由児施設、重症心身障害児
	●情緒的・行動的な改善を要する児童のための施設 情緒障害児短期治療施設、児童自立支援施設
通所型	●知的・身体的に障害がある児童のための施設 知的障害児通園施設、難聴幼児通園施設、肢体不自由児通園施設
	●情緒的・行動的な改善を要する児童のための施設 情緒障害児短期治療施設、児童自立支援施設
利用型	●遊びなどを通した健全育成の施設 児童厚生施設（児童遊園・児童館）

＊このほか、就労支援のための自立援助ホームなどがあります。
＊利用方法は、最寄の各施設、児童相談所や社会福祉事務所（役所内）にご相談ください。

資料2
エンパワーコーチングの特徴

コーチングの種類	従来のコーチングの良さ	学校コーチングの良さ
援助職が扱う技術	「コーチング」	「エンパワーメント」 コーチング・アドバイス・ティーチング・カウンセリングなど、さまざまな技術
主となる目標	クライアントの個人的目標	クライアントの相互作用的な自立の獲得による個人的・集団的・組織的な目標
対象者	病者・障害者でない健常者 自己の責任をとれる者	学校に関わる関係者すべて
ベースになる考え方（1）	ICF（国際コーチ連盟）の倫理などをベースにしている。	社会福祉学・心理学をベースにしている。 〈例〉肯定的心理要因がQOLを高めるという健康心理学的視点、個と環境にアプローチするスクールソーシャルワークの視点など ＊ICFの倫理も尊重している。
ベースになる考え方（2） 理論のあり方	単一理論的（創始者によって異なる） ＊一部折衷的 〈例〉マズローの階層説など	折衷理論的 ＊一部単一的 〈例〉エンパワーメント理論の考え方など
ベースになる考え方（3） サポート対象とその考え	個別支援主体 ＊個が変われば組織が変わる	個別・集団・組織 ＊個だけでなく環境も視野に入れ支援体制を構築する必要がある。

資料2　エンパワーコーチングの特徴

ベースになる考え方（4） コーチングの主体 ＊一般的に 1）スピリチュアル 2）ビジネス に分けられる	「魂やスピリチュアル（霊性）主体」 クライアントのあり方(Being)を中心に支援 キーワードは、本質・価値観・夢実現など	「Being（その人のあり方）」と「Doing（社会的なあり方）」のどちらも大切にしている。これは心理学的・社会福祉学的な視点と同様の考え。クライアントによって技術を使い分け、1つの偏った見方にならないようにしている。 目に見えない霊性の解釈としては、科学的なメスが入っているところはエビデンスを大切に、それ以外のところでは霊性を大切にする。
	「ビジネス主体」 クライアントのキャリア・仕事(Doing)を中心に支援 キーワードは、効率・活性化・利益など	
ベースになる考え方（5） 根底にある考え	1）クライアントは無限の可能性をもっている。 2）クライアント自身が自分の答えをもっている。援助職は答えを引き出すためにいる。 3）答えを見つけるには援助職が必要。 4）クライアントはすべて正しい・間違ってない。 5）アドバイスや教育よりはクライアントの答えを引き出していく。 6）GROWモデル＊ G(GOAL):目標、目的を明確に R(REALTY):現実の把握 　目標とのギャップを確認 O(OPTION):方向性の設定 　選択肢・資源・方法を明確にする W(WILL):目標達成の意志決定	1）援助職は無限のアプローチができる。無限に学ぶことが必要。 2）クライアント自身が本質的には答えをもっている。しかし、それに気づいていないこともある。答えを引き出したり、提案したり、進めていくことも必要。答えをもっていないという答えもあることを認識する。 3）答えを見つけるにはクライアント本人が自立（エンパワーメントにおける自立の意）していれば可能。 4）クライアントは間違っているときもあるが、それが最善であったことに変わりはない。 5）クライアントの答えを引き出すほかに、クライアントと援助職双方の考えをあわせて支援方法や行動を決めていくことも行なう。 6）TARGETモデル T(THEME):テーマを明確に A(ATMOSPERE):状況・環境を知る R(REALIZE):上記からの気づき G(GOAL):以上を踏まえて目標設定 E(EMPOWER):エンパワーメント（称賛・課題設定） T(TRY):挑戦・行動する

＊参考文献：ジョン・ウィットモア『はじめのコーチング』ソフトバンククリエイティブ、2003年。

資料3
学校での学校コーチングの紹介

　以下は、学校で配るための参考としての学校コーチングの紹介です。
　また、私が保護者にお配りしている自己肯定感の理解とピアコーチ（コミュニケーション）研修についての概要です（一部本書用に改定）。自己を肯定的にとらえていく大切さが図でわかるようになっています。
　学校援助職ならではの取り組みを示していくことも、学校コーチングの重要な職務のひとつです。

学校コーチングとは？
　学校生活や将来に向けて、子どもたちの目標を応援する相談員（教職員）の援助技術です。諸問題における心理的な支援であるカウンセリング中心ではなく、希望や目標といったその子の目指す自分を支援するコーチング中心で関わっていきます。
　コーチングとは、子どもの自立力を促進するために、"みずからの力を活かして自立して生きる"という「エンパワーメント」の考えをベースに援助する技術で、子どもの最善の利益を目指しています。
　ここでいう自立の定義は、「ひとりで自分のことができること、ひとりでできない友だちがいたら助けてあげられること、見守ってあげられること、友だちと一緒に活動すること、そして、相互の関係性を土台に友だちどうしで、その長所を活かしあうこと」を指しています。いずれかひとつでもかまいません。ただし、友達どうしで活かしあっている状態を主として自立としています。

具体的な活動とは？
　○学校生活、進路（キャリア）、人間関係、勉強など、子どもの話に耳を傾けます。

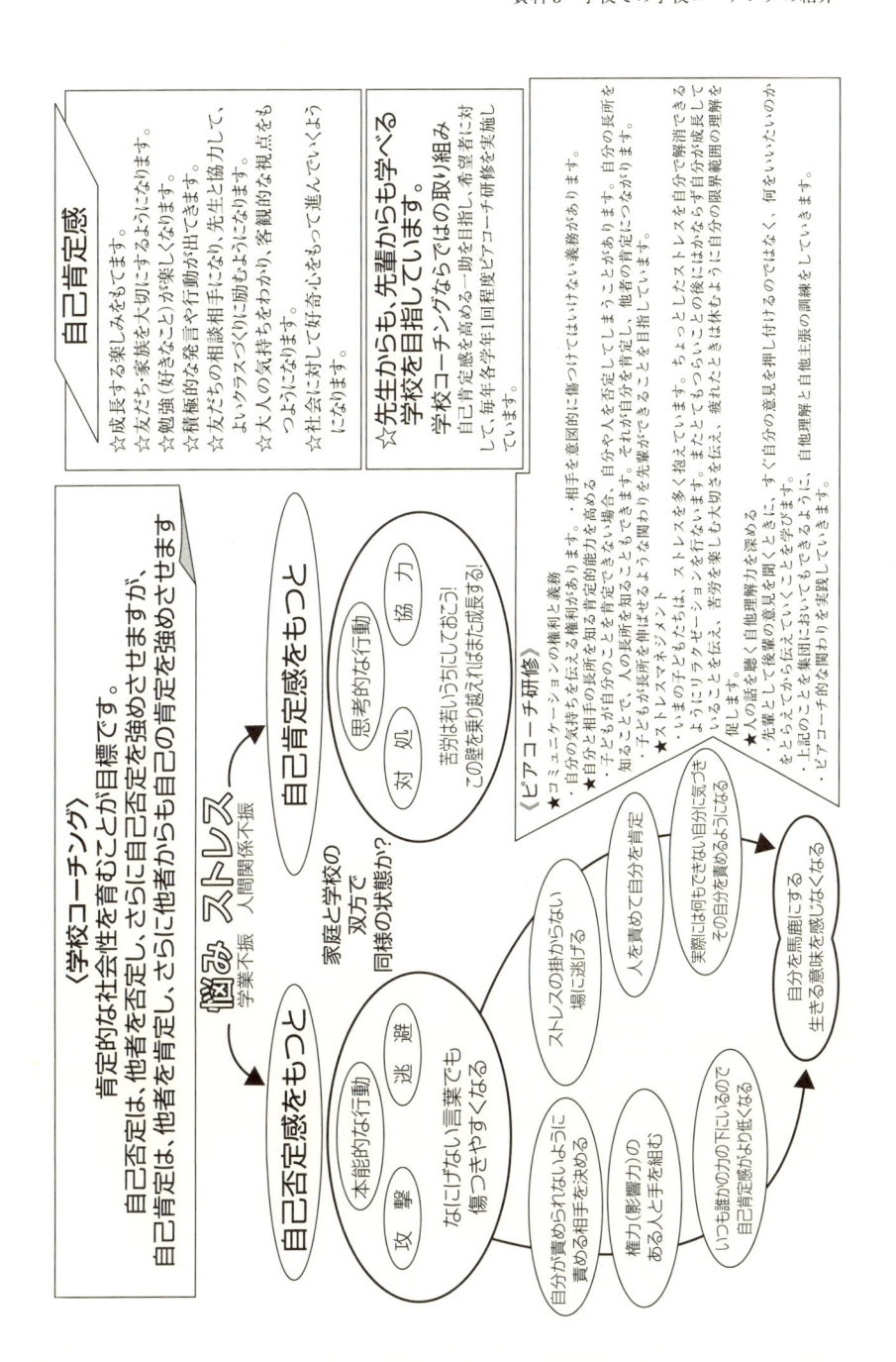

資料3　学校での学校コーチングの紹介

《学校コーチング》
肯定的な社会性を育むことが目標です。
自己否定は、他者を否定し、さらに自己否定を強めさせますが、
自己肯定は、他者を肯定し、さらに他者からも自己の肯定を強めさせます

悩みストレス
　学業不振　人間関係不振

家庭と学校の双方で同様の状態か？

自己否定感をもつと
- 本能的な行動
- 攻撃
- 逃避
- なにげない言葉でも傷つきやすくなる
- 自分が責めらないように責める相手を決める
- ストレスの掛からない場に逃げる
- 人を責めて自分を肯定
- 実際には何もできない自分に気付いてその自分を責めるようになる
- いつも誰かの力の下にいるので自己肯定感がより低くなる
- 自分を無価値で生きる意味を感じなくなる

自己肯定感をもつと
- 思考的な行動
- 対処
- 協力
- 苦労はいろいろしているが、この壁は乗り越えればまた成長する自分

自己肯定感

☆成長する楽しみをもてます。
☆友だち、家族を大切にするようになります。
☆勉強（好きなこと）が楽しくなります。
☆積極的な発言や行動が出てきます。
☆友だちの相談相手になり、先生と協力して、よいクラスづくりに励むようになります。
☆大人の気持ちをわかり、客観的な視点をもつようになります。
☆社会に対して好奇心をもって進んでいくようになります。

☆先生からも、先輩からも学べる学校を目指しています。
学校コーチングならではの取り組み
自己肯定感を高める一助を目指し、希望者に対して、毎年各学年1回程度ピアコーチ研修を実施しています。

《ピアコーチ研修》
★コミュニケーションの権利と義務
・自分の気持ちを伝える権利もあります。相手を意図的に傷つけてはいけない義務があります。
・自分と相手の長所を知る能力を高める
・子どもが自分を肯定できない場合、自分や他人を否定してしまうことがあります。自分の長所を肯定することができる他者の肯定につながります。
・他人の長所を知ることで、それが自分を育むことにつながります。
・子どもが自分を伸ばせるような関わりを先輩ができることを目指しています。
★ストレスマネジメント
・いまの子どもたちは、ストレスを多く抱えています。ちょっとしたストレスを自分の中で解消できるようにリラクゼーションを行ないます。またとってもつらいことの後には必ず自分が成長していることを伝え、苦労を楽しむ大切さを学びます。疲れたときは休むように先輩が伝えています。
・人の話を聴く自他理解力を深める
・先輩に授業後の意見を開くときに、ずくと自分の意見を押し付けるのではなく、何を伝えたいのかを伝えてからの集団においてもできるように、自分の限界範囲の理解を促します。
・上記のことを集団においても実施できるように、自他理解と自他発想の訓練をしています。
・ピアコーチ的な関わりも実践しています。

○子どもの話から、目標を設定し、それに進んでいくように援助します。
○目標は、考えることから具体的に行動していくことまでさまざまです。休むことも目標になる場合があります。
○子どもの個別的な関わりだけでなく、集団的（クラス・学年・学校）な関わりも行なっていきます。
○コミュニケーションのトレーニングで友だちとの関わり方を伝えていきます。
○子どもと先生、子どもと親との間に立って、子どもの気持ちを代弁します。
○学校と外部機関との間に立って、調整や仲介をします。
○地域のいろいろなサポート資源と連携します。
○機能としては、コーチング機能、カウンセリング機能・友だち的機能・安心の場（保護）機能・ティーチング機能・アドバイザー機能・代弁機能・情報機能・オブザーブ機能・調査機能と、さまざまな機能があります。

　以上のような活動を通じて、子どもとその環境との双方にはたらきかけていきます。

引用・参考文献

第1章
国際ソーシャルワーカー連盟（2000） Definition of Social Work, http://www.ifsw.org/en/p38000208.html
日本ソーシャルワーカー協会（2005）『ソーシャルワーカーの倫理綱領』．
ジャーメイン，カレル（1992）『エコロジカル・ソーシャルワーク—カレル・ジャーメイン名論文集—』小島蓉子編訳、学苑社．
狭間香代子（2001）『社会福祉の援助観』筒井書房．
米川和雄（2002）『エンパワーメント—コーチング・リーダーシップ・カウンセリングの原点—』東京図書出版会．
Gutierrez, L. M., Persons, R. J. & Cox, E. O. (1998) *Empowerment in Social Work Practice: A Sourcebook,* Brooks: Cole Publishing Company.（グティエレース，L. M.，パーソンズ，R. J.，& コックス，E. O.，小松原源助監訳『ソーシャルワーク実践におけるエンパワーメント—その理論と実際の論考集—』相川書房，2000年）
Lee, J. (1994) *The empowerment Approach to Social Work Practice,* New York: Columbia University Press.
Solomon, B. (1976) *Black Empowerment: Social Work in Oppressed Communities,* Columbia University Press.

第4章
井上孝代・榊原佐和子（2005）「臨床心理学における『エンパワーメント』の概念とマクロ・カウンセリングでの位置づけ」『明治学院大学心理学紀要』15, pp. 35-48.
津田彰／J・プロチャスカ編（2006）「新しいストレスマネジメントの実際—e-Health から筆記療法まで—」『現代のエスプリ』469, 至文堂．
福原眞知子監修（2007）『マイクロカウンセリング技法—事例場面から学ぶ—』風間書房．
福原眞知子／アレン・E.アイビイ／メアリ・B.アイビイ（2004）『マイクロカウンセリングの理論と実践』風間書房．
Beutler, L. E. & Clarkin, J. E. (1990) *Systematic Treatment Selection: Toward Target Therapeautic Interventions,* New York: Brunner/Mazel.
Castonguay, L. G. & Beutler, L. E. eds. (2005) *Principles of Therapeutic Change that Work,* New York: Oxford University Press.

第6章
WHO: World Health Organization (2001) *International Classification of Functioning, Disability and Health* (ICF).（世界保健機構 障害者福祉研究会編『ICF：国際生活機能分類—国際障害分類改定版—』中央法規，2000年）

第7章
島井哲志編（2006）『ポジティブ心理学―21世紀の心理学の可能性―』ナカニシヤ出版．
文部科学省（2006a）「病気休職者数等の推移」（平成8年度～平成17年度）．
文部科学省（2006b）「学校等における児童虐待防止に向けた取組について」（報告書）．
Ericson. E. H & Ericson. J. M.（1997）*The Life Cycle Completed: A Review,* expanded edition, New York: W.W. Norton & Company.（村瀬孝雄・近藤邦夫訳『ライフサイクル、その完結』みすず書房，2005年）

第9章
警察庁（2007）「平成18年中における自殺の概要資料」．

第10章
相川充・藤田正美（2005）「成人用ソーシャルスキル自己評定尺度の構成」『東京学芸大学紀要』56, pp. 87-93.
石隈利紀（2004）「学校生活適応のための指導・援助の在り方　平成14・15年度」　茨城県教育研修センター．
板津裕己（1995）「自己受容と生きる姿勢― Heplessness との関わりについて―」『カウンセリング研究』28, pp. 37-46.
國分康孝（1980）『カウンセリングの理論』誠信書房, pp. 73-103.
沢崎達夫（1993）「自己受容に関する研究（1）―新しい自己受容測定尺度の青年期における信頼性と妥当性の検討―」『カウンセリング研究』26, pp. 29-37.
中村昭之・板津裕己（1988）「自己受容性の研究―文献的研究と文献目録―」『駒澤大学文学部社会学科 駒沢社会学研究』20, pp. 131-172.
米川和雄（2008）「高校生のピアコーチ養成プログラムの介入効果検討―学校ソーシャルワークにおける環境的アプローチの一過程―」『学校ソーシャルワーク研究』3, pp. 67-80.
米川和雄・津田彰（2007）「教師とピアコーチによる中学生の自己受容支援の効果の比較―私立一貫校による学校ソーシャルワーカーの実践―」子どもの心・体と環境を考える会　第9回学術大会．
米川和雄・津田彰「エンパワーメント・ソーシャルワーク・モデルの提案」（未発表）．
Beutler, L. E., Clarkin, J. F, & Bongar, B.（2000）*Guidelines for the Systematic Treatment of the Depressed Patient*, New York: Oxford University Press.
Boehm, A. & Staples, L. H.（2002）"The Functions of the Social Worker in Empowering: The Voice of Consumers and Professionals", *Social Work*, 47, pp. 449-460.
Castonguay, L. G. & Beutler, L. E. eds.（2006）*Principles of Therapeutic Change that Work*, New York: Oxford University Press.
Cowger, C. D.（1994）"Assessing Client Strengths: Clinical Assessment for Client Empowerment", *Social Work*, 39, pp. 262-268.
Gutiérrz, L. M., Parsons, R. J. & Cox, E. O.（1998）*Empowerment in Social Work Practice: A Sourcebook*, Brooks: Cole Publishing Company.（グティエレース , L. M., パーソンズ , R. J., & コックス , E. O., 小松原源助監訳『ソーシャルワーク実践におけるエンパワーメン

ト―その理論と実際の論考集―』相川書房，2000 年）
Miley, K. K., O'Melia, M. & DuBois, B. L. (1995) *Generalist Social Work Practice An Empowering Approach*, Boston: Allyn & Bacon.
Rapp, C. A. (1998) *The Strengths Model: Case Management with People Suffering From Severe and Persistent Mental Illness*, Oxford: Oxford University Press.（江畑敬介監訳『精神障害者のためのケースマネジメント』第 3 版，金剛出版，2001 年）
Rappaport, J. (1985) "The Power of Empowerment Language", *Social Policy*, 16, pp. 15-21.
Rogers, C. R. (1944) "The Development of Insight in a Counseling Relationship", *The Journal of Counsulting Psychology*, 8, pp. 331-341.（ロージァズ，C. R.「カウンセリング関係における洞察の発見」伊藤博編訳『ロージァズ全集 4』岩崎学術出版社，pp. 11-36, 1966 年）
Rogers, C. R. (1953) "Some Directions and End Points in Therapy", in Mowrer, O. H. ed., *Psychotherapy*, New York: Ronald Press.（ロージァズ，C. R.「セラピィにおける方向と終極点」伊藤博編訳『ロージァズ全集 4』岩崎学術出版社，pp. 71-115, 1966 年）
Saleebey, D. (2006) "Introduction Power in the People", in Saleebey, D. ed., *The Strengths Perspective in Social Work Practice*, 4th ed., Boston: Allyn & Bacon, pp. 1-24.
Stone, G. C., Weiss, S. M., Matarazzo, J. D., Miller, N. E., Rodin, J., Belar, C. D., Follick, M. J., & Singer, J. E. eds. (1987) *Health Psychology: A Discipline and a Profession*, Chicago: The University of Chicago Press.（本明寛・内山喜久雄監訳『健康心理学　専門教育と活動領域』実務教育出版，1990 年）

第 11 章

石隈利紀（1999）『学校心理学―教師・スクールカウンセラー・保護者のチームによる心理教育的援助サービス―』誠信書房．
鈴木庸裕（2006）「専門的実践領域としての学校ソーシャルワーク」『福島大学総合教育研究センター紀要』1, pp. 75-82.
福岡県教育委員会（2008）「平成 20 年　スクールソーシャルワーカーの活用について Q&A」．
宮本義信（2002）「コネチカット州ハートフォード市におけるスクールソーシャルワーク実践の一断面―実地踏査から考えること―」『同志社社会福祉学』16, pp. 115-130.
文部科学省（2006）「小学校・中学校・高等学校　キャリア教育推進の手引―児童生徒一人一人の勤労観、職業観を育てるために―」文部科学省初等中等教育局．
文部科学省（2007）「学校等における児童虐待防止に向けた取組について」（報告書）学校等における児童虐待防止に向けた取組に関する調査研究会議．
Agresta, J. (2004) "Professional Role Perceptions of School Social Workers, Psychologists, and Counselors", *Children & Schools*, 26 (3), pp. 151-163.
Allen-Meares, P. (1994) "Social Work Service in Schools: A National Study of Entry-Level Tasks", *Social Work*, 39 (5), pp. 560-565.
Allen-Meares, P., Washington, R. O. & Welsh, B. L. (2000) *Social Work Services in Schools*, 3rd ed., Boston: Allyn & Bacon.（山下英三郎監訳／日本スクールソーシャルワーク協会編『学校におけるソーシャルワークサービス』学苑社，2001 年）
APA: American Psychological Association (1981) "Specialty Guidelines for the Delivery of Services by School Psychologists", *American Psychologist*, 36, pp. 670-682.
Bronfenbrenner, U. (1977) "Toward an Experimental Ecology of Human Development",

American Psychologist, 32, pp. 513-531.
Bronfenbrenner, U.（1994）"Ecological Models of Human Development", in Husen, T. & Postlethwaite, T. H. ed., *The International Encyclopedia of Education,* 2nd ed., New York: Elsevier Science, pp. 1643-1647.
Caplan, G.（1964）*Principles of Preventive Psychiatry*, New York: Basic Books.（新福尚武訳『予防精神医学』朝倉書店，1970年）
Freeman, E.（1995）"School Social Worker Overview", in Edwards, R. L.（ed.-in-chief）*Encyclopedia of Social Work*, 19th ed., Vol. 3, Washington, DC: NASW Press, pp. 2087-2099.
Jonson-Reid, M., Kontak, D., Citerman, B., Essma, A. & Fezzi, N.（2004）"School Social Work Case Characteristics, Services, and Dispositions: Year One Results", *Children & Schools*, 26（1）, pp. 5-22.
Monroe, V.（1979）"Roles and Status of School Psychology", Phye, G. D. & Reschly, D. J.edition, *School Psychology Perspectives and Issues*, New York : Academic Press, pp. 25-47.
NASW（1992）NASW Standards for School Social Work Services.（日本ソーシャルワーカー協会訳「学校ソーシャルワークサービス基準」全米ソーシャルワーカー協会編『ソーシャルワーク実務基準および業務指針』相川書房，1997年，pp. 71-82.）
Radin, N. & Welsh, B. L.（1984）"Social Work, Psychology, and Counseling in the Schools", *Social Work*, 29（1）, pp. 28-33.
SSWAJ：日本スクールソーシャルワーク協会（2004）「世界のスクールソーシャルワーク調査報告」.

巻末資料
学級経営研究会（2000）「学級経営をめぐる問題の現状とその対応―関係者間の信頼と連携による魅力ある学級づくり― 学級経営の充実に関する調査研究」（最終報告書）.
警察庁（2005）「少年非行等の概要」（平成17年1月〜12月）.
警察庁（2008）「少年非行等の概要」（平成19年1月〜12月）.
厚生労働省（2005）「平成17年版 労働経済の分析」.
厚生労働省（2006-2008）「平成18年〜20年版 厚生労働白書」.
厚生労働省（2006a）「平成18年度 労働経済の分析」.
厚生労働省（2006b）「諸外国における若年者雇用・能力開発対策 2004〜2005年 海外情勢報告」.
厚生労働省（2006c）「平成18年版 厚生労働白書」.
厚生労働省（2007）「平成19年版 厚生労働白書」.
財団法人社会経済生産性本部（2007）「ニートの状態にある若者の実態及び支援策に関する調査研究」.
総務省統計局（2006）「労働力調査（詳細結果）」.
内閣府（2007）「平成19年版 青少年白書」.
水野薫（2004）「教室の中での軽度発達障害児への対応と援助」降籏志郎編『軽度発達障害児の理解と支援』金剛出版，pp. 213-249.
文部科学省（2005）「特別支援教育を推進するための制度の在り方について」.
文部科学省（2006）「平成17年度 生徒指導上の諸問題の現状について（概要）」.
文部科学省（2007a）「平成18年度 児童生徒の問題行動等生徒指導上の諸問題に関する調

査」.
文部科学省（2007b）「平成19年度　学校基本調査」.
文部科学省（2007c）「平成18年度　生徒指導上の諸問題の現状（不登校）について（8月速報値）」.
文部科学省（2007d）「学校等における児童虐待防止に向けた取組について（報告書）」学校等における児童虐待防止に向けた取組に関する調査研究会議.
文部科学省（2008）「平成19年度　児童生徒の諸問題行動等生徒指導上の諸問題に関する調査（小中不登校）について（8月速報値）」.
山下英三郎著／日本スクールソーシャルワーク協会編（2003）『スクールソーシャルワーク―学校における新たな子ども支援システム―』学苑社.

おわりに

学校コーチングの定義

　さて、第1章のはじめに、「自己理解表」に記入していただきました。本書を最後まで読んでいただいたいま、もう一度「自己理解表」に記入してみてください。最初に書いていただいたものと、どこか違うでしょうか？　もし違いがあれば、それはその分、あなたが成長をした証拠です。その理解は、成長をすればするほど、さらに変化していくことでしょう。

自己理解表

確認事項	学校コーチングとはどのようなものと思うか	自分が本書から学んだこと	自分の大切にしている考えや行動	自分が送る子どもたちへのメッセージ
例	子どもたちのやる気を高める技術、答えを引き出す方法	・コーチング技術 ・学校での活動	子どもに関わるときは一生懸命やらなければならない	自分の姿を見て、真っ直ぐに育ってほしい！パパは頑張る！
あなた				

　いかがでしたでしょうか。
　ここで、もし学校コーチングの定義を簡単にするならば、それは人の思考・感情・行動・関係・あり方・環境に肯定的な変化を与えるコミュニケーション（アプローチ）ということができるでしょう。また学校生活や将来に向けて、子どもたちの目標を応援する技術（予防的・開発的技術）ともいえます。

もちろん、このように定義はできますが、ここでの定義は、あなたがもっとも当てはまると思うもので構いません。あなたの自己理解表の記載が変わったように、学校コーチングは、あなたとあなたの周囲に少しずつ肯定的な変化を及ぼすことでしょう。

　もしも否定的な変化が起きたとしても、かならずやそれを乗り越えたときに、肯定的な変化が訪れることでしょう。下がれば上がるという、人生パワー曲線の法則を思い出してください。

学校コーチングの特徴

　さて、本書を終えるにあたって、学校コーチングや学校援助について、もう少しだけ言及したいと思います。

　コーチングについては、さまざまな機関でその機関の数だけ考え方やあり方があります。わが国において、コーチングは、まだまだ専門家が用いるものではなく、一般の方々が用いる技術として評価されることもあります。こういったからといって、もちろん、自分は専門家であると自負すればいいというものではありません。資格があればいいというものでもありません。

　一方、心理学や社会福祉学は、学問であり、科学であるというように、科学的な見解を重要視しています。コーチングは、その科学性にまだまだ追いついていないのが現状です。以上のようなことから、本書には、筆者の最新の研究内容をできるだけ収録するようにしました。しかし、まだまだ精査や検討が求められることに留意しておく必要があります。

　従来、コーチングは、自己啓発の手段として用いられてきた技術です。本書を読まれて、自分を表現すること、自分の主観を大事にすること、自分の好きなこと（またはモチベーション）を中心に行動することなど、自己を中心とした考え方を尊重する技術と感じられた方も多いことでしょう。

　しかし、学校コーチングでは、自己を大切にするだけではなく、他者を大切にすることも尊重するエンパワーメントの考えを、ひとつの基盤としています。これは、ときに自分を表現せずに見守ること、相手の主観も大事にすること、自分の嫌いなことでも率先してそこから学ぶことなど、自他、社会の相互を中心とした考え方を尊重しています。これらは、日本における情緒的な愛情深さを表わしているようにも感じます。

自己啓発技術から実務向上の技術へ

　こうしたことから、学校コーチングは単なる自己啓発の道具ではないこと、個（自己）だけを主体とする援助技術ではないこと、一過性のモチベーションを高めることを重視するものではないこと、といった点で従来のコーチングとはまったく異なる援助技術であるといえるでしょう。そもそも心理学や社会福祉学（エンパワーメント理論もそのひとつ）を基盤としていること自体、従来のコーチングとまったく異なる点であるといえます。

　本書では、自分らしさや長所など、ポジティブな視点を中心とした援助技術を紹介しました。もちろん、問題をどのように解決していくかというネガティブな視点（それがかならずしも真にネガティブとはいえない場合もありますが）を中心とした援助技術による対応も、学校現場では不可欠です。いいところだけを見ればすべてうまくいくかといえば、そうではありません。問題に対する予防的な技術だけをもっていればいいわけではありません。

予防・開発のための問題対処力を備える

　自分の専門領域および関連領域において、どのような事態にも対応できる（または対応する意識がある）という周囲からの信頼があるからこそ、予防・開発的な技術が安心して任されるのです。生徒や先生が困ったときに、それは私の専門領域ではないので聞かないでくださいというような態度の専門家では、信頼されることはないでしょう。そのため、「心理学的な視点ではこのように考えられます（先行研究の視点からは、このようなことが考えられます）」というような対処の応用性を磨くことが重要です。

　たとえば、不登校を未然に防ぐための予防活動をすることができても、実際の不登校の軽減がまったくできなければ、何かちぐはぐな感じはしないでしょうか。"問題の対処"と"予防・開発的な対処"はどちらも関連しており、セットであると考えられるのです。

　学校現場では、無駄な人件費も時間もありません。問題の対処ができるからこそ、予防の重要性、能力開発の重要性を訴えられる、信頼されるという点を、いま一度考える必要があるでしょう。とくに、相談されるということは、その相談内容の専門家と認められているとも考えられるでしょう。

　本書で予防・開発的な視点を中心に紹介したのは、そのような視点で書かれた本が少ないからです。

学校援助者としての居場所づくり

　学校教育という領域は、文部科学省はじめ行政が統括し、「人の上に立つ」教職員に関わる特異な領域といえるかもしれません。すでに学校援助を行なっている専門家の方は、この点でその活動の難しさを感じられたこともあるかもしれません。父母の方は、学校空間（情報共有）の閉塞性を感じられたこともあるかもしれません。

　このような特殊な場において、専門家がどのように居場所をつくるかということは非常に重要なことで、ときに援助技術を行なうことより難しいかもしれません。そもそも居場所づくりという援助技術を教育できる人が少ないということが、問題なのかもしれません。専門家の一番の弱点は、専門家であるという点です。ひとつ間違えれば、その専門性ゆえに教師と違う目線からの言動を行ない、教師を非難し、自己中心の行動を起こしてしまうこともなくはないでしょう。

　このような場合、忘れてならないのは、教師も学校も地域の一部であるという点です。教師も学校も重要な資源のひとつであること、教師はクライアントのひとりであることを理解できれば、その連携の仕方、その関わり方は、おのずと異なってくることでしょう。

教職員も重要な資源

　これから学校援助に入るという方によくアドバイスするのは、まずは生徒との関係性づくりではなく、教師との関係性づくりだということです。学校で、生徒のことをもっともよく知っているのは、教師なのです。学校で、生徒ともっともよく関わっているのは、教師なのです。とくに児童の場合は、自己表現ができなかったり、自分の悪いところに蓋をするというようなことは、ふつうにあります。児童よりも教師のほうが児童のことを知っている場合も少なくはありません。

　児童の健全育成を真にとらえれば、まずは専門家としての幅広い活動の場を構築することが必要です。教師という学校資源といかに関わっていくかは、学校援助職としてきわめて重要な点です。

　すべては、子どもたちのための活動になるのです。子どもたちが将来につくる社会のための活動になるのです。
　成人が大志を抱くのにふさわしい、重要な活動になるのです。

おわりに

　それが明日の成人の大志につながっていくことでしょう。
　わたしたち大人が、このような活動の素晴らしさを大切にしていくことを願ってやみません。

　最後までお読みいただきありがとうございました。

米川　和雄

学校コーチングに関する講座

実施機関　特定非営利活動法人エンパワーメント
■学校コーチ養成講座
■学校ソーシャルワーカー養成講座
〈連絡先〉
TEL　047-439-4756
Mail　info@empowerment.or.jp
URL　http://www.empowerment.or.jp/ssw.html
千葉県船橋市丸山 1-30-2

【著者紹介】
米川和雄
久留米大学大学院心理学研究科後期博士課程（健康心理学修士）
帝京平成大学現代ライフ学部非常勤講師
浦和大学総合福祉学部非常勤講師
学校法人自由学園　学校ソーシャルワーカー／安全衛生委員会（教職員メンタルヘルス支援）
特定非営利活動法人エンパワーメント理事長
特定非営利活動法人キャリアインディペンデンス顧問
精神保健福祉士　専門健康心理士

（第9章執筆）
山縣　基　　学校法人自由学園中学校教諭
世戸佐代子　前美川特区アットマーク国際高等学校学習センター長
内藤友子　　神戸学院大学　非常勤講師

学校コーチング入門
スクールソーシャルワーカー・スクールカウンセラーのための予防的援助技術

2009年3月1日　初版第1刷発行　　（定価はカヴァーに表示してあります）

著　者　米川和雄
発行者　中西健夫
発行所　株式会社ナカニシヤ出版
　　　　〒606-8161 京都市左京区一乗寺木ノ本町15番地
　　　　TEL 075-723-0111
　　　　FAX 075-723-0095
　　　　http://www.nakanishiya.co.jp/

装幀＝白沢　正／印刷・製本＝株式会社ファインワークス
イラスト＝梶川陽
Ⓒ K. Yonekawa 2009
Printed in Japan.
＊乱丁・落丁本はお取り替え致します。
ISBN978-4-7795-0331-3　　C0037

小学校における「縦割り班」活動

毛利 猛編

近年注目される「縦割り」班の教育的意義を基礎づけるとともに、取り組みの現状と実践上の課題を明らかにする。

二一〇〇円

臨床教育学への視座

毛利 猛編

教える／教えられるという教育の両義性に踏みとどまりながら、現場の困難に向き合う理論を構築する試み。

二三一〇円

卒論・修論をはじめるための心理学理論ガイドブック

夏堀 睦・加藤弘通編

さまざまな心理学理論を道具として使いこなすための「メタ読み」の実例を満載。論文のテーマも見えてくる。

二一〇〇円

福祉の経済思想家たち

小峯 敦編

貧困の発見から福祉国家のグランドデザイン、福祉国家批判から新しい連帯の模索まで、良き社会の実現に向けて格闘した経済学者たちの足跡をたどる。

二五二〇円

表示は二〇〇九年三月現在の税込価格です。